U0449711

显微镜下全唐史

第六部

藩镇铁幕

北溟玉 著

中国文史出版社

天谴于上,而朕不悟,人怨于下,而朕不知,驯致乱阶,变兴都邑。

——唐德宗李适

目录

第一章　光复两京

01. 兵败陈涛斜　　/002
02. 安禄山暴死　　/007
03. 永王之乱　　/012
04. 再无"诗仙"　　/013
05. 建宁王之死　　/018
06. 蓄势反击　　/021
07. 收复两京　　/024
08. 两阳陷落　　/027
09. 上皇返京　　/030
10. 清算伪官　　/034

第二章　安史乱平

01. 史思明反正　　/042
02. 相州之败　　/044
03. 史思明称帝　　/048
04. 悲情"诗圣"　　/051
05. 河阳保卫战　　/057
06. 史思明之死　　/059
07. 迁宫事件　　/063
08. 玄宗归天　　/066

09. 肃宗驾崩　　　　/ 070

10. 遗留难题　　　　/ 074

11. 李辅国之死　　　/ 078

12. 仆固怀恩挂帅　　/ 085

13. 史朝义授首　　　/ 088

第三章　仆固怀恩之乱

01. 怀恩受猜　　　　/ 096

02. 吐蕃陷长安　　　/ 100

03. 怀恩反叛　　　　/ 103

04. 怀恩暴死　　　　/ 106

05. 劝和回纥　　　　/ 109

06. 藩镇铁幕　　　　/ 113

第四章　内外交困

01. 鱼朝恩之死　　　/ 118

02. 控御吐蕃　　　　/ 123

03. 田李之乱　　　　/ 127

04. 理财专家　　　　/ 132

05. 元载伏诛　　　　/ 138

06. 代宗殡天　　　　/ 141

第五章　德宗即位

01. 气象更新　　　　/ 146

02. 财相杨炎　　　　/ 149

03. 刘文喜之乱　　　/ 153

第六章　四王二帝

01. 郭子仪病逝　/158
02. 朱王反叛　/161
03. 五藩称王　/166
04. 清水会盟　/169
05. 泾师之变　/173
06. 奉天解围　/176
07. 德宗罪己　/180
08. 克复长安　/183
09. 动乱平息　/187

第七章　包抄吐蕃

01. 尚结赞入寇　/194
02. 平凉劫盟　/197
03. 媾和回纥　/201
04. 和亲回鹘　/205
05. 最后的安西　/210
06. 招徕南诏　/213
07. 吐蕃衰落　/217

第八章　永贞革新

01. 四个蜕变　/222
02. 德宗驾崩　/228
03. 永贞革新　/232
04. 二王八司马　/236

第九章　元和中兴

- 01. 平定西川刘辟　　/242
- 02. 镇海李锜之乱　　/245
- 03. 元和制举案　　/248
- 04. 沙陀东归传　　/251
- 05. 一讨王承宗　　/253
- 06. 三镇俯首　　/258
- 07. 用兵淮西　　/263
- 08. 再讨王承宗　　/266
- 09. 李愬挂帅　　/269
- 10. 裴度督战　　/273
- 11. 雪夜破蔡州　　/275
- 12. 迎奉佛骨　　/279
- 13. 淄青覆灭　　/282
- 14. 裴度罢相　　/285
- 15. 宪宗暴毙　　/288

附　录

- 附录一　唐朝十四世二十一帝（含武则天）概况　　/294
- 附录二　唐朝世系表　　/299
- 附录三　六大强敌世系表　　/300

参考文献　　/304

第一章

光复两京

01. 兵败陈涛斜

　　肃宗给自己定了三大历史使命，一是收复两京，二是迎回上皇，三是戡平叛乱。灵武大旗一举，天下归心。有上皇玄宗和各地文武支持，肃宗在政治上站稳了脚跟。江淮贡赋经由扶风（今陕西宝鸡凤翔区）源源运到，经济上站稳了脚跟。西北方镇军队陆续赶来，肃宗坐拥七八万人马，军事上也站稳了脚跟。

　　他也不缺谋士，即位不久即将重量级智囊李泌①招至麾下。

　　李泌和《李唐开国》里的李密是同宗，都是西魏八大柱国之一李弼的后代。

　　当别人家的孩子还穿开裆裤和尿泥时，李泌的聪明伶俐已经传入宫中。玄宗不信邪，刚不吃奶的孩子能有多聪明?! 召李泌入宫，非要当面考考人家。

　　主考官张说指着棋盘道："方若棋局，圆若棋子，动若棋生，静若棋死。"小李泌略一思忖，奶声奶气地对道："方若行义，圆若用智，动若骋材，静若得意。"不仅对仗工整，而且意韵悠深。

　　现场目击者都惊呆了! 玄宗大喜，重赏李泌，并叮嘱他的父母："是子精神，要大于身。善视养之。"经过龙嘴开光，小毛孩子李泌一

---

① 泌，音闭。

夜之间名满天下，达官贵人都以结识他为荣，宰相张九龄甚至亲昵地称呼他为"小友"。

如此牛人为何现在才登场呢？这是有原因的。成年后，李泌的三观发生了颠覆性的变化，他没能成为传统的老儒生，却成了道家的拥趸，整天琢磨些炼丹修仙、鬼啊神啊之类的事情。别看李唐奉道教为国教，治国用的其实还是儒家那一套。所以，另类的李泌就被体制、被朝士们边缘化了。

但偏偏是这个神神道道的李泌，后来却在多个关键时刻挽救了大唐。

天宝十载（751年），隐居嵩山的李泌向玄宗献上《复明堂九鼎议》。玄宗对他的印象还在，马上召李泌入朝讲授《老子》，特命待诏翰林、供奉东宫，给太子李亨当伴读。李亨非常尊重李泌，张口闭口"先生"。

那时的李泌还很年轻，年轻就容易气盛，看不惯杨国忠的胡作非为，经常发表一些不满言论。杨国忠的眼里怎么可能容得了沙子？非说李泌写的一首诗讥讽圣人和朝廷。玄宗不察，将李泌贬官蕲春郡（今湖北黄冈蕲春县）。李泌多有个性啊，索性辞官，隐居于颍阳（今河南登封颍阳镇）。

他在深山中悠游自在地过了五年，范阳一声炮响，反了安禄山。肃宗刚即位，正缺谋士呢，便差人请他出山。

皇帝的面子总是要给的，李泌一袭白衣翩然而来。肃宗大喜，摆出一副绝对尊重、绝对信任的架势，"出则联辔，寝则对榻，如为太子时，事无大小皆咨之，言无不从，至于进退将相亦与之议"。他还想让李泌当宰相。李泌不干，说当个宾客就好。

肃宗组建了平叛最高指挥机构——元帅府。该任用谁为元帅呢？朝野均属意建宁王，肃宗也有此意。李泌反对："建宁王确有统帅之才，可广平王是兄长，如果建宁王立下平乱大功，那广平王怎么办？"肃宗不太理解："广平王是朕的长子、继承人，当不当元帅对他没什么意义呀！"李泌解释道："陛下，广平王还不是太子呢！如果建宁王立下平乱大功，即便陛下不打算让他当太子，跟他一起立功的那些文臣武将又岂肯善罢甘休？你别忘了太宗、玄宗都是怎么当上皇帝的！"肃宗恍然大悟，当即改拜广平王为天下兵马元帅。

元帅有了，得有长史呀！肃宗心目中最合适的人选正是李泌。

这日，肃宗带着李泌检阅将士。将士们私底下议论："衣黄者，圣人也。衣白者，山人也。"肃宗可找到理由了，你看看，现在群众有议论，你好歹换身紫袍吧！李泌不得已，只好换上紫袍拜谢肃宗。肃宗笑着说："既然都穿上三品紫袍了，那高低得有个职务呀！"随即册拜李泌为元帅府行军长史。被套路了的李泌"固辞"。肃宗只得说："朕不是逼你，实在是现在形势困难，请你来襄助。等叛乱平息后，任你远走高飞。"李泌这才接受。

对李泌的绝大多数建议，肃宗都能听从。

比如有一次，肃宗和李泌闲聊时提起李林甫。肃宗恨恨地说，等来日收复长安后，一定要把李林甫挫骨扬灰。李泌听了直摇头："李林甫早成家中枯骨了，陛下如果把他挫骨扬灰了，只会显得您小心眼儿。再说了，投降叛军的那些人都是陛下的仇人，他们知道您这么对待李林甫，就会彻底断了自新的念头，平叛就更难了！"肃宗听不进去，依旧愤愤不平地说："李林甫这个恶贼当年百般构陷我，要不是老天爷保佑，我都活不到当皇帝这一天。李林甫也憎恶你，只不过还没来得及害你他就死了，你怎么反倒为他说起话来?！"李泌在乎的从来都不是个人恩怨："陛下，您爹还在呢，您就这么清算他的旧臣，他作何感想？万一老人家想不开，两腿一蹬嘎嘣了，您又情何以堪？"这一层肃宗可没考虑到："朕不及此，是天使先生言之也！"

这么看的话，肃宗似乎对李泌言听计从。实则不然，在最关键、最重大的问题上，他偏不听李泌的。

肃宗急于平叛。李泌提醒他："陛下无欲速，夫王者之师当务万全、图久安，使无后害。"陛下别心急，心急吃不了热豆腐。可肃宗非是不听呢！

在唐廷积蓄力量、准备反攻的日子里，发生了一件小事：安禄山那边的同罗酋长阿史那从礼忽然率部从长安逃回塞下老家，图谋独立建国，还策划攻打朔方。

朔方归郭子仪管，肃宗让郭子仪去平叛。打前锋的是朔方军左武锋使仆固怀恩。在一次战斗中，仆固怀恩之子仆固玢失手被擒，但又寻机逃了回来。

父子见了面，仆固怀恩不仅连句安慰的话都没有，反而喝令亲兵将儿子推出斩首。众人都以为他在演戏，赶紧打配合，纷纷跪地求情。不承想仆固怀恩来真的，居然真把亲儿子杀了。

望着仆固玢还冒着热气儿的人头，众将都吓傻了！仆固怀恩连一滴泪都没流，只是黑着脸说了一句话："愿诸君今日死战破敌，有临阵退缩者，同此下场。"于是，"将士股栗，无不一当百，遂破同罗"。

肃宗听后既吃惊又感动，为了军国大事，这个仆固怀恩居然把亲儿子都杀了，真是一名纯臣啊！从此，他牢牢记住了这个名字。

打退同罗后，肃宗决定将指挥中心由灵武前移至今甘肃庆阳西峰区的彭原镇。这时的他更不听李泌的了，李泌不对他的思路，有新的智囊刚好与他合拍。

此人便是玄宗派来送玉玺的房琯。房琯口才很好，见了肃宗一顿瞎扯，把肃宗忽悠得一愣一愣的。关键他主张先收复两京，而李泌主张先打范阳，所以房琯就很合领导的拍了。

房琯上了位，李泌就靠边儿站了。房琯表请率军讨逆，收复两京。肃宗高兴坏了，任命房琯为大元帅、兵部尚书王思礼为副元帅，率军收复长安。

房琯是个文臣，毫无行伍经验。你说你不懂军事也行，那你就倚仗懂军事的人，比如王思礼。他偏不，将全军事务分给了两个他视为奇才的书生——户部侍郎李揖和给事中刘秩。军中老将听了直摇头。房琯却逢人就说："叛军的曳落河①虽然多，但也敌不过我的爱将刘秩！"

李揖、刘秩都是赵括式的人物，说起来舌灿莲花一套一套的，瞅那架势，安禄山要在他们哥儿俩面前，能被活活说死，连仗都省得打了。两个毫无实战经验的人，参谋起来拍脑门决策，想一出是一出，根本不考虑实际情况。但志大才疏的房琯偏偏将这两个同样志大才疏的人视为奇才、倚为股肱。

房琯说干就干，带领七万大军，兵分三路，直扑长安。赵括式的统帅加赵括式的参谋，这事儿用屁股想都不靠谱！果然，十月咸阳陈涛斜一战，官军惨败，七万大军折损过半。房琯只带少量残兵逃回彭原。肃宗气不过，想杀了房琯，被李泌等大臣好说歹说给按住了。

肃宗黑着脸问李泌："今敌强如此，何时可定？"

李泌拿出了一个具体的方案——"挫其锐、解其纷，先范阳、后两京"：让李光弼自太原出井陉关（今河北石家庄井陉县）、郭子仪自冯翊入河东，分别牵制范阳的史思明、张忠志和长安的安守忠、田乾真；同时开放华阴（今陕西渭南华阴县）一角，让叛军能通关中，如此叛军既要北守范阳，又要西保长安，两线作战，疲于奔命，官军则可以寻机剪除其弱卒；随后任命建宁王为范阳节度大使，走北线从塞上出击，李光弼走南线从太原出击，配合攻取范阳。叛军一旦失去根

---

① 突厥语，意为壮士。

据地，势必溃败，两京就能轻松收复了。

如果能按李泌的这个思路来，安史之乱可能早早就结束了，并且也不会留下藩镇林立、藩镇割据的祸根。问题是肃宗依旧没听，他继续在让李泌失望的道路上策马狂奔。

02. 安禄山暴死

肃宗攒了一年才攒下七万生力军，拜房琯所赐，一战就败光了。

兵力不足，只能继续征兵了。其实，征兵一直在进行。安史之乱刚爆发，玄宗就急令西北方镇开赴内地勤王。这些部队倒是来了不少，但在潼关战役中被叛军消灭殆尽。肃宗即位后，再次诏命各镇军队入援。现在，这些军队都在来的路上。

但光靠他们也不够。怎么办？只好向外番借兵了！

要论唐朝最忠实的藩属国，那肯定是拔汗那啊，只要大哥招呼，要啥给啥！可拔汗那是个小国，就算把全国兵马都派来，也不过三五八千人，顶不了大用。

肃宗甚至还向黑衣大食开了口。

怛罗斯之战后，黑衣大食在今底格里斯河、幼发拉底河流域选了一块地方建设新都。这座新都就是今伊拉克巴格达的前身。白衣大食的统治中心在阿拉伯半岛，周边都是同文同种的阿拉伯人，好管。但黑衣大食的统治中心却在波斯，异文异种的波斯人一直闹一直闹。黑衣大食忙着镇压波斯人的抵抗，没法分出更多兵力，只派出一支三千人的骑兵部队入唐作战，意思是有了，力度真不大！这支大食军也并未发挥多大作用。叛乱终结后，唐廷允许他们在长安定居，给他们建了清真寺，还准许他们和唐朝女子婚配。有研究认为，这批大食人就是回族的先民。

连大食都指望不上，那可以求助的对象就很有限了，无外乎北方的回纥和西方的吐蕃。这两国倒是很积极，肃宗刚即位，回纥新任可汗葛勒和吐蕃新任赞普赤松德赞①相继遣使，表示愿意出兵相助。肃宗当时觉得自己的力量够用，没答应。

没错，吐蕃又换赞普了。在那个年代，唯一比大唐太子还高危的职业就是吐蕃赞普了。松赞干布，三十来岁就没了。芒松芒赞，也是三十来岁没的。杜松芒波杰死的时候也就四十来岁。尺带珠丹是个例外，在位51年，在安史之乱爆发当年被弑。然后，他年仅13岁的儿子赤松德赞即位。

现在，吐蕃方面又提出出兵相助。肃宗不傻，知道吐蕃人没安好心。安史之乱爆发后，西北方镇军队入援内地，吐蕃人趁机蚕食了不少地方，如果任由他们进入内地，无异于引狼入室！

所以，只剩一个选项了：回纥。

天宝六载（747年），回纥汗国开山鼻祖骨力裴罗去世，其子磨延啜即位，被唐廷册封为葛勒可汗。

此时的回纥汗国虽然已经征服了大漠南北，但名义上仍是唐朝的藩属国，且安史之乱后他们并未趁机入侵唐境。肃宗觉得回纥人是可以信任和倚重的，拍板儿向回纥借兵。他精心挑选了使团成员，团长是雍王李守礼的第三子敦煌郡王李承寀，副团长是与回纥同属铁勒的仆固怀恩。

葛勒可汗隆重欢迎了大唐使团，并将一个女儿许配给了李承寀。

---

① 赤松德赞，又译墀松德赞，《新唐书》作"挈悉笼腊赞"。

也不知道这回纥妹子长得带劲不带劲，反正李承寀只能接着。随后，回纥使团随同李承寀抵达彭原。人家那边硬塞过来一个公主，肃宗也只能接着，册拜回纥公主为毗伽公主。

随后，葛勒可汗派兵入唐作战。

回纥人打仗确实有一套，你们都想不到他们的军队去哪里了，叛军老巢范阳。

颜真卿的政治立场和政治品格没得说，但论行伍之间的能力，他远不如史思明。史思明仅凭三千人马，愣是迅速摆平了十来个反正郡县。

大后方一稳固，安禄山的底气又足了，派叛将尹子奇率五千骑南取江淮。这是釜底抽薪的法子，唐廷的吃穿用度、军资粮草全靠江淮漕运，漕运一断，这江山迟早易主。恰在此时，回纥两千精骑突然出现在范阳城下，虽未能破城，却着实让安禄山惊出一身冷汗，赶紧命尹子奇等人回援范阳。

其实，这支精骑只是疑兵，真正的回纥主力这时已经穿过大漠草原，与郭子仪的朔方军会合了。眼下，他们需要对付一个迫在眉睫的敌人——叛乱的同罗部。上次仆固怀恩只是暴揍了同罗人，并未彻底歼灭。

说什么同罗精骑天下第一，碰见铁勒一哥回纥就算白给了。十一月，唐纥联军在榆林北大破同罗叛军，河曲皆平。

转年正月，爆出一个惊天大瓜：匪首安禄山居然死了！

在人生最意气风发的时候，安禄山病了，很严重，全身长满毒疮，连眼睛也失明了。病因是疮疖①，一种发生于皮肤毛囊和皮脂腺的急性化脓性炎症。他本就性情暴躁，如今得了这疼痛难忍的怪病，越发喜怒无常，近臣内侍稍不如他意，轻者捶挞一顿，重者直接处死。

---

① 疖，音接。

他的贴身宦官李猪儿对此有非常痛非常痛的领悟。李猪儿跟随安禄山已逾二十年。按理说，伺候主人这么久，主仆关系应该很和谐啊！恰恰相反，安禄山平素就以打他为乐，生病之后越发变本加厉。好几次李猪儿被打得奄奄一息，几乎小命不保。

李猪儿的苦楚，御史大夫严庄感同身受。作为少数几个能近距离接触安禄山的人，他也是安禄山暴力的受害者。安禄山也真是够可以的，逮谁打谁，宦官可以打，大臣能随便打吗?!

李猪儿可以忍，但严庄不能忍，决心报复，可如何下手是一个很大的问题！正当他抓耳挠腮之际，一个人找上了门。严庄当即化愁为喜，办法有了！

来者是安禄山次子晋王安庆绪。安禄山有十二个儿子，头四个都是原配东平王妃康氏所生。安禄山造反以后，在长安当人质的康氏和老大安庆宗被玄宗杀了。这样，老二安庆绪就成了实际上的长子。父亲称帝后，安庆绪心心念念的就是当太子。奈何安禄山最宠爱的嫔妃段氏要推自己的儿子老五安庆恩上位，成天吹枕边风。安禄山看安庆绪越来越不顺眼，曾多次和严庄讨论册立安庆恩为太子。

安庆绪很着急，就来找严庄商量。严庄趁机挑唆他除掉安禄山。安庆绪很吃惊，当然也犹豫过，但终究还是权力战胜了亲情，同意了。

谁来下手？李猪儿！

正月初四，安禄山大宴群臣，喝多了。李猪儿服侍安禄山就了寝，退出来时顺手把他枕下的宝刀拿走了。安禄山行伍出身，多年来一直保持着枕下放刀的习惯，此时酩酊大醉，竟毫无知觉。

初五三更时分，安庆绪和严庄带着十几名家将赶到宫中。李猪儿见外援已到，蹑手蹑脚来到安禄山床前，抽出短刀，对着安禄山的大肚子就是一刀。

安禄山睡得正香，冷不丁吃了一刀，大叫一声坐了起来。他一手捂着痛处，一手摸索枕下的宝刀，哪里还找得着？！他的眼睛已经看不清了，只能用手猛摇床杆，怒吼道："此必是家贼作乱。"言罢，内脏呼啦啦流了一床，安禄山又大叫一声，便一命呜呼了。算来他这个皇帝只当了一年零三天。

安禄山从丧父胡儿成长为一国之君，其人生经历不可谓不传奇。前半生，他戍守边疆、遏制两番，是大唐帝国的柱石；后半生，他野心膨胀，不仅害得恩人玄宗名声扫地、晚景凄凉，还把锦绣大唐糟蹋得千疮百孔。他害得无数个家庭妻离子散、家破人亡，反过来自己也被儿子杀害，岂非天理循环、因果报应？！

在《旧唐书·贰臣传》中，排第一的就是安禄山。

五更早朝，早已控制内外局面的严庄宣布：皇上病危，传命立晋王为太子。第二天，严庄又矫诏说皇上传位太子。众人只得尊奉安庆绪为帝。然后，严庄才公布了安禄山暴毙的消息。安庆绪假惺惺地为父亲发丧，还说太上皇有遗命，让安庆恩母子去阎王那里讨寿，派人把姨娘和弟弟勒死了。

安禄山好歹也算一代枭雄，可安庆绪却是个只知吃喝玩乐的草包，把军政都丢给严庄。严庄谁也不怕，只怕老谋深算的史思明，便让安庆绪加封史思明为范阳节度使，封妫①川王。

---

① 妫，音归。

03. 永王之乱

匪首暴毙，肃宗却来不及开心，因为他的十六弟永王李璘给他添堵了。

前文说到玄宗让三王分镇各地。实际上，盛王李琦和丰王李珙还很年幼，并未赴镇，只有成年的李璘赴镇了。果不出高适所料，李璘一到任就起了歪心思，图谋割据江淮。

说句实在的，皇弟们哪个反肃宗都说得过去，唯独李璘不应该。李璘生母去世得早，是肃宗把他抚养大的。肃宗于他，亦兄亦父。

李璘坐镇江淮，相当于坐到了钱袋子上，野心不可遏止地膨胀起来。他打着剿灭叛乱的旗号，大肆招兵买马，实力迅速扩充。在权力面前，亲情算个屁啊！这是李家的传统了，倒也不怪。

肃宗元年（756年）十二月，李璘悍然率水军沿长江东下，拟进据江表。吴郡（今江苏苏州）太守李希言质问他为何不遵朝廷号令，擅自引兵东下？李璘看遮不住了，马上翻脸，分遣大将浑惟明、季广琛出击。

消息传出，江淮大震，天下大震。

李璘这么一搞，江淮漕运停滞，直接断了肃宗的财源。肃宗很着急，下诏给李璘，让他回蜀地见太上皇去。李璘当然不从。

肃宗听说高适早就反对让三王节制地方，当即召他前来商议对策。高适如此这般一顿谋划。肃宗依计施行，增设了三个新的方镇，以高适为淮南节度使，颍川太守来瑱为淮南西道节度使，前宰相韦安石之子韦陟为江东节度使。高适、来瑱、韦陟于湖北孝感安陆结盟誓众，讨伐李璘。

李璘虽然有实力，但国难当头拉队伍、搞分裂，谁能跟他？季广琛、浑惟明等人先后舍他而去。李璘只得撤退。面对穷追不舍的三镇军队，他一败再败，最终在逃亡两广途中被江西采访使皇甫侁①追上了，全军覆没，惨遭生擒。

从起兵到败亡，李璘只坚持了三个月。

皇甫侁美啊，抓到乱臣贼子可是首功哪，很干脆地处决了李璘，坐等肃宗封赏。可此前太上皇玄宗已经发出诰文："降李璘为庶人，谪迁于房陵。"被皇甫侁扣了一个大屎盆子的肃宗龙颜大怒："侁既生得吾弟，何不送之于蜀而擅杀之邪！"从此，皇甫侁的仕途就完了。

李璘的胡搞瞎搞不仅坑了他自己，也坑了许多人，其中就有李白。

04. 再无"诗仙"

从天宝三载（744年）到天宝十四载（755年），李白足足过了十年寄情山水的快意生活，留下无数诗坛佳话佳作。

大诗人当然也不会缺女人，浪游的大诗人就更不缺了。游历山东时，李白征服了当地的一个妹子，没扯证，纯同居。这个东鲁夫人还给他生了一个儿子李颇黎。另外，李白还有过一个刘姓情妇。

后来，李白可能是玩儿累了，想安定了，又娶了一个前宰相之女。哪位宰相呢？中宗朝奸相宗楚客。宗楚客和许圉师不同，许圉师是因犯错被打倒，而宗楚客是因犯罪被杀。所以，失势的宗家还不如

---

① 侁，音深。

失势的许家呢，压根儿不可能帮上李白。宗氏明显对李白很上头，嫁鸡随鸡嫁狗随狗，死心塌地跟着李白。

这段优哉游哉的日子确实快乐，但再好的日子也有到头的时候。天宝十四载，安史之乱爆发，北方一片战火。李白带着老婆孩子南奔避难，最后躲进庐山屏风叠隐居。

李璘顺江东下时，为了装点门面，先后三次差人赴庐山礼聘他出山。李白会怎么抉择呢？他毫不犹豫，当即应募出山。这说明李白内心其实仍未完全放弃仕途。当官这事儿对古代文人诱惑太大，长期郁郁不得志的李白视李璘为伯乐，居然还写了一组《永王东巡歌》献媚。

从文学上看，这组诗是没有问题的；但从政治上看，问题可就大了去了！

首先，李璘不遵号令，擅自引军东下，其实等同于叛乱，李白却将其定性成了匡扶社稷的正义之举。

其次，他说"诸侯不救河南地"，明摆着是批评朝廷平叛不作为，所以在危难关头挺身而出的李璘是贤王，不仅是贤王，而且是超越秦皇汉武、比肩太宗的存在，"我王楼舰轻秦汉，却似文皇（代指唐文帝李世民）欲渡辽"。

最后，他不吝辞藻地炫耀李璘的军队武力如何如何强大，什么"楼船一举风波静，江汉翻为燕鹜池"啦，什么"千岩烽火连沧海，两岸旌旗绕碧山"啦，什么"战舰森森罗虎士，征帆一一引龙驹"啦，那意思就是说永王军力强大，朝廷的军队与之相比好似土鸡瓦狗尔。

后世有很多人替李白辩解，说他一介文人，不了解高层内幕，被李璘给套路了。但我觉得这种辩解太过牵强，因为当时受到李璘拉拢的可不止一个李白，还有江南名士萧颖士、孔巢文、刘晏等人，这些人一个都没来，就李白来了。说白了，他就是投机心理，李璘给他机会，他就跟着李璘干了。李白文才没得说，大唐第一人，但论政治觉悟，他确实是不及格水平。

对政治一窍不通，还一门心思想当官、当大官，这是中国古代许多文人的通病和悲哀。

李璘败亡，李白傻了眼，想跑，没跑了，被下入浔阳（今江西九江）大牢。宗氏为了解救他，四处求爷爷告奶奶。瘦死的骆驼比马大，宗氏还真找到了一个人——江南西道采访使宋若思。宋若思是宋之问弟弟宋之悌的儿子，宋家当年跟宗家交往很热络。宋若思的能量还是可以的，一顿活动，不仅把李白捞了出来，还让他当了幕僚。

但肃宗是很记仇的一个人，终究还是判处李白长流夜郎（今贵州遵义桐梓县）。贺知章一语成谶，李白这个谪仙人确实又挨谪了。

肃宗三年（758年）底，唏嘘不已的李白怀着无限抑郁的心情，踏上了流放的路程，"夜郎万里道，西上令人老"。这个流放的确太长了，再加上李白故意磨蹭，走走停停，到第二年才走到巫山。

恰逢关中大旱，肃宗宣布大赦天下，死刑改为流放，流放以下完全赦免。李白终于可以不去夜郎了，马上掉头东归。途中，他写下了著名的《早发白帝城》：

> 朝辞白帝彩云间，千里江陵一日还。
> 两岸猿声啼不住，轻舟已过万重山。

为什么写得好，心情好呗！

虽然得到了豁免，但李白在政治上名声已经臭了。此前，各地权贵通常很乐于和这位名满天下的大诗人结交，李白混个吃喝没问题。可现在皇帝明显不待见他，所以大家也都像躲瘟疫似的躲着他，李白的生活就日渐困顿了。

肃宗六年（761年），李白拖着病体回到金陵家中。他这些年四处浪游，就算得了点儿钱财，也被一贯奉行"千金散尽还复来"的他给散了去。叛乱发生后，全国的民生都成了问题，宗家也不例外。一分钱难倒英雄汉，何况是一个写酸诗的文人呢?!望着啼饥号寒的妻儿，无奈的李白想起了一个人，当涂县令李阳冰。

后世研究李白的人，通过李白称呼李阳冰为"族叔"，便认定二人是同宗远亲。实则不然，李白是陇西李氏，李阳冰是赵郡李氏，除了有个遥远得不能再遥远了的远祖，其他风马牛不相及。李白迫于生活，当年冬天赶往当涂，想在李阳冰那儿碰碰运气，看能不能解决一下饭碗问题。

李阳冰一贯欣赏李白的才华，对他热情招待。李白吃着喝着却味同嚼蜡，他想要的不是三顿五顿高档宴请，而是一份能解决全家长期温饱问题的工作。可他是个文人，文人脸皮薄，张不开这个嘴。

没辙，李白只好发挥特长，嘴不能说，那就用文字说，熬夜写了一篇《献从叔当涂宰阳冰》。这篇文章主要就是借用古代的牛人花式夸李阳冰，什么年少有为啦、气节高尚啦、龙精虎猛啦、能言善辩啦、气宇轩昂啦、文章锦绣啦、勤政有为啦……直把小小县令李阳冰夸上了天。

然后，李白才简短且委婉地说明了自己的窘境。小子我为温饱所迫，不得不由金陵来当涂。我金陵的朋友们给我饯行，就像群凤怜客鸟一样，都为我抱不平。他们每人都赞助了我一点儿钱，如此深情厚谊连泰山也显得轻了。可这些钱加起来也没多少，不够一家老小的用度。寒风四起，绕梁作响，我弹着宝剑高歌苦寒曲。眼瞅天就要亮了，我只能长叹一声，唉，回家吧！可面对滔滔江水，我又万分彷徨。

清早李阳冰赶来相送，看了李白写的文章，这才知道他来拜会的真正目的。哦，原来是想要份工作啊，为什么不早说？这有何难！

但这种稳定且温饱的生活李白也就过了不到一年的时间，代宗宝应元年（762年）十一月，他步入了生命的最后阶段。李阳冰赶来探望。李白在病榻上将自己的诗文草稿全部交给李阳冰，恳请李阳冰帮他编集作序。李阳冰含泪答应。

弥留之际，李白回顾一生，吟出了绝唱《临终歌》：

> 大鹏飞兮振八裔，
> 中天摧兮力不济。
> 馀风激兮万世，
> 游扶桑兮挂石袂。
> 后人得之传此，
> 仲尼亡兮谁为出涕？

大鹏奋飞啊，振过八方；中天摧折啊，力气不足；所余之风啊，激励万世；东游扶桑啊，挂住了我的左袖。后人得此消息口口相传，仲尼已经死了，还有谁会为我的逝去而哭泣呢？

是啊，还有谁会为他的逝去而哭泣呢？算我一个吧！

唐代那么多诗人，只有李白当得起一个"仙"字，他的想象力实在太奇幻、太奔放、太瑰丽了！他写理想，"大鹏一日同风起，扶摇直上九万里"；他写自由，"人生得意须尽欢，莫使金樽空对月"；他写大雪，"应是天仙狂醉，乱把白云揉碎"；他写孤独，"举杯邀明月，对影成三人"；他写忧愁，"抽刀断水水更流，举杯消愁愁更愁"；他写自信，"仰天大笑出门去，我辈岂是蓬蒿人"；他写美人，"云想衣裳花想容，春风拂槛露华浓"；他写无奈，"大道如青天，我独不得出"；他写思乡，"思归若汾水，无日不悠悠"；他写相思，"相思相见知何日，此时此夜难为情"；他写送别，"孤帆远影碧空尽，唯见长江天际流"；他写分手，"早知如此绊人心，何如当初莫相识"；他写兄弟情，"桃花潭水深千尺，不及汪伦送我情"……

满地都是六便士，他却抬头看起了月亮。呜呼，斯人已殁，世间再无太白！

05. 建宁王之死

可能是担心十六弟九泉之下太孤单，肃宗把建宁王派过去了。建宁王之所以会死，是因为得罪了张良娣。

肃宗觉得张良娣很贤淑，我们也感觉她很贤淑。张良娣的确也一度表现得很贤淑，但那都是她苦心孤诣打造的人设。实际上，她既不贤也不淑，是一个不折不扣的心机女。她明白，以色事人者，色衰而爱弛，爱弛而恩绝；只有肯同君王吃苦患难、知书达理的可人儿，才会在君王心中占据永久的位置。所以，当肃宗颠沛流离之际，她挺着大肚子睡在前边，产后三天就下地给将士们缝制衣服。然而，等丈夫站稳脚跟、坐上宝座后，她摊牌了，不装了。

张良娣有两个很特殊的爱好：喝酒和赌博。很奇怪，绝大多数女人不好这两口，可她偏偏就喜欢。她一个人喝酒、赌博倒也没什么，主要她总拉上肃宗一起玩儿。更要命的是，肃宗还很乐意陪她玩儿。寻常夫妻这么做叫恩爱，可第一家庭也这么做，尤其是在国难当头的存亡之秋这么做，就要招人戳脊梁骨了。

那时的骰子都是骨头做的。他俩掷骰子的声音外面将士们听得清清楚楚。李泌受不了了，玩儿你们也不注意个场合，这里可是军营，将士们为了大唐江山日夜操练，你却陪老婆赌博，骰子还掷得那么响，将士们岂不寒心?!肃宗并没有生气，但他只听了一半，不是嫌我们声音大嘛，把骰子换成木制的不就可以了吗？

嘿，瞅他聪明的！

玄宗赐给张良娣一副奢华至极的七宝鞍。张良娣很喜欢，每次外出骑马都拿出来显摆。李泌觉得这样也不妥："现在天下大乱，应当以节俭示人，良娣不应该乘坐七宝鞍。我请求把上面的珠宝拆下来，封赏有功的将士。"张良娣不服："哎呀，不至于吧?!"这次肃宗倒是听了李泌的话，照办了。

偏在这时，他听到一阵哭声隐隐传来，派人查看，原来是建宁王在外面的走廊上哭。肃宗把儿子叫了进来，问为什么哭？建宁王边抹眼泪边说："我一直担心祸乱无法平息，今天看到父亲从谏如流，我相信很快就能把爷爷迎回长安了，所以喜极而泣。"

老爸受批评，儿子还表扬，那老爸能爽吗？

张良娣也觉得建宁王的话格外刺耳，好啊，你小子和李泌是成心跟我过不去啊！其实，她看李泌和建宁王不爽也不是一天两天了。

肃宗即位后，本打算册立张良娣为皇后。李泌不同意："册拜皇后是家事，应该先征得上皇同意。"肃宗就没册封张良娣。眼瞅到手的皇后飞了，张良娣能不恨李泌吗?!

李泌挡了张良娣的道，建宁王则挡了张良娣儿子的道。张良娣有两个儿子，兴王李佋①和定王李侗，还都是小毛孩子。张良娣想让李佋当太子，广平王和建宁王自然就成了她的眼中钉、肉中刺。但她只是一个女人，背后又没有势力，扳倒二王这种事儿没人帮她根本做不

---

① 佋，音绍。

到。于是，张良娣就看中了肃宗最宠幸的大宦官李护国。

李护国就是《开元天宝》里的李静忠。肃宗称帝后，视李静忠为第一心腹，特赐名"护国"，拔擢为太子家令，"侍直帷幄，宣传诏命，四方文奏，宝印符契，晨夕军号，一以委之"。李护国成天一副出家人打扮和做派，不食荤腥，手持念珠。给人的感觉就是个世外高人，"人皆信以为善"，却不知这是一个大大的坏人。

当时，朝中最有权势的两个人，一个李泌，一个李护国。相比之下，李护国的实权更大。他当然想排挤掉李泌，也不愿已经成年且贤明的广平王或建宁王将来上位，于是和张良娣一拍即合，结成了政治同盟。

面对张良娣、李护国的步步紧逼，尤其是对李泌的构陷，广平王和建宁王的表现截然相反。广平王年纪最长，性格沉稳，完全不予理会。而年轻气盛的建宁王却主动找到李泌，说要为他除害。李泌都蒙了，除害？什么害？建宁王说是张良娣。李泌听了直摇头："这不是当儿子的该说的话，你不要轻举妄动。"但建宁王不听，又跑去劝父亲不要听信妇人之言。肃宗很不高兴，朕外仗郭子仪、李光弼，内倚李泌、李护国，对他们言听计从，怎么就听信妇人之言了，劈头盖脸把儿子骂了一通。

建宁王还多次向肃宗检举李护国和张良娣的罪恶。这两人联手反击："倓恨不得为元帅，谋害广平王。"肃宗大怒，当即下谕赐死建宁王。建宁王宁折不弯，接到手谕后立即服药自尽。

玄宗杀儿子，肃宗也杀儿子，果然是亲父子，随得厉害！

有一些历史研究者认为，如果肃宗立英武善战的建宁王为太子，唐朝后来的形势估计会好很多。但观建宁王之言行，冲动且单纯，他若是上位，多半还不如大哥广平王呢！

经此一事，李泌对肃宗彻底失望。

06. 蓄势反击

现在，我们盘点一下全国形势。

首先，河北基本沦陷。

到安庆绪即位时，史思明已经把反正的十七郡收拾得只剩三个了。眼见大势已去，肃宗元年（756年）十月，颜真卿不得不"弃郡渡河，历江淮、荆襄"，于次年四月抵达凤翔。

历史研究者很少注意到"弃郡渡河，历江淮、荆襄"这几个字。平原郡在今山东省黄河以北，颜真卿想去投奔肃宗，肯定不能走叛军控制的河北啊，只能南渡黄河，绕道山东、河南、湖北，进入陕西。且不说这一路上山高水长、冰天雪地，关键是叛军在这些地区的存在也很强，他随时面临着生命危险。这是颜真卿一个人的长征，若非心怀忠义，谁能干得出这种事情?!

很快，河北的亲唐势力就只剩平卢军了。但平卢军现在日子也不好过，刘正臣率军进攻范阳失利，被安东都护王玄志毒杀。肃宗只得任用王玄志为平卢节度使。

为了保存平卢军的火种，王玄志和大将侯希逸派董秦、田神功二将所部从天津乘筏横渡渤海，进入山东半岛。董秦和田神功登陆后，迅速攻克平原和乐安（今山东滨州惠民县）二郡，站稳了脚跟。打从这儿起，平卢军一分为二，留在故地的归王玄志、侯希逸领导，南下的归董秦、田神功领导。

其次，河南战场形势起伏巨大，但基本盘还在。

河南战区虽然名义上一直有最高司令长官——河南节度使，但并无强有力的统一领导，基本上是各地军将各自为政，并且节度使换得特别勤。首任节度使张介然上任不到一月即被叛军擒杀。继任的李随干了两个月,又换成了嗣吴王李祗①。不久,因为鲁炅退保南阳,玄宗又征李祗入朝,以嗣虢王李巨为节度使。

李巨既是草包,又是浑蛋。拜他所赐,肃宗元年十二月,三颗钉子中的颍川和雍丘都陷落了。颍川陷落是因为李巨把来瑱调到南阳去帮鲁炅了。雍丘陷落则完全是李巨故意拿捏张巡的结果。

张巡起兵时,河南节度使还是嗣吴王李祗,所以他打出了吴王先锋使的旗号。李巨认为张巡是李祗的人,打心里不痛快。张巡凭借区区几千人马坚守雍丘长达十个月,他本可以守得更久,但李巨非要调他去援救鲁郡(今山东济宁曲阜县)、东平(今山东泰安东平县)、济阴(今山东菏泽市附近)。张巡还未开拔,鲁郡与东平就已沦陷。叛军直扑宁陵(今河南商丘宁陵县),打算切断雍丘的粮道。

张巡无奈,只得带着全部人马——士兵三千、战马三百——撤离雍丘,去协防宁陵。途中,他刚好遇到了前来援救宁陵的睢阳(今河南商丘睢阳区)太守许远。两人合兵一处,大破叛军,一道入驻睢阳。肃宗接报大喜,擢升张巡为河南节度副使。

不久,来瑱从南阳回军,收复了颍川。

这样,河南战区原有的三颗钉子——南阳、雍丘、颍川,变成了新的三颗钉子——南阳、睢阳、颍川,江淮还是安全的。

最后,河东战场一直稳如泰山。

嘉山之战后,李光弼本打算长驱直捣范阳,奈何潼关一破、满盘动摇,他的计划只能搁浅。肃宗即位后,册拜李光弼为户部尚书、同平章事,并给了他新的任务:守卫北京太原。

肃宗二年(757年)正月,史思明挥军十万攻打太原。李光弼将

---

① 祗,音只。

太原守得固若金汤，其间还多次出奇兵打击叛军。安禄山被杀后，史思明返回范阳，留蔡希德继续攻城。李光弼主动出击，打了蔡希德一个措手不及，斩首七万余级，取得了太原保卫战的重大胜利。

与此同时，郭子仪也率军收复了河东郡。

总的来说，河北虽然再度沦陷，但于全局并无致命影响，李光弼在河东，鲁炅在南阳，张巡在睢阳，来瑱在颍川，都牵制了大量叛军。因此，关中的形势反而前所未有地好。

正月十五，唐廷接到了一个大大的好消息：安西军、北庭军、河西军、拔汗那军、大食军已进至青海、甘肃，回纥第二批援军也已上路。急不可耐的肃宗决定将指挥中心前移。

为了讨个彩头，他诏命改扶风郡为凤翔郡，取"凤鸣于岐、翔于雍"之古意，以示他要凤翔九天、振翅高飞了。二月，肃宗抵达凤翔。很快，除回纥军外，其余援军、友军陆续抵达。蠢蠢欲动又自信满满的肃宗就准备收复长安了。

三月，经过一番苦战，郭子仪以次子郭旰阵亡的代价，力挫叛将崔乾佑，陆续收复潼关、蒲坂、永丰仓（仓址在渭南华阴市东北渭水南岸的广通渠渠口）和陕州。肃宗任命郭子仪为司空、关内河东副元帅，指挥大军攻取长安。

五月，郭子仪、王思礼与叛将安守忠、李归仁战于长安城西清渠。安守忠部突然后撤。郭子仪立即命令全军追击。孰料安守忠后撤是假，他早已集结九千骑兵结成长蛇阵，首尾夹击官军。郭子仪大败，"军资器械尽弃之"，不得不退保武功。他自请贬官，被降为左仆射。

安史之乱之所以能持续八年，后来的河朔藩镇之所以能一直延续到唐末，叛军战力强大是一个极其重要的原因。安禄山发掘、培养了不少军事人才，与李光弼针锋相对的史思明，在潼关击败哥舒翰的崔乾佑，两败郭子仪的安守忠，乃至蔡希德、田承嗣、尹子奇、高秀岩、安忠志等，都是杰出的军事将领。

07. 收复两京

连着三次失利，肃宗不免有些气馁。郭子仪认为，官军战力与叛军相比还有很大差距，还是等回纥军到了再说吧！

说回纥回纥到，葛勒可汗的长子叶护统率四千回纥军抵达凤翔。兵败之下，肃宗对回纥人的态度越发卑微，居然说了一句将他钉在历史耻辱柱上的名言："克城之日，土地士庶归唐，金帛、子女皆归回纥。"这句话厚颜无耻的程度足可与老佛爷那句"量中华之物力，结与国之欢心"一较高下了。说到底，像肃宗这样的帝王其实只关心自己的统治是否稳固，至于老百姓的荣辱死活，那只是个可有可无的捎带。

大元帅广平王也主动提出与叶护结拜为异父异母的亲兄弟，他是哥，叶护是弟。由此，两国关系从"宗藩之国"变成了"兄弟之国"。这要是搁以前，回纥想和大唐勾肩搭背、称兄道弟，做梦去吧！叶护很开心，表示有十分力决不只出九分。

九月二十五日，广平王、郭子仪统率全军十五万人马出击。两天后，官军进至长安城西，列阵于香积寺（今西安长安区郭杜街道香积寺村）以北、澧水以东。敌将李归仁率十万叛军在官军北面列阵。

叛军虽然比官军少了五万人马，但贵在指挥统一、战力强悍，一战就击溃了官军。眼见就要失败了，安西军大将李嗣业大呼一声："今日不以身饵贼，军无孑遗矣。"他脱掉甲胄，光着膀子，一人砍死敌骑数十，"人马俱碎"。官军将士见他如此勇猛，大受鼓舞，这才稳住了阵脚。

战局一时陷入胶着。但李归仁并不惊慌，因为他早已在东面埋伏下精骑。偏偏这次老天爷站在了朝廷这边，官军斥候及时发现了埋伏的叛军骑兵。郭子仪当即派仆固怀恩、叶护消灭了这支伏兵。随后，李嗣业的陌刀军和叶护的回纥军又迂回至叛军后方，抄李归仁的后路。叛军再厉害，也架不住被这么蹂躏啊，全军溃败，仅被斩首就达六万级。李归仁率残军退回长安。

仆固怀恩料定伪燕西京留守张通儒必会逃遁，请求追击叛军。广平王没同意："将军战亦疲矣，且休息，俟明日图之。"仆固怀恩急得直跺脚："战尚神速，何明且也！"广平王还是不同意。仆固怀恩"固请，往而复反，一夕四五起"，但广平王就是不同意。

广平王有私心，他还想冲击太子之位呢，这场仗只能胜不能败，所以他只求稳妥、不敢冒险。从这件事上我们就可以看出，这位后来的代宗皇帝其实见识和能力也就那样。果不其然，天亮时分斥候来报：叛军已撤离长安。

叶护来找广平王，要他践行他爹的承诺，准许回纥军劫掠。广平王想了个缓兵之计："如今刚刚收复了西京长安，如果马上放开劫掠，那东京洛阳的人就会替贼人效力了，我们打洛阳就很难了。这样，你再等等，等打下了洛阳，咱们再按约定办！"叶护想想也是，拍着胸脯说："好，我就为殿下拿下洛阳。"

广平王随即留仆固怀恩、回纥军、大食军、西域诸国军在城外，带官军开入城中。长安百姓不分老幼，倾巢而出，夹道欢呼悲泣。

陷落十五个月的帝都长安终于收复了，时为肃宗二年（757年）九月二十八日。

广平王决定让大军休整三日，之所以作出这个决定，是因为他还有一件私事要办：寻找侍妾沈氏。结果，找遍了整个长安城，都没找到沈氏。广平王很悲哀,只能去洛阳碰碰运气了……

三日后,大军继续东进,直指洛阳。此时,郭子仪已经攻克了华阴、弘农(今河南三门峡灵宝东北)二郡。安庆绪悉发洛阳兵,由严庄率领,至陕州(今河南三门峡市西南)与张通儒会合,共计十五万之众。

叛军果然厉害,于陕州城西的新店再一次挫败郭子仪。关键时刻,又是回纥人从南山袭击叛军后方。叛军天不怕地不怕,就怕回纥人,当即崩溃。郭子仪和叶护前后夹击,直杀得叛军僵尸蔽野。严庄和张通儒放弃陕州,向洛阳退却。这次广平王不轴了,立命仆固怀恩等人分道追击。

在回纥人的有力帮助下,通过香积寺和新店两场大战,官军基本消灭了叛军最精锐的主力部队。安庆绪已无力守卫偌大的洛阳城,只得向河北老家逃去。临走前,他将被俘的唐将哥舒翰、程千里等三十余人全部杀掉。

十月十八日,广平王正要整军进入洛阳城,却被告知回纥军已经先行开入城中。

原来,叶护担心他再度推托,干脆抢先一步入城。回纥大兵平日所见,不是一望无垠的大草原,就是一望无垠的大沙漠,几曾见过洛阳这么繁华的都市?!这帮家伙不仅把洛阳府库中的财帛收缴一空,还将贪婪的爪子伸向了普通老百姓,掠夺财物"不可胜计"。城中女眷怕被糟蹋,纷纷登上圣善寺和白马寺的阁楼避难。残暴的回纥人居然纵火焚烧二楼,致使"伤死者万计,累旬火焰不止"。

广平王无计可施。还是郭子仪献计,主动送给叶护罗锦万匹,才换取回纥人停止劫掠。

不管怎样,洛阳终究还是收复了。广平王也终于在洛阳掖庭宫中找到了已经为奴的沈氏。夫妻相见,场面极为感人。鬼知道在身陷匪巢的岁月里，沈氏到底经历了什么……

当然，最高兴的还是肃宗，规复两京的历史性任务他终于完成了，这将是他为帝生涯中最重要的政绩了。他当即派人入蜀，迎接太上皇还京，同时从凤翔起驾，回銮长安。

08. 两阳陷落

但好消息之外也有坏消息，河南两大重镇——南阳和睢阳都陷落了。

河南战场形势逆转，嗣虢王李巨难辞其咎。

官军收复长安前夕，五月，南阳陷落。鲁炅的对手是叛军悍将田承嗣。李巨根本不重视南阳，以致鲁炅只能孤军困守。这一困就是整整两年。南阳城粮食耗尽，一只老鼠价值四百文，将士们饿得只能煮弓箭上的牛皮、筋角充饥。鲁炅实在撑不住了，突围退保襄阳。

在洛阳收复前夕，睢阳也陷落了。张巡延续了雍丘的奇迹，将睢阳守得固若金汤。他不仅守，还逮着空子出击，多次重创叛军。神射手南霁云还射瞎了叛军统帅尹子奇的一只眼睛。

睢阳本不该陷落，因为储备粮足够，怪就怪李巨存心要阴张巡。

宁陵大捷后，张巡晋升河南节度副使。李巨觉得张巡危及他的地位了，各种拿捏张巡。张巡为部下请功，李巨只给告身[①]不给赏赐，并且给的都是低等职务。张巡写信大骂李巨，两人关系彻底弄僵。

[①] 告身，古代的委任状。

李巨趁机报复，非要睢阳从六万斛储备粮中拨出一半给濮阳（今河南濮阳）和济阴（今山东菏泽曹县西北）。许远多次派人做工作，李巨反责怪他不听节制，还说要向皇帝参他和张巡一本。许远无奈，只能眼睁睁看着三万斛粮食被运走。岂料，济阴守将收到粮食便投降了尹子奇。

这事儿李巨明显处置失当，所以肃宗将他调回朝中，代之以御史大夫贺兰进明。李巨是宗室，即便犯了错，换个地方任职就可以了。可睢阳被他坑惨了，仅剩的三万斛粮食终究还是吃光了，城中出现了"易子而食，析骸而爨①"的惨剧。

张巡看在眼里，急在心头。这天，他忽然把小妾拉了出来。将士们一头雾水，拉个女人出来干什么？说话间，张巡手起刀落，斩杀了小妾。众人大惊失色。只听张巡哽咽地说道："诸公为国家勠力守城，一心无二，经年乏食，忠义不衰。巡不能自割肌肤，以啖将士，岂可惜此妇，坐视危迫。"说罢，他将小妾就地肢解烹饪。将士们哭成一片，谁也不肯动筷子。张巡强令他们吞食。众人含泪下咽。许远也宰杀了几名僮仆供大家果腹。

睢阳吃人的生活方式就此风行，刚开始是吃妇孺老弱，等妇孺老弱吃没了，就每日定量宰杀青壮年。据史书记载，睢阳六万人口被自己人吃掉了三万。

不是没人劝过张巡、许远弃城。但二人认为，睢阳是江淮的屏障，如果弃守睢阳，叛军就会攻取整个江淮。

张巡派南霁云突围去找援兵和粮食，但谯郡（今河南商丘梁园区）太守许叔冀、彭城（今江苏徐州）太守尚衡、驻守临淮（今江苏宿迁泗洪县）的贺兰进明都不肯分兵来救睢阳。只有真源（今河南周

---

① 爨，音窜。

口鹿邑县）县令李贲送给南霁云一百多匹战马，宁陵城使廉坦率军三千来援。可敌军围得太严密了，等南霁云、廉坦突入睢阳后，三千人马只剩一千了。城中军民听说救兵来不了了，"恸哭累日"。

张巡、许远继续坚守，直到肃宗二年（757年）十月，全城仅剩四百余人。初九，叛军终于登上了城头。张巡面朝凤翔的方向三跪九叩，他还不知道肃宗已经回到长安了，大声呼道："臣力竭矣，不能全城，生既无以报陛下，死当为厉鬼以杀贼！"

尹子奇终于见到了传说中的张巡。他问张巡："听说你每战眼角崩裂、牙齿都能咬碎，却是为何？"张巡含混不清地回道："吾志吞逆贼，但力不能耳！"尹子奇不信，用刀撬开张巡的嘴巴查看，不由大吃一惊，居然只剩寥寥三四颗牙齿了。南宋宰相文天祥传世名篇《正气歌》中有一句"为张睢阳齿"，讲的就是这件事。

虽然是对手，但尹子奇也为张巡的气节所折服，他不想处死张巡。但左右却说："彼守节者也，终不为吾用，且得士心，存之，将为后患。"尹子奇一想也是，命人将张巡、南霁云等三十六将就地剜心剖腹。

睢阳名义上的主帅许远被执送洛阳。行至河南偃师时，官军攻破洛阳，安庆绪败退河北，负责押送的叛军就把许远杀了。

此前，肃宗已任命宰相张镐为新任河南节度使。河南战区至此才真正迎来了一位以国事为重且有大才具的长官。

张镐刚上任，就遥令濠州（今安徽凤阳东）太守闾丘晓迅速驰援睢阳。这位闾丘晓是个什么人呢？我讲一件事，大家就了解他的为人了。去年，他因为嫉妒，把途经濠州的著名边塞诗人王昌龄给杀了。可怜一片冰心的王昌龄魂断濠州。这样的人当然靠不住，闾丘晓根本不把张镐的指示放在眼里，按兵不动。

睢阳陷落后的第三天，张镐的大军就到了，一战击破尹子奇，收复睢阳。张镐深恨闾丘晓见死不救，判其杖毙。闾丘晓跪着求饶："大人啊，我家有老人孩子，求您饶我一命。"张镐一句话就把他噎死了："王昌龄也有亲人，谁又来养活他的亲人呢？"

随后，张镐分遣诸将四面出击，打死尹子奇，挫败田承嗣，迅速规复河南大部分郡县。

他将张巡、许远等人的英雄事迹上奏朝廷，请求肃宗加以褒奖。但有人指责张巡等人食人充饥，太过残忍。好在名士董南史、张建封等人力挺张巡、许远，指出如果没有他们的坚守，江淮势必会落入敌手，戡平战乱就遥遥无期了。肃宗这才下诏，赠张巡为扬州大都督、许远为荆州大都督、南霁云为开府仪同三司。

河南战场与其他战场不同，没有一个负责任的、强有力的领导核心，各地军将基本各自为政、各谋生路。没人强求张巡、许远坚守睢阳，但他们为了大唐社稷，在内无粮草、外无援兵的情况下，死守睢阳长达十个月，前后交战四百余次，阻遏了叛军南犯之势，确保了东南半壁的安全。只此一点，便足以令人由衷敬佩了。

09. 上皇返京

睢阳陷落后不久，肃宗终于回到了朝思暮想的帝都长安。长安百姓夹道欢迎，"二十里不绝，舞跃呼万岁，有泣者"。太庙已被叛军焚毁，肃宗穿着戴罪的白衣，在断壁残垣上哭得一塌糊涂。

规复两京，谁的功劳最大？当然是郭子仪！肃宗加封郭子仪为司徒、代国公。郭子仪入朝谢恩。肃宗由衷地说道："吾之家国，由卿再造。"短短八个字，字字重如千钧。

回纥人的功劳也很大。叶护率军返回长安，肃宗命文武百官出城迎接，并在宫中设宴款待。叶护很高兴，表示要回国补充军马，帮助肃宗扫除范阳余孽。肃宗喜出望外，册封叶护为忠义王。

普天同庆之际，李泌却退隐还山了。肃宗确实很真诚地挽留了，但李泌很决绝地要走，肃宗只得同意。临走前，李泌给肃宗讲了一个故事……

则天皇后毒死长子李弘后，次子李贤忧虑万分，写了一首《黄台瓜辞》唱给母后听。辞曰："种瓜黄台下，瓜熟子离离。一摘使瓜好，再摘令瓜稀。三摘犹尚可，四摘抱蔓归。"意思就是哀求母后善待儿子们。则天皇后可能没听懂，也可能听懂了装不懂，最终还是将李贤废黜，流死巴州。

故事说完，李泌意味深长地对肃宗说了最后一句话："陛下有今日运祚，已一摘矣，慎无再摘。"

肃宗问，我们该怎么告别呢？李泌微微一笑，像当初见面时那样。而后，他背着包袱翩然而去。当初他就是背着这个包袱来的，现在走了，仍旧只有这么一个包袱。

南宋徐钧有诗道："衣白山人再造唐，谋家议国虑深长。功成拂袖还归去，高节依稀汉子房（指张良）。"

《丑陋的中国人》作者柏杨评价说："李泌是皇帝李亨的师友，所受的尊崇和信任，举世无匹。而且，李亨就要以战胜者和收复京师的盖世奇功，重返长安。正在这个时候，李泌坚决辞职回山，这种情节，传奇小说里才有；现实政治上，可以说从来没有听见过……不过肯自动拒绝逼面而来荣华富贵的人，实在寥若晨星，李泌却彻底做到。只有耐得寂寞，才能保护自己高贵的情操，甚至自己的性命。李泌不但是一位奇士，更是中国历史上一位有最高智慧、最高尊严的知识分子，可与西汉王朝的张良媲美。"

李泌归隐于南岳衡山。肃宗让当地为李泌建了一座石室，按三品官的标准供养。

当李泌南下之际，太上皇玄宗却在北上。途经蜀中栈道时，天降细雨，淅淅沥沥打在銮驾的金铃上，玄宗"闻铃音与山相应"，又想起贵妃了，口出"雨淋铃"三字，当即命张野狐撰为曲名。这就是词牌名"雨霖铃"的来历。

路过马嵬坡，当然要到贵妃的墓前看看呀！贵妃死的时候连副棺材板儿都没有，用布裹了裹就丢到墓穴里了。可叹大美人的冰肌雪肤都成了蛇虫鼠蚁的食粮！玄宗想给可人儿换个木棺。高力士连忙阻止，这么做只怕会引起龙武将士的猜疑，还是等以后再说吧！玄宗哭了一番，只得作罢。

十二月初三，玄宗一行抵达咸阳。肃宗在这里迎接老父，他脱下黄袍，换上紫袍，叩迎于马前。父子相见，彼此心中都是百感交集。肃宗摸着父亲的双脚，痛哭流涕。玄宗抚着儿子的头，也是老泪纵横。

毕竟当过四十多年的天子，道儿上的规矩玄宗门儿清，要来黄袍，非要给肃宗穿上。儿啊，你已经是天子了！肃宗不肯穿。玄宗说："天数、人心皆归于汝，使朕得保养余齿，汝之孝也！"肃宗推辞不过，这才穿上。

朝臣一千余人陆续赶来拜见玄宗。人人都说："臣等今日复睹二圣相见，死无恨矣！"是夜，玄宗、肃宗父子共寝一殿，聊到半夜方才睡去。

第二天，父子二人起驾向长安进发。肃宗坚持步行，还要给父亲牵马。玄宗不同意，你是天子，别人都骑马，你怎么能走着呢？肃宗干脆乘马在前引导，而且坚决不走路中央。他的姿态令玄宗极为满意："吾为天子五十年，未为贵；今为天子父，乃贵耳！"

终于回到长安了，玄宗感喟万分，一场动乱几乎颠覆了大唐江山，也让他的一世英名付诸东流。他跑到长乐殿中，对着临时制作的列祖列宗牌位痛哭了好久。

哭罢，他断然离开大明宫，返回了当临淄王时的旧宅——兴庆宫。人生转了一个大圈，居然又回到了起点，造化真是弄人！玄宗这么做，以示自己很清楚太上皇的身份，不宜再住在帝王所居的皇宫了。肃宗多次表请归还帝位，自己还东宫仍为太子，玄宗不答应。

都是套路，不答应是对的。

刚刚安顿下来，玄宗就秘密派遣高力士赶往马嵬坡。高力士将贵妃的尸骨挖了出来，配了一副棺椁重新安葬，但没敢立墓碑。一代玉人至此才有了一个栖身之所。高力士还找到了贵妃穿过的一只袜子和随身佩戴的香囊。玄宗睹物思人，泪落如雨。

继收复两京后，肃宗终于又完成了迎回上皇的宏愿。十五日，他宣布大赦天下，广平王李俶进封楚王，郭子仪拜司徒，李光弼拜司空，其余功臣皆有封赏，追赠颜杲卿、袁履谦、许远、张巡、张介然等人官爵；免除战死将士家人两年的赋役，免除各郡县明年三分之一的租庸；册拜张良娣为淑妃，李护国此前已被赐名李辅国，现在加为开府仪同三司，封郕国公，食实封五百户。同时，肃宗改革了行政建制，升成都为南京、凤翔为西京，算上中京长安、东京洛阳、北京太原，唐帝国从此变成了五京制。

此时，安庆绪败逃河北，史思明龟缩范阳，官军已基本收复河东、河南，平息叛乱似乎翘首可盼。

10. 清算伪官

当叛军气焰熏天之时，一大批文武官员变节，当了伪官。现在，他们当中的一部分人或反正或被捕，落到了朝廷手上。

如何处置这些人是一个非常棘手的问题。难就难在不好拿捏分寸，处分太宽，起不到惩戒和警示的作用；太严，又怕断了其余伪官投降的念头。

肃宗初即位时，颁布了第一份有关伪官的诏书，规定：除李林甫、王铁、杨国忠的亲近外，"大辟罪以下，常赦所不免者，咸赦除之"。因为宽赦力度空前，所以一大批长安伪官都择机投奔了朝廷。肃宗也的确做到了宽大为怀。比如献城投降的京兆尹崔光远，不仅没挨处分，还被提升为御史大夫。肃宗唯一杀的人是宦官边令诚，算是为高仙芝、封常清二将报了仇。

但收复两京后，肃宗觉得大局已定，对伪官的态度就变了，他要求御史台、刑部、大理寺三司认真审查伪官，即使是"临行潜避，遂受贼驱使"的，也要"量情状轻重奏闻"。在量刑时，他更是拍板严惩："以六等定罪，重者刑之于市，次赐自尽，次重杖一百，次三等流贬。"

肃宗和玄宗唯一的分歧在于如何处置前宰相张说的两个儿子——张均和张垍。玄宗的态度是搞死，前宰相之子投敌，枉费了朕对他们张家的提携。肃宗则想赦免二张，以报答当年张说对他的襄助之情。

玄宗起初很坚决："张均、张垍投敌叛变，任的都是要职，没少给安禄山出坏主意，罪无可赦！"肃宗哭着求情："如果没有张说父子，就不会有我的今天。我如果保不住张均、张垍，九泉之下有何面目去见张说？！"玄宗无奈，作了部分妥协："行吧，张垍长流岭表，张均必须得杀!"为啥不杀张垍呢?因为杀了女婿,女儿就成寡妇了。肃宗只得同意。

最终,前河南尹、伪侍中达奚珣等十八人被斩于长安城西南独柳树下,伪相陈希烈、张均等七人被赐自尽。反正的伪官中,只有河南尹张万顷因为保护百姓有力得到豁免。此外还有一人也受到了轻处,正是"诗佛"王维。

伯乐张九龄倒台和知己孟浩然去世后,王维反思过往人生,认定不该再把当官当作人生至高无上的主题,而应该回归到山水田园当中,为灵魂求一份宁静。

当然了,诗和远方能否落地落实,还得看经济基础扎实不扎实。这对王维来说不算事儿,他挥一挥手就买下了蓝田辋川山谷中的宋之问旧宅,并斥重金修整扩建成了拥有林泉之胜的辋川别业。此后,他尽管身在官场,但心已经在世外了,自称:"一悟寂为乐,此生闲有余。思归何必深,身世犹空虚。"

然而,他越是低调内敛,名声越是不减反增。《新唐书》称其"名盛于开元、天宝间,豪英贵人虚左以迎,宁、薛诸王待若师友"。在名声与日俱增的同时,王维的官职也是芝麻开花节节高,到天宝十四载(755年)时已官至给事中。

接下来,安史之乱爆发。玄宗出逃时,王维根本不知情,被叛军捂在了城里。他是中央朝廷的官员,又是名满天下的大诗人,自然成了安禄山重点笼络的对象。王维在政治上还是很清醒的,接受伪职等同谋反,为了避祸,他不惜嗑药装傻。可他是个文化人,又不是演员,演技不过关,被人家戳穿了。安禄山派人"迎接"他到洛阳,硬塞给他一个给事中的职务。王维还是不配合,被软禁于洛阳菩提寺。

肃宗元年(756年)八月二十三日,安禄山在凝碧池设宴庆功,令乐工们奏乐助兴。可他听着音乐不对劲,一点儿都不嗨,有气无力的，隐隐还有哭泣之声。原来，这些乐工都是玄宗御用的梨园子弟，他们悲恸国破家亡，无心演奏。安禄山让左右逐一查看，谁脸上有泪痕就拉出去砍了。伤怀归伤怀，人为刀俎，我为鱼肉，众乐师赶紧把眼泪擦掉。

偏在这时，有个人却站了起来，将乐器扔在地上，面朝长安放声大哭。大家定睛一瞧，赫然是琵琶演奏者雷海青。怒不可遏的安禄山命人将雷海青缚于试马殿前，就地肢解。雷海青至死，骂不绝口。

雷海青的事迹很快传遍了洛阳城，连菩提寺里的王维都听说了，他为雷海青不畏强暴、忠于朝廷的精神所折服，挥笔写下了《菩提寺私成口号》：

万户伤心生野烟，百官何日再朝天？
秋槐叶落空宫里，凝碧池头奏管弦。

他是文化名人，兼之这篇诗稿又是歌颂伶人的，被乐师们配上曲子广泛传唱。

上皇玄宗从四川回来后，追赠雷海青为"唐忠烈乐官""天下梨园都总管"。肃宗加封雷海青为太常寺卿，受万民祭拜。南宋端宗又为雷海青塑了金身，赐名"田公元帅"，受四时香火供祭。雷海青籍贯在今福建莆田秀屿区东峤镇田庄村，他的英雄事迹至今仍在福建一带广为流传。

肃宗本拟处死王维。但太原王氏的朋友圈很强大，有人进言说王维曾作《菩提寺私成口号》歌颂雷海青，抒发了亡国之痛和思念朝廷之情。肃宗虽然听过这首诗，但还是想重处王维。

关键时刻，王维的弟弟王缙站了出来。王维兄弟五人，他是老大，下有老二王缙、老三王繟①、老四王纮②、老五王纮③四个兄弟。王缙是五兄弟中官职最高的。安史之乱期间，他任太原少尹，协助李光弼守卫太原有功，升任刑部侍郎。王缙向肃宗求情，说愿意用自己的官职为兄长赎罪。肃宗很感动，从轻发落，只是将王维降为太子中允。但作为交换条件，王缙不得留朝，必须外放。王氏兄弟的友悌之情一时传为美谈。

王维虽然被降了官，但很快又被提升了，到肃宗五年已官至四品尚书右丞。这是他一生所任最高官阶，也是最后所任之职。后世因此又称他为"王右丞"。

步入暮年，王维自称"晚年惟好静，万事不关心"，没事儿就宅在辋川别业里编他的《辋川集》。著名的《山居秋暝》就出自此集。

肃宗六年（761年）春，王维感觉身体不适、时日无多，写了《责躬荐弟表》给肃宗，请求削去自己全部官职，换弟弟王缙回朝任职。肃宗同意了。

王维的重情重义是全方位的。他三十岁左右时，妻子崔氏就病故了。此后余生，王维连妾都没有蓄，就一个人单着。《旧唐书》载："妻亡不再娶，三十年孤居一室，屏绝尘累。"所以说呀，嫁人就该嫁王维这样的郎。

当年七月，王维谢世。王维诗、画、音乐样样精通，堪称文艺全才。仅就诗歌而言，他留下了无数脍炙人口的佳句。写相思有：

红豆生南国，春来发几枝。

---

① 繟，音产。
② 纮，音宏。
③ 纮，音胆。

愿君多采撷，此物最相思。

写送别有：

渭城朝雨浥轻尘，客舍青青柳色新。
劝君更尽一杯酒，西出阳关无故人。

明代敖英在《唐诗绝句类选》中评价："唐人别诗，此为绝唱。"

写宁静有：

独坐幽篁里，弹琴复长啸。
深林人不知，明月来相照。

空山不见人，但闻人语响。
返景入深林，复照青苔上。

写军旅有：

一身转战三千里，一剑曾当百万师。

写边塞有：

大漠孤烟直，长河落日圆。

写应制有：

九天阊阖开宫殿，万国衣冠拜冕旒。

　　但王维最绝的还是山水田园诗，他的山水田园诗融层次美、色彩美、音律美、禅意美为一体，在孟浩然之后达到了一个新的高度。后世公认他和孟浩然是唐代山水田园诗派的奠基师祖，并称"王孟"。

　　对伪官应不应该清算呢？应该，国难当头，身为国家大臣临难变节，罪无可赦。但清算也得分个时机，毕竟叛乱还未平息，安庆绪和史思明都还很有实力，还有一大批伪官仍在为他们效力。现在就严厉惩处伪官，让这些人怎么想？

　　果不其然，不久后叛军中有投诚过来的，肃宗问起伪官们的情况。该人是这么说的："他们起初听说广平王赦免了陈希烈等人，都很自责懊悔。可当他们听说朝廷又杀了陈希烈等人，都不这么想了。"肃宗悔得直拍大腿，赶紧下敕弥补："敕两京陷贼官，三司推究未毕者皆释之；已贬、降者续处分。"

　　显而易见，肃宗并不是一个宽宏大量的人，不仅不宽大，而且爱记仇，尤其擅长秋后算账。

　　当初，他信用房琯，才有了陈涛斜之败。房琯虽然能力不行，但人缘不错，有一大批朝臣帮他求情说好话。肃宗只得把心头的怒火强压了下去。压是压了，但没灭，燎原的小火星还在刺啦刺啦响。

　　房琯也是作死，暗怀不满，常称病不去上朝。不来打卡也就罢了，反正肃宗看他也心烦。可房琯却高调地在家中招纳宾客，搞小团体，积极为复出做准备。他的亲党在朝中大肆宣扬："房琯是文武全才，应受重用。"

　　肃宗早看他很不爽了，现在自觉大局已定，就要办他了。但和上次的情形一样，仍旧有很多朝臣为房琯说话，其中就有杜甫。

　　肃宗二年（757年）四月，郭子仪大军来到长安以北。杜甫冒险从城西金光门逃出长安，又穿过两军对峙的战场，辗转到凤翔投奔了肃宗。

肃宗当时还挺感动的，这个穷酸诗人还蛮忠贞的嘛，随手赏了杜甫一个左拾遗。左拾遗是从八品官，相当于现在的副科级，品级虽然低了些，但好歹也是中央干部了。

这下杜甫可算是扬眉吐气了，颇有点儿大器晚成的沾沾自喜。他自觉也是个中央干部了，能对国家大事发表意见了，屡屡上书言事秀认知。这就是他不开眼了，国家大事轮得着你一个副科级干部说三道四嘛?!

肃宗要收拾房琯，偏偏杜甫跳出来说项，正好撞到了肃宗枪口上。六月，肃宗连房琯带杜甫一起收拾，贬房琯为邠州（今陕西咸阳彬州市）刺史，杜甫为华州（今陕西渭南华州区）司功参军。

房琯纯属咎由自取，罪有应得。只可惜了杜甫，才当了一年多点儿的中央干部，一夜之间又被打回人生谷底。

很多事儿就怕对比，不管是主动还是被迫。王维毕竟挂着伪职，可人家是豪门子弟，象征性地降一下职，很快就提升了。杜甫那么忠于朝廷，只不过为别人说了几句话，就被肃宗踢得远远的。

老话咋说来着，朝中无人莫做官！

第二章 安史乱平

01. 史思明反正

收复两京、迎回上皇，肃宗陶醉于自己的丰功伟绩中，未能及时部署追击叛军，以致安庆绪在相州（别称邺郡，今河北邯郸临漳县）站稳了脚跟。虽然机灵鬼严庄投降了朝廷，但安庆绪陆续招纳蔡希德、田承嗣、武令珣等旧部，有众六万，占据七郡六十余城。

其实，安庆绪想回老家范阳，寄居相州实属无奈，只因他太害怕史思明了。一来史思明是军中仅次于安禄山的二号人物，有自己的派系和军队，还明里暗里地指责安庆绪弑父。二来叛军兵败洛阳后，史思明顺势招降了安庆绪麾下大将李归仁的数万精锐，坐拥十三郡十三万精兵，实力已在安庆绪之上。

安庆绪不甘心，派阿史那承庆、安守忠、李立节三人率五千精骑赴范阳，打着征兵的幌子，想拿下史思明。但史思明可比他聪明多了，不仅吞掉了这支人马，还在老领导——前平卢节度使乌知义之子、信都太守乌承恩的劝说下，向朝廷请降。

肃宗大喜，立即册封史思明为归义王、范阳节度使，要他率部讨伐安庆绪，为国立功。史思明接受册封后斩杀了安守忠和李立节，只留下故人阿史那承庆。

三年（758年）三月，肃宗刚册拜张淑妃为皇后，就收到张镐的密奏。张镐提醒他要小心史思明和滑州（今河南安阳滑县）防御使许叔冀，断言这两个人一定会反叛。肃宗不以为然，还在李辅国的唆使下，以"不切事机"为由，将张镐改任为荆州大都督府长史。

但紧接着又有一个人密奏史思明会谋反。对这个人的意见，肃宗就不能不重视了，因为此人是河东节度使李光弼。其实，肃宗也不是不想除掉史思明，他只是忌惮史思明的实力，无从下手。李光弼出了个主意：任命乌承恩为范阳节度副使，同时密赐阿史那承庆丹书铁券，让他二人一起做掉史思明。肃宗采纳了。

乌承恩是老领导的儿子，史思明对他毫无防备，三天一小宴，五天一大宴。所以，乌承恩很快了解到了史思明的真实想法：归顺朝廷只是权宜之计。乌承恩想来想去，想了一个自认高明的点子。

于是，滑稽的一幕出现了：每逢夜色降临，一位女装大佬便穿梭于范阳文武的府上。这大兄弟智商真让人着急，衣服可以改，个头儿怎么改，块头儿又怎么改？

史思明很快就知道了，为了求证，想了个法子。这天，他特意将乌承恩的小儿子召至范阳，让他们父子团圆。夜半时分，乌氏父子在内室聊天，聊嗨了，聊开了，什么都说。当乌承恩说完"吾受命除此逆，明便授吾节度矣"这句点睛之句后，床下突然间钻出两个黑影，以迅雷不及掩耳之势向门外冲了出去。

东"床"事发了。接着，门外埋伏好的兵马一拥而入，将乌承恩父子拿下，并搜出了铁券、李光弼手书以及一份写有必杀人员的名单。

怒气冲天的史思明集合文武，将乌氏父子当场处死，还戏精附体似的冲着长安的方向大哭："臣以十三万众降朝廷，何负陛下，而欲杀臣?!"随后，他奏请肃宗惩处幕后主使李光弼。肃宗派人回复说，这不是朝廷和李光弼的意思，完全是乌承恩的阴谋，你杀得好，你不杀他，朕也要杀他。

这就是个场面话。双方都在紧锣密鼓地备战。史思明加紧时间训练部队、增补军械，只待时机一到，他就要搅动天下了。肃宗也明白史思明迟早会反叛，但当务之急还是得先摆平安庆绪。所以，他调集朔方郭子仪、河东李光弼、关内泽潞王思礼、淮西鲁炅、兴平李奂、滑濮许叔冀、镇西北庭李嗣业、郑蔡季广琛、河南崔光远九大节度使，配属平卢军董秦所部，总计步骑二十余万，围攻相州。

觉得不托底，他又求助了一个人，他的回纥女婿葛勒可汗。

02. 相州之败

葛勒怎么成肃宗的女婿了呢？这事儿咱得往前倒腾……

话说葛勒出兵相助，虽然帮唐廷打了胜仗，但也摸清了唐廷现在很虚弱，他趁机勒索，要求肃宗下嫁三位公主，两个给他当妻妾，一个给他的次子移地健当老婆。并且，他明确说了，正妻——也就是将来的回纥可敦——必须得是皇帝的女儿。

移地健的要求好满足，肃宗打算让仆固怀恩的一个女儿出嫁。可汗侧室也好解决，让弟弟荣王李琬的女儿去就好了。主要可敦非得是真公主这条让肃宗十分拧巴，大唐开国至今还从未下嫁过一位真公主呢！最终，肃宗忍痛割爱，决定让二女儿彭原公主出嫁。公主两次丧偶，目下正在寡居，是最合适的人选。总不能派个黄花大闺女让葛勒糟蹋去吧?!

六月，彭原公主被改封为宁国公主，下嫁葛勒。从这个封号就看得出来，肃宗对女儿寄予了厚望，希望以她一己之身换来国家的安宁。他怀着万分愧疚的心情，亲自将女儿送到咸阳。宁国公主倒是很硬气，一滴眼泪都没流，还颇有大局观地对父亲表态："国家事重，死且无恨！"肃宗由咸阳一路哭回了长安。

宁国公主创造了一个纪录：她是唐朝第一位和亲外番的真公主，是货真价实、童叟无欺的"真龙"之女。她之前的和亲公主，文成公主也好，金城公主也罢，都是宗室之女。能把真公主嫁出去，说明唐朝真的不行了。

此前葛勒在接受肃宗诏敕时坐着不起身，现在得了大唐公主，他总算舍得抬一抬屁股了。但他站着又如何？！站着的他和坐着的他一样，都没打算继续帮助唐廷。公主娶进门，葛勒却装起了哑巴。

他不着急，但他家老大叶护很着急。当初，喝大了的叶护可是对肃宗拍过胸脯的，说要回去补充兵马，为大唐扫清安庆绪、史思明。没想到，老爹等唐朝媳妇儿一到手一入洞房，不认账了。叶护急了，对父亲口出不逊。恼怒的葛勒一个冲动，将叶护赐死了。

肃宗杀了建宁王，葛勒杀了叶护，看来杀儿子这事儿也会传染，真是环球同此凉热啊！肃宗后悔了，葛勒也后悔了，遵从叶护生前的愿望，派三千骑兵入唐作战。为了便于指挥，肃宗让仆固怀恩统率回纥军。

兵源的问题总算解决了，接下来是主帅人选的问题。

肃宗考虑得多，将领中要说最有资格当统帅、也最能让大家服气的，非郭子仪莫属。但郭子仪的功劳已经很大了，地位已经很高了，如果再立下平叛大功，谁能保证他不会野心膨胀做了安禄山第二？至于其他人，无论谁做统帅，别人都不会服气。于是，肃宗一拍脑门，想出了个"妙招"：既然将帅们谁也不服谁，那就找个圈外人当统帅吧！

这个圈外人就是宦官鱼朝恩。唐宫中的四川籍宦官并不多见，泸州泸川（今四川泸州泸县）人鱼朝恩算是头一个扬名的四川宦官。玄宗出逃时，他和李辅国一道侍奉李亨，因"性黠惠，善宣答，通书计"，赢得了李亨的好感和信任。李亨称帝后，让李辅国主内、鱼朝恩主外，派他给李光弼当监军。后来，鱼朝恩回朝担任三宫检责使、左监门卫将军，执掌内侍省。

此前，唐朝宦官中只有玄宗朝的杨思勖当过大军主帅。鱼朝恩并无统率一方、独当一面的经验，肃宗怕九节度不服，于是又一拍脑袋，创造性地发明了一个"观军容宣慰处置使"的临时职务授予鱼朝恩。听着似乎只是个管军容风纪的纠察，其实就是三军大元帅。

这项任命一出，九大节度使个个瞠目结舌。但肃宗的态度很坚决，我不要你们怎么想，我只要我怎么想。

九月，鱼朝恩率九节度、回纥人马兵临相州城下。

此前不久，安庆绪集团又爆发了一次内讧，蔡希德被张通儒杀了。没了蔡希德这个悍将，安庆绪彻底慌了神，也顾不上什么面子不面子的，派部将薛嵩（薛仁贵之孙、薛楚玉之子）带着他的亲笔信赶赴范阳向史思明求救。史思明的反应很快，亲率十三万大军直指魏州（今河北邯郸大名县）。

郭子仪和李光弼深知史思明不可小觑，请求分他们两部去阻击史思明。鱼朝恩不同意，陛下交给他的任务是打下相州，九节度中郭子仪和李光弼最能打，他俩如果走了，任务完不成咋办？

没办法，他是军容，得听他的啊，九节度只得继续围攻相州。城中叛军自知这是决定命运的一战，打得很顽强。官军久攻不下。

终于，不幸的消息传来了：十二月底，史思明攻破魏州。

但紧接着，他却按兵不动了，硬是拖到了第二年春天。官军和安庆绪军在相州拉大锯扯大锯，史思明这厮却坐山观虎斗、稳坐钓鱼台。

安庆绪明白，史叔这是坐等他上炮呢！只得派安太清带着燕国玉玺去见史思明。

没错，史思明要的就是燕国玉玺，其实他在乎的也不是这块石头，而是安禄山接班人的身份。得了玉玺，史思明立即进屯距相州仅六十里之遥的滏阳（今河北邯郸磁县）。然后，他又不动了。但这次不动，不是为了勒索安庆绪，而是为了打败官军。

史思明确实厉害，派出十队骑兵，每队一百人，打扮成官军模样，四出拦截官军粮草。如此干了半个月，官军的粮草供应就成问题了，军心浮动。

鱼朝恩见形势不妙，便召集众人商议，最终决定：由王思礼、许叔冀、鲁炅和李光弼四路人马合击史思明，其余人马继续围攻安庆绪。

但这两个战场打得都十分激烈，官军第一猛将李嗣业在攻城时被流矢射中，不幸伤死。官军士气越发低迷。

肃宗四年（759年）三月初六，史思明亲率大军进抵滏水，来与官军作最后的决战。两军战至午后，突然起了大风，"红日不见，如同昏夜，十步以外，人物难辨"。位处下风头的官军被吹得东倒西歪。相州城中的安庆绪见状杀出。官军腹背受敌，全线溃败。

溃退的各路官军沿途疯狂抢掠，甚至就连朔方军也加入抢掠的行列中。鲁炅的人马最不像话，抢掠最疯狂。鲁炅管不住，深感有愧于朝廷，服毒自杀。这时的官军已经和叛军没有任何区别了，只可叹老百姓遭了殃。宁为太平犬，不做乱离人！

九路大军中，只有李光弼和王思礼治军严明，所过之处秋毫无犯。

03. 史思明称帝

相州大败，举世震惊。九节度二十万精锐，还有回纥人助阵，谁能想到会战败，败得还这么惨?!

这则败讯对人心几乎是摧毁性的：河南各郡县官吏不战而逃。叛军离洛阳还很远呢，东京留守崔圆和河南尹苏震就弃城逃跑了。

九节度（李嗣业和鲁炅的职权分别由军将代使）纷纷上表请罪。最该请罪的鱼朝恩却当起了哑巴。这一点很宦官，他们监军具有明显的"三有"特征：有权，揽；有功，抢；有责，推！肃宗虽然窝了一肚子火，但谁也没追究，仗已经败了，再追究也无济于事，况且以后还需要这些人出力呢！

接下来就该擦屁股了，谁来擦？当然是天选大冤种郭子仪！肃宗任命郭子仪为东畿、山东、河东诸道元帅，知东京留守，全面主持关东战守事宜。

朝廷以为史思明会尾随追击，可史思明偏偏没有这么做，而是屯兵于相州城南。显然，他想先搞定安庆绪。

安庆绪以为史思明一定会派人来问罪，责怪他为什么不履行承诺、开门迎接。他又想错了，史思明一个人都没派，就是每日犒赏将士。

史思明越不动，安庆绪越慌张。他也明白，以他目前的实力，根本不是史思明的对手。思来想去，安庆绪还是妥协了，派安太清去见史思明：他，大燕皇帝安庆绪，愿意退位让贤，尊史叔为皇帝，俯首称臣。

史思明强压内心的喜悦，假装淡定地说了四个字："何至如此！"随后，手书答复安庆绪："愿为兄弟之国，更作藩篱之援。鼎足而立，犹或庶几；北面之礼，固不敢受。"哎呀，侄儿你这说的是哪里话，你还当你的皇帝，咱们是兄弟之国，互为藩篱。

安庆绪虽然知道史思明装腔作势，但形势所迫，不得不带着四个弟弟、高尚、孙孝哲、崔乾佑及三百骑兵来到史思明大营。他的态度很谦卑："臣本来已经陷入绝境了，感谢大王看在先父的面子上，大老远跑来救我。您的大恩大德，我没齿难忘。"

话音刚落，就听史思明大喝一声："丢失两都不算什么！可你身为人子，居然杀害自己的父亲，真是禽兽不如、天理难容！我为太上皇我安哥讨伐你，还能受了你的蛊惑吗?!"说着，就让左右将安庆绪等人推出斩首。

至此，安氏父子全都作古，安史之乱进入了"史"的时代。

相州城中的叛军随即投降史思明。史思明留长子史朝义守相州，自己引兵返回范阳，准备先摆平平卢军再南下。

年前，平卢节度使王玄志病殁。高句丽族将领李怀玉杀了王玄志之子，推立表哥侯希逸为平卢军使。肃宗鞭长莫及，只得加授侯希逸为平卢节度使。

这事儿无形中开了一个坏头，因为各地军将忽然意识到，只要他们力量足够强，是可以自行拥立节度使的，朝廷已经没有力量管他们了。史载，"节度使由军士废立自此始"。

四月，史思明于范阳称帝，立妻辛氏为皇后，封史朝义为怀王、周贽① 为宰相、李归仁为大将军。

随后，他联合两番攻打平卢军。侯希逸撑不住了，被迫放弃平卢，率残部两万人由青州（今山东潍坊青州市）南渡黄河，与田神功会和于兖州（今山东济宁兖州区）。平卢军虽然又合体了，但已经离

---

① 贽，音至。

开了故地。

郭子仪刚给肃宗擦了一半的屁股,鱼朝恩又让他来背锅,红口白牙非说相州之败是郭子仪的责任。肃宗顺势剥夺郭子仪朔方节度使的职务,召回京师。朔方军拦着中使求情。郭子仪骗大家:"我只是为中使送行,不走!"将士们信了。结果,他飞身上马,跟着中使就跑了。兄弟们,皇帝的话怎能不听呢?

只是郭子仪万万没想到,他这一闲置居然就是四年,直接缺席了安史之乱的后半程。

不用郭子仪,就只能用李光弼了。由于广平王李俶已经在去年五月变成太子李豫了,不宜再统军作战,肃宗就任命次子赵王李系为天下兵马大元帅,李光弼为副元帅、朔方节度使,同时加封朔方节度副使、回纥国丈仆固怀恩为大宁郡王。

葛勒可汗年老多病,迎娶宁国公主后不久就死了。由于长子叶护已经被他杀了,所以就由次子移地健继承了汗位,是为牟羽可汗[①]。这样,仆固怀恩就成了回纥的国丈。

牟羽对唐廷无甚好感,刚一即位就捏咕宁国公主。按照回纥人的丧葬礼仪,男性去世,不曾生育的配偶是要殉葬的。牟羽就逼着宁国公主殉葬。宁国公主不肯,说你们回纥娶中国媳妇,必是仰慕中国礼法,如果依从你们回纥礼法,又何须不远万里求亲?牟羽不听。宁国公主被逼得没辙了,把心一横,夺过一把刀就把脸面划破了。牟羽被震惊到了,这妮儿是个狠人,已经破相了,下去了再把我爹吓着,算了吧!

宁国公主不断致信肃宗,恳请父亲救她脱离苦海。肃宗听说宝贝女儿都被回纥人逼成这样了,心疼得要死,赶紧派人去回纥做工作,

[①] 牟羽可汗又称登里可汗,被唐廷册封为英义建功可汗。

想让公主回国。牟羽无所谓啊，他对唐廷无好感，对迎娶大唐公主也没兴趣，就同意了。宁国公主在出嫁一年多以后，终于返回了故乡。

04. 悲情"诗圣"

时代的一粒灰，落在个人肩头就是一座山。相州之战间接改变了杜甫的人生轨迹。

肃宗三年（758年）底，郁闷的他请假到洛阳探亲。转年三月，九节度兵败相州。适逢杜甫探亲假满，取道新安（今河南洛阳新安县）、石壕（今河南三门峡境内）、潼关（今陕西渭南潼关县）回华州。

被贬官了，心情自然不好，一个悲愤的诗人会怎么发泄呢？只能是写诗！悲愤的杜甫一路走一路写，一个不小心，写出了著名的"三吏三别"。

在新安，他看到当地官吏强征未成年的孩子从军，感喟万分之下，写出了《新安吏》。在石壕，他看到官吏乘夜抓丁的景象，写了《石壕吏》。在潼关，他看到将士们正在紧张备战，又写了《潼关吏》。

"三吏"是写官的，"三别"是写民的。《新婚别》的主人公是一个深明大义的少妇，她和丈夫头天结婚，但第二天丈夫就要上战场了。新娘虽然心如刀割，但她也深知无国则无家，强忍悲痛，送别时鼓励丈夫要勇猛作战。《垂老别》的主人公是一个老翁，虽然一大把年纪了，但政府还要征他服兵役。文章描写的就是老翁在从军前与老婆依依惜别的情景。《无家别》的主人公是一个败阵归乡的战士，他回到荒凉萧瑟的家乡，发现家人已经死光了。正当他收拾好心情、准备务农安生的时候,县吏又来征召他服兵役了。他只得孤身一人踏上征途,只是不知这次还能不能回来?

无怪乎世人都称杜甫的作品为"诗史"。他一路走来一路写,以生动且深刻的笔触,记录下了当时大唐帝国的众生相,真实反映了社会的现实和人民的苦难。抛开文字的精妙不说,单这份悲天悯人、忧国忧民的情怀,便无愧"诗史"之名了。

抵达华州后不久,杜甫就辞官了,原因居然是吃不饱。是年夏,华州及关中大旱,颗粒无收。朝廷拖欠基层官员俸粮。杜甫就靠俸粮活着,领不到粮食,他全家都得饿死。万般无奈之下,他咬牙辞去官职,决定去巴蜀谋个活路。

"满目悲生事,因人作远游。"当年底,杜甫辗转来到了西京成都府,在城西浣花溪畔搭了几间破茅草屋,这就是"杜甫草堂"的由来。同样是文化史上的丰碑,王维有的是别墅,杜甫有的只是草堂。

世人都说时任剑南节度使严武对杜甫关照有加,推荐他当了六品检校工部员外郎("杜工部"的由来)。但从杜甫那时期的诗作来看,严武对他的关照其实很不到位。

在《狂夫》中,他说:"厚禄故人书断绝,恒饥稚子色凄凉。"我的朋友当了大官后就断绝了和我的书信往来。我那年幼的儿子由于常年挨饿,脸色凄凉。"厚禄故人书断绝"这句话就很现实了,杜甫早年交往的文人朋友们,有的飘零江湖,比如李白;有的官运亨通,比如高适。显然,高适并没有照顾当年把酒言欢的杜哥。为什么呢?因为两人的身份地位早就不对等了。这就是现实,即便是文人圈,社会交往也是看实力的,自己不行,就别指望人家把你放在眼里了。

在《百忧集行》中,他又说:

入门依旧四壁空,老妻睹我颜色同。

> 痴儿未知父子礼，叫怒索饭啼门东。

回到家中，依旧四壁空空，家无余粮。老夫老妻相对无言，满面愁倦之色。我那痴儿幼稚无知，对着东边的厨门，怒吼着要饭吃。

一年秋天，草堂被大风吹破了，杜甫就写了著名的《茅屋为秋风所破歌》，悲鸣：

> 安得广厦千万间，大庇天下寒士俱欢颜！

这就是杜甫，他不仅想给自己要座房子，也想给天下所有穷人要座房子。

可见，杜甫在成都的日子依然过得很恓惶，一家人忍饥挨饿、啼饥号寒是常有的事儿。

以严武的能量，他只要动动笔打个条子，给杜甫解决个温饱是没问题的。他为什么不出力呢？我分析多半是因为杜甫的性格不讨喜。虽然饱尝生活的艰辛，但杜甫内心深处始终是个理想主义者，坚守着儒家知识分子以天下为己任的社会责任感，"穷年忧黎元"是他的中心思想，"济时肯杀身"是他的一贯精神。

问题在于他用要求自己的这套标准去要求别人。他曾赠诗给严武：

> 公若登台辅，临危莫爱身。

两人身份地位差距太大，一个不入流的小官员居然要求节度使"临危莫爱身"，那严武就想了，你算哪根儿葱啊，给我提要求?!

代宗永泰元年（765 年）四月，严武去世。这下，杜甫的饭碗又没了。好在夔州（今重庆奉节县）都督柏茂琳向他伸出了橄榄枝。杜甫又举家北上夔州。

柏茂琳才是真正帮到杜甫的一个人,给他安排了公职,代管公田一百顷。杜甫的生活这才得到了根本性的改观,全家人总算不再为吃饱穿暖担忧了。由于解决了温饱问题,杜甫的创作也进入了高峰,在不到两年的时间里就写下了四百三十多首诗,占他现存作品的三成。

代宗大历二年(767年),他写下了著名的《登高》。后人读此诗,最推崇的多是"无边落木萧萧下,不尽长江滚滚来"一句。但我建议大家把《登高》和杜甫三十二年前写的《望岳》放在一起读。在《望岳》中,年轻的诗人豪气干云,"会当凌绝顶,一览众山小",对光明的前途充满了憧憬。但在《登高》中,我们看到的却是一个年过半百、已经被生活磨去所有豪情的男人孤独的低吟:

万里悲秋常作客,百年多病独登台。
艰难苦恨繁霜鬓,潦倒新停浊酒杯。

他终究没活成自己想要的样子,这大概就是人生吧!

大历三年(768年),杜甫全家乘船出三峡,准备返回故乡。很多人分析他流落蜀地几近十年,这是思乡情切,想回老家了。但我觉得大概率是柏茂琳离任或者去世了,杜甫的饭碗又没了,在重庆已无立足之地。要不然这里有吃有喝的,干吗非得回老家,老家能解决就业吗?

当年底,杜甫来到岳阳,登上神往已久的岳阳楼。凭轩远眺,面对烟波浩渺、壮阔无垠的洞庭湖,他想到自己晚年漂泊无定,国家多灾多难,感慨万千之下又写下了《登岳阳楼》:

昔闻洞庭水,今上岳阳楼。

吴楚东南坼，乾坤日夜浮。

亲朋无一字，老病有孤舟。

戎马关山北，凭轩涕泗流。

可他兜里的那点儿钱都不够他继续北上了，只能在湖南各地流浪，哪里能弄点儿钱，就去哪里。

大历五年（770年），湖南兵马使臧玠作乱，湖南大乱。杜甫准备逃往郴州投靠舅舅崔湋，但行至耒阳时遇江水暴涨，只能靠岸停泊。前不着村后不着店的，兜里又没钱，全家老小五天粒米未进。好在耒阳县令派人送来酒肉，一家人才没饿死。

这一番折腾下来，杜甫病了，怎么也好不利索。但他坚持赶路，当年冬天，在一条由长沙往岳阳的船上，这位伟大的诗人溘然长逝，时年59岁。

人没了，得埋啊！杜甫的遗愿是要归葬首阳山，但家人们哪有那个钱啊?! 最后，还是人家耒阳县令出面，将杜甫就地安葬。

我们感觉杜甫写了那么多佳作，在他所处的时代肯定名满天下。实则不然，杜甫当时在圈里的知名度远不及李白。这是何原因呢？简单地说，人们都不喜欢苦难，不仅权贵不喜欢，普通民众其实也不喜欢，因为日子过得苦，所以就更不想看哭苦的、听哭苦的。杜甫的创作方向很小众，在同时代的人看来，他就是一个贩卖苦难、贩卖情怀、贩卖焦虑的愤青。

杜甫的作品和人品真正受到重视是在宪宗元和时代。当时诗文圈的领军人物元稹、白居易、韩愈等人都对他倍加推崇。

元稹出贬江陵参军时，杜甫的孙子杜嗣业着手将爷爷的遗骨迁回故里，专门跑来求元稹给他爷爷写篇墓志铭。杜甫的名字元稹是听过的，但作品他知道的不多，可当他看完杜嗣业送来的杜甫诗稿后，击节叹赏，当即将杜甫引为隔世知己。随后，元稹满怀崇敬之情，写下了《唐故工部员外郎杜君墓系铭并序》，首次高度肯定了杜甫的诗作成就，认为杜甫的现实主义成就在李白之上："李白壮浪纵恣，摆去拘束，诚亦差肩子美矣。"白居易也说："杜诗贯穿古今，尽工尽善，殆过于李。"韩愈则评价杜甫："独有工部称全美，当日诗人无拟伦。"可见，元白韩一致认为，连李白都比不上杜甫。

在这些文艺圈大牛的推动下，杜甫的作品才越来越受到人民的重视和喜爱，他的名声也不可遏止地大了起来。宋朝人尤其推崇杜甫，王安石、苏轼、黄庭坚、陆游、司马光这些宋代的诗文大咖、政治大咖，都曾高度评价和赞誉杜甫。宋朝人还给杜甫编了很多书，甚至于在修"两唐书"时把杜甫加了进去。杜甫本来写的诗文就多，后人给他出书又多，所以他的诗流传下来极多，现存约一千五百首，大多集于《杜工部集》。

同为唐诗顶流，李白和杜甫性格迥然不同。杜甫是一个有强烈家国情怀的人，对国家和家庭的责任感很重。李白则完全相反，生性洒脱，浪荡不羁，国家也好，家庭也罢，都别想牵绊住他的手脚，他就图一个自己乐呵。同样是仕途不得志，杜甫位卑未敢忘忧国，一只眼睛向上盯着庙堂，一只眼睛向下盯着江湖，写尽人间疾苦；李白则是躲进山水成一统，只写世上风月，不写人间疾苦，哪怕是安史之乱期间，也从未见他写过一句哀叹社稷民生多艰的诗句。

杜甫的诗文横跨古今中外，早已超出文艺的范畴。鲁迅说："我总觉得陶潜站得稍稍远一点，李白站得稍稍高一点，这也是时代使然。杜甫似乎不是古人，就好像今天还活在我们堆里似的。"20世纪的美国诗人肯尼斯·雷克斯罗斯则说："我的诗歌毫无疑问地主要受到杜甫的影响。我认为他是有史以来在史诗和戏剧以外的领域里最伟大的诗人，在某些方面他甚至超过了莎士比亚和荷马，至少他更加自然和亲切。"

"诗仙"没了,"诗佛"没了,"诗圣"也没了,盛唐也过去了……

05. 河阳保卫战

肃宗四年(759年)九月,再无后顾之忧的史思明兵分四路直扑汴州(今河南开封)。

汴州是汴滑节度使许叔冀的战区。李光弼千叮咛万嘱咐:"你只要守住汴州十五日,我一定赶来增援!"许叔冀把胸脯拍得震天响,誓与汴州共存亡。结果,史思明一战击破汴州城,吓破了胆的许叔冀拉着平卢军的董秦和田神功一起投降了。

同样是投降,许叔冀是真投降,董秦和田神功是假投降。史思明把董秦的老婆孩子扣做人质,派大将南德信和田神功南下攻掠江淮。田神功在途中反杀南德信,重归朝廷。

江淮倒是无忧了,洛阳却危如累卵。许叔冀这一降可把李光弼坑惨了,他手下只有两万人马,军粮也只够支撑十日的。李光弼果断拍板:放弃洛阳,退保河阳。河阳就是今河南焦作孟州,在洛阳东北方向,可以从后面卡着史思明的脖子。

李光弼的决策在军事上是一个很好的处置,但在不懂军事的朝臣们看来,却是政治上的一条大罪:不战弃守洛阳。

肃宗倒是没追究李光弼,但另一条无名之罪却坑了李光弼的后半生。

李光弼撤离洛阳时太匆忙,竟忘记带走太子侍妾沈氏。当年李豫收复洛阳后,认为战乱很快就能平息,洛阳不会再有危险,就把沈氏留在了洛阳。没想到史思明降而复叛，李光弼撤离时偏偏就忘记带走沈氏。

史思明攻占洛阳，沈氏从此下落不明。沈氏何许人也？她可是代宗的老婆、德宗的老娘。李光弼忘了带她，相当于将大唐的皇后和太后拱手送给了史思明。结果嘞，代宗找了一辈子老婆，德宗找了一辈子妈妈。李光弼之才具绝不亚于郭子仪，后来之所以被代宗父子边缘化，别的理由都是扯淡，弄丢沈氏才是根本原因。

果不其然，史思明被河阳搞得很难受，于十月亲率大军来攻河阳。这已经是史思明和李光弼这对冤家第三次交手了。巧了，三次都是围城战，李光弼每次都是守方，史思明每次都是攻方。第一次在常山，李光弼胜。第二次在太原，还是李光弼胜。这一次李光弼依旧守得很稳。

董秦趁两军对垒的工夫，率五百人突围而出，归附李光弼。肃宗很高兴，赐给董秦一个新的姓名——李忠臣，并任命为陕西、神策两军节度兵马使。

但李光弼没能完成帽子戏法，河阳最终还是丢失了。这事儿不怪他，要怪二"恩"——鱼朝恩和仆固怀恩。

驻守陕州的鱼朝恩频频上表，劝说肃宗督促李光弼收复洛阳。肃宗也不想收复两京的历史功绩打了五折呀，一再催促李光弼进军。李光弼深知敌强我弱、不利出战，一直拖着。

偏偏仆固怀恩也上表说，应该进军收复洛阳。鱼朝恩说的是外行话，但仆固怀恩这个内行说这话就其心可诛了。他是朔方军中仅次于郭子仪的二号人物。郭子仪被召回京师后，仆固怀恩觉得节度使宝座非他莫属了，没想到肃宗却给了李光弼。这就让仆固怀恩很不爽了，现在有机会把李光弼挤走，当然要出手。

有二恩捅咕，肃宗的态度就更坚决了，催促李光弼出兵的中使是派了一拨又一拨,那架势跟当年玄宗逼令哥舒翰出潼关如出一辙。

李光弼不敢再坚持了,留郑陈节度使李抱玉守河阳,会同二恩及神策军节度使卫伯玉,进至洛阳城北的邙山。

李光弼想在山上列阵,但二恩坚持要在山下平原列阵,双方各执一词,互不相让。当他们僵持之际,史思明却果断抓住有利战机出击。官军连阵都没列完,结果可想而知,"死者数千人,军资器械尽弃之"。李光弼和仆固怀恩率部北渡黄河,退保闻喜。鱼朝恩和卫伯玉退回陕州。

大家可能发现了,河阳保卫战与当年的潼关保卫战极为相似:首先,统军大将深知敌人强大,都主张坚守不出。其次,皇帝都犯了着急的毛病,强令守军出击。最后,会战失利都对全局产生了重大影响。

李光弼坚持了十六个月的成果瞬间清零。河阳的李抱玉也撑不住了,弃城而走。叛军迅速席卷黄河两岸。史思明以史朝义为先锋,直逼陕州。原本好端端的形势急转直下,朝廷面临着自潼关败战以来的最大危机……

谁能化解危机?郭子仪?不对!李光弼?也不对!仆固怀恩?更不对!那是谁?史思明的儿子史朝义。

06. 史思明之死

史思明现在狂得很,邺城胜了郭子仪,河阳挫败李光弼,且看今日之域中,何人堪与老夫为敌?!

没想到,叛军却在陕州碰到了一个硬茬——神策军。

这里要敲黑板了，请大家注意这个神策军，因为这是中晚唐朝廷政治中举足轻重的一支力量。天宝十三载（754年），哥舒翰设置宁边、威胜、金天、武宁、耀武、天成、振威、神策八军，打造了一条拱卫西北的防御链条。神策军驻地在今甘肃定西临洮的磨环川。安史之乱爆发后，神策军使卫伯玉率一千余人回援内地，屡建功勋。

相州战役失利后，卫伯玉和鱼朝恩退守陕州。不久，肃宗升神策军为藩镇，以卫伯玉为首任神策军节度使，而监军正是鱼朝恩。这是宦官第一次和神策军接触，这一接触可不得了，天雷勾动地火，从此两者就紧紧地掺和在了一起。

这时的神策军还保留着边军的本色，战斗力爆表，力挫史朝义。史思明闻讯，怒气冲冲地来了，不由分说就命人将史朝义推出斩首。史朝义性格宽厚，深得军心，有很多人为他求情。当然，史思明也没有真杀的意思，但他又压给史朝义一项艰巨的任务：限他一个月内筑一座城，作为大军屯粮之所。

一个月筑一座城，这在当年是不可想象的。史朝义带着小弟们"5+2""白加黑"，没日没夜地干，终于在最后一天基本完成任务。为什么说基本呢？因为只差了一道工序——给城墙上泥。

说句实在的，一个月能干到这一步已经是奇迹了。史朝义付出的艰辛可想而知。但史思明不领情，又臭骂了儿子一顿。骂就骂吧，反正史朝义已经习惯了。但气头上的史思明临走前嘟囔了一句话："等我拿下陕州，非杀了这个贼不可！"

称呼儿子为"贼"，这是有原因的，史思明微末之时娶了史朝义的母亲。大家想啊，他本人长得丑，当时又不名一文，可想而知史朝义的母亲无论出身还是颜值都很一般。后来的故事就很俗套了，史思明雄起了，官儿越当越大，美女开始主动往他身上扑了，于是就有了出身大户人家的侧室辛夫人。辛夫人给史思明生了次子史朝清。

月亮与六便士，这既是史思明对两个女人的看法，也是他对两个儿子的看法。他经常对人叨咕："我自从娶了辛氏，便一路官运亨通，而且又得了一个儿子，这都是因为辛氏的命好啊！"

其实，史思明称帝时就想立史朝清为太子了。但史朝义毕竟是长子，并且人品、能力、素质都不错，在军中有着厚实的群众基础。而史朝清刚好相反，性格暴躁，残忍好杀。史思明不敢冒天下之大不韪，又不甘心立史朝义，就一直拖着不立储。

但有些问题不管怎么拖，终究还是要面对的。史朝义想到的办法就是不断挑史朝义的不是，给他扣上无能的帽子，这样将来换他可能阻力就会小一些。

"待收陕州，斩却此贼。"史思明说的是气话。说者无心，听者却当了真。

史朝义十分忐忑，他麾下的三剑客——骆悦、蔡文景、许季常（许叔冀的儿子）更忐忑，史思明的暴虐嗜杀可是出了名的，主公如果被他整死了，我们也没好下场，与其坐以待毙，不如先发制人。于是，他们怂恿史朝义策反史思明贴身侍卫曹将军，干掉史思明。

史思明做了一个很奇怪的梦：一大群鹿渡水而来，忽然间水干了，鹿一头接一头地死了。他大叫着从梦中惊醒，浑身是汗。一旁的伶人们问他怎么了。史思明如此这般说罢，就起身如厕去了。

他走后，伶人们就炸了锅了，你一言我一语地说，鹿寓意福禄，水代表生命，鹿死水干，岂非福禄寿全无？这是大凶之兆！

他们还在聒噪，骆悦等人已经杀气腾腾地冲了进来。

史思明刚尿完，正要进屋，听到了伶人们的惨叫声。到底是老江湖，警惕性就是高，他立即翻墙而出。

与此同时，骆悦等人已经冲了出来。裨将周子俊借着月光，发现马厩旁有个人正在跨鞍上马，当即一箭射去。那人闷哼一声，跌落马下。众人赶上前一看，正是史思明。

史思明又惊又怒，质问众人为什么造反。骆悦说，这都是你儿子让我们干的。史思明长叹一声："我早上说错话了，所以才有此难。可你们现在杀我太早了，为什么不等我拿下长安后再杀我？你们终究成不了大事！"他语带颤抖地连喊了三遍："朝义，你可以囚禁我，千万不要背上杀父的骂名。"却不见史朝义一声回音。史思明咒骂曹将军："这胡误我，这胡误我！"曹将军一句话把他噎得半死："你们父子尚且不能相容，何况你我？"

史朝义将史思明缢死，接管了史思明的军队，返回洛阳登基。

史思明和安禄山真的超有缘分。这哥儿俩均起于微末而终成帝业，虽然人品差了些，好歹也算一代枭雄。更戏剧性的是，两人居然都死在了亲儿子手上。我想，史思明九泉之下唯一的慰藉，就是他终究赢了老对手李光弼一把吧！

史朝义发兵控制范阳，杀了史朝清和辛夫人，并派许叔冀率军五万攻掠江淮。肃宗赶紧加封李光弼为河南副元帅、太尉兼侍中，都统河南、淮南东西、山南东、荆南、江南西、浙东西八道行营节度，守卫江淮，其朔方节度使一职由仆固怀恩接掌。李光弼随即抵达徐州，连败叛军，迅速巩固了江淮防线。

朝廷正准备对史朝义用兵，不料内部却陷入接二连三的动荡当中……

07. 迁宫事件

我们知道，肃宗当的是霸王皇帝，不管他们父子在人前把戏做得多足，但在人后他们内心的隔阂比马里亚纳海沟都深。

为了修补父子关系，肃宗刻意做了很多事，他让从前玄宗身边的那伙子人悉归本位，侍卫玄宗的依旧是陈玄礼，伺候玄宗的依旧是高力士，娱乐玄宗的依旧是梨园子弟，玄宗最得意的两个女道士——妹妹玉真公主和如仙媛——也获准常伴他的左右。

最初，玄宗的确蛮开心的，隔三岔五就会登临长庆楼眺望长安城。路过的长安官民看到他纳头便拜、山呼万岁，场面很震撼、很复古。玄宗还整日搞 Party，召当年的旧臣入宫把酒言欢，说说开元天宝的旧事。

但龙武将士看到这种情形就很不自在了，老太上皇居然还摆皇帝的谱，并与军界旧臣、地方要员密切联络，万一他复辟了可咋整?!惴惴不安之下，他们就推李辅国出来挑事。

此时的李辅国官居判元帅府行军司马，相当于大唐全军总参谋长。李总长势倾朝野，终于脱去僧衣，卸下了伪装。他在银台门设置专门办公机构，每天佩带宫中符印处理天下政事，并且几乎是毫不遮掩地揽权，竟然要求南衙大臣包括宰相，有特殊事务临时求见天子，必须通过他奏请，所有奏章文件也必须通过他来转呈。这是对上。对下，事无大小，他说的就是圣旨，工作人员只需抄录，抄录完立刻发布生效。

李辅国虽然不是皇帝，却口含天宪、一言九鼎，行使着皇帝的权力。而百官对此"无敢异议者"。宗室贵戚尊称他"五郎"，百官见了他都要执子弟礼，称一声"五父"。可笑肃宗居然还觉得"五父"辛苦，缺个暖被窝的，为"五父"迎娶已故吏部侍郎元希声之侄元擢的女儿为妻。

李辅国代表龙武将士找肃宗谈话："太上皇在兴庆宫天天和外人交通。陈玄礼、高力士等人阴谋推翻您。如今，禁军将士都很不安，我虽然做了思想工作，但效果很一般，不敢不如实上奏呀！"

肃宗不信，上皇绝不会纵容陈玄礼、高力士等人这么干！

李辅国接着煽呼："太上皇当然没这个意思，但他身边小人多啊！陛下是天下人的陛下，应当为江山社稷考虑，消除祸乱于未萌之时，怎么能像匹夫那样愚孝呢?！"然后便提出了他真正的目的："兴庆宫靠近平民区，不是太上皇这种身份的人应该居住的地方。皇宫的条件多棒啊，况且又能杜绝别有用心的小人蛊惑太上皇。将太上皇迎入皇宫，对太上皇、对陛下都很好！何乐而不为?！"

肃宗自然是抗拒的。李辅国不甘心，又发动六军将士跑到殿外软逼宫，"号哭叩头，请迎上皇居西内"。肃宗虽然都被逼哭了，仍旧"不应"。但很快他就病倒了，病得很严重，无力过问内外事务。

李辅国趁机出手。兴庆宫本配备有三百匹马，他矫诏给削减到了十匹。玄宗当然不开心，但也只能对高力士说："吾儿为辅国所惑，不得终孝矣。"

这才哪儿到哪儿啊！七月，李辅国带着全副武装的五百禁军直奔兴庆宫。玄宗正在宫内骑马，见了杀气腾腾且露刃在外的禁军，大惊失色。李辅国声称奉皇帝之命，恭迎上皇迁居内宫。可能是动作幅度太大，惊了玄宗的御马，差点儿把老人家掀下来。

当时的情形，老迈的前朝皇帝哆哆嗦嗦地站在地上，颐指气使的宦官李辅国却骑在高头大马上训话。

一旁的高力士看不下去了，强忍着心头的怒火，对李辅国摇了摇手,搬家归搬家,尊卑还得讲,尔等怎敢惊动太上皇的御驾?

当年高力士称霸后宫时,李辅国还只是一个不入流的小角色。但三十年河东三十年河西,现在是李辅国的时代了,人家根本不给面子,还呵斥高力士:"翁不解事!"你这个老头太不懂事!

高力士憋不住了,大喝一声:"五十年太平天子,李辅国汝旧臣,不宜无礼,李辅国下马!"

猛虎虽老,余威犹在。李辅国没想到高力士敢当面撅他,可人家大道理摆得很正,他只得下马解释辩白,说他只是奉旨喜迎上皇迁居,没有别的意思。

玄宗这时也缓过神来,命高力士对将士们宣诰:"诸将士各好在!"六军将士见李辅国都被拍灭了,哪敢轻举妄动,纷纷收回兵刃,伏地下跪,山呼万岁。

面子虽然挽回来了,但这个家看来不搬是不行啦!高力士牵起玄宗坐骑的缰绳,递到李辅国面前:"辅国可御太上皇马!"李辅国心中把高力士的祖宗十八代问候了个遍,但也只能接过缰绳。

然后,玄宗就在两个宦官的护送下,搬入了大明宫西内的甘露殿。

甘露殿,听名字很甜很美,其实就是个半废弃的破殿,蛛网密布,杂草丛生,像玄宗一样苍老无生气。殿内负责洒扫的都是些老弱不堪的宦官和宫女,有的年龄比玄宗都大。

玄宗的心拔凉拔凉的,惨然对高力士道:"微将军,朕且为兵死鬼。"今天如果没有你,我只怕已成刀下亡魂了!左右闻言,无不泣涕。此时的玄宗也只好自我宽慰:"兴庆宫,吾之王地,吾数以让皇帝,皇帝不受。今日之徙,亦吾志也。"

中午的时候,有人来送饭了。玄宗一看,勃然大怒,这伙食标准也太差了,当场就把筷子扔了,命来人把饭菜撤去。皇字不带帝,说话头点地。人家还能把他当回事儿,爱吃不吃,说撤就撤。

再说李辅国，怕肃宗不高兴，玩了一出负荆请罪，带着六军将士身着白衣，跪在肃宗寝殿外请罪。生米都崩成爆米花了，肃宗又能怎样？再说了，他的确也担心老爹复辟，行吧，迁了就迁了吧！"兴庆宫和西内也没啥大区别，你们担心小人蛊惑太上皇，出于防微杜渐、安定社稷的目的，才做了这个事儿，有什么可害怕的呢?!"

打这以后，玄宗和外界的联系就断了。肃宗被张皇后、李辅国蛊惑挟制，也不好意思直面老父，索性借口身体未愈，不常去问安了。

08. 玄宗归天

郁郁寡欢的玄宗越发思念贵妃，终日像个木头人似的呆坐着。高力士看在眼里、急在心头，想了一个办法给玄宗做心理建设。他说有个叫杨通幽的道士法术高强，可以找到贵妃。玄宗一听，黯淡的眼睛马上亮了起来。

然后，高力士就想办法将杨通幽偷偷带入宫中作法。杨通幽在一间密闭的屋子里鼓捣了好几天，出来后告诉玄宗一个好消息：他找着贵妃了。

玄宗高兴坏了，忙问贵妃在哪里。

杨通幽说，贵妃羽化成仙了，就住在东海尽头蓬莱仙境里的玉环太真院。说着，他掏出两样东西。玄宗接过一看，赫然是贵妃曾用过的一股金钗和一个钿盒。杨道士又说，贵妃让我给您带话，说你们不久就能见面了，她要太上皇您切莫悲伤。玄宗喜极而泣。

如果我所料不错的话，杨通幽十有八九是高力士的托儿，金钗钿盒也是高力士给他的，目的就是宽慰玄宗，让他鼓起生的勇气。

但高力士一番好心办了坏事。玄宗并没有按着他的思路来，反而走向了另一个极端。老人家当场宣布辟谷服气，以图早日羽化成仙，与贵妃重逢。

道家认为，人体内有一种以五谷杂粮为食的三尸虫，使人邪念丛生，无法成仙。所以，要想成仙，须先除掉三尸虫。怎么除呢？办法有两种：一种是吃药，毒死三尸虫；另一种文雅的说法叫服气，说白了就是绝食，饿死三尸虫。后一种办法就叫辟谷服气。

大家想啊，快八十岁的老头儿绝食，这哪儿受得了啊？没几天的工夫，玄宗就饿得形容枯槁了。他很固执，任高力士、陈玄礼等人怎么劝都劝不住。

由于两宫不通消息，肃宗对此一无所知。但李辅国对玄宗的动静盯得很紧，证实有道士入宫作法后，他立即勾结张皇后弹劾高力士、陈玄礼等人引术士入宫行谶纬之事。肃宗大怒，勒令陈玄礼致仕，流高力士于巫州（今湖南怀化黔阳县）、如仙媛于归州（今湖北宜昌秭归县），玉真公主出居玉真观。

高力士陪伴玄宗已有五十多年了，如今一拍两散、天各一方。在巫州，他看到满地荠菜却无人采摘，百感交集之下写了一首诗："两京作斤卖，五溪无人采。夷夏虽有殊，气味终不改。"荠菜在两京称斤卖，在五溪地区却不值钱，采都没人采。蛮夷之地和华夏中土虽然远隔千里、水土不同，但荠菜的气味总该是一样的吧！你们以为他是单纯写荠菜，其实文为心声，高力士的意思是说，我本是京城昂贵的荠菜，如今沦落到这蛮荒之地就不值钱了。但是，无论我这棵荠菜生长在哪里，我的秉性和忠心永远都不会改变。

打这以后，玄宗身边连个说话解闷的人都没有了。生命中曾经有过的所有灿烂，终将要用寂寞来偿还。他感觉自己在人世间已经是一

个多余的人了,跟个无用的傀儡一样,就写了一首《傀儡吟》:

刻木牵丝作老翁,鸡皮鹤发与真同。
须臾弄罢寂无事,还似人生一世中。

世事一场大梦,人生几度秋凉,岂独玄宗乎?!

入冬后的一天,肃宗总算拖着病体来看了一次老父亲。此时的玄宗已经没个人样了,骨瘦如柴,眼神呆滞。父子二人相对无言,比赛似的流眼泪。肃宗受不了这种尴尬,坐了一会儿便匆匆离开了。

这是他们最后一次见面。

肃宗七年(762年)四月四日,玄宗终于走到了生命的尽头。他气息奄奄地对侍女宫爱说:"我本是天上的孔升真人投胎人间,如今就要重归仙班与贵妃相见了。"说罢,将心爱的紫玉笛交给宫爱,叮嘱她转交给太子李豫,还请宫爱为他香汤沐浴。宫爱一一照做。

当天晚上,宫爱听见玄宗在屋里放声大笑,慷慨豪迈,气吞山河。她已经很久没听到上皇笑了。五日凌晨,她入内伺候起居,发现玄宗已经离开了人世。

骤兴骤败人皆笑,旋死旋生我自惊。自今撒手离尘网,长啸一声归白云。也好,也好!

玄宗李隆基在位43年,享年78岁。之前,除去武则天,唐朝皇帝最长寿命的纪录保持者是高祖李渊,70岁。玄宗刷新了这一纪录,一跃而成为唐朝最高寿的皇帝。高祖李渊的长寿秘诀是心大,天空飘来五个字,啥都不叫事。玄宗纯粹就是身体好,要不是心情不好加思念贵妃,他铁定活过八十。

我是个唯物主义者,本不相信命硬"克"人一说,但看过李隆基的"克"人成绩单后,我的立场不禁有些动摇了:武周四年,"克"

死母亲窦氏；睿宗元年，"克"死伯母韦皇后、堂姐安乐公主；开元元年，"克"死姑妈太平公主；开元四年，"克"死突厥默啜可汗和父亲睿宗李旦；开元二十四年，"克"死心爱的女人武惠妃；时隔一年，一口气"克"死李瑛等三个儿子；天宝十四载，"克"死吐蕃赞普尺带珠丹；天宝十五载，"克"死一生挚爱——杨玉环；肃宗二年，"克"死了将他一世英名毁于一旦的敌人安禄山；一年以后，将老安家"克"得断子绝孙；现在，他又"克"死了一生中最后一个强敌史思明。他可能还想"克"老史家一个断子绝孙，但没坚持住。不过，在他逝世一年以后，史家就断子绝孙了。

朝廷为李隆基上谥号为至道大圣大明孝皇帝，葬于泰陵，庙号玄宗。"玄"这个庙号在中国两千年帝制史上是独一份儿。这个"玄"是"玄星"的"玄"。玄星就是启明星，是凌晨夜空中最亮的星，但随着太阳升起而逐渐暗淡。唐廷定这个庙号，取的就是前明后暗之意，用在李隆基身上恰如其分。

从唐到明，人们都称呼李隆基为唐玄宗。但到了清朝，为避康熙玄烨的名讳，就按李隆基的谥号改作唐明皇。到底后人胜前人，一个康熙改了两个老李家男人——李玄霸和李隆基——的名号。

唐玄宗是中国历史上最具传奇色彩的皇帝之一。他既是唐朝的英雄，一手缔造了"开元盛世"，又是唐朝的罪人，一手酿成了"天宝之乱"。他的后代子孙其实都是在给他擦屁股，擦来擦去，一直擦到家族企业倒闭都没擦干净。

当然，世人更津津乐道的还是他和杨贵妃的爱情故事。白居易的《长恨歌》和洪昇的《长生殿》，都因为他俩的故事而成为千古不朽的名篇。玄宗既爱江山，又爱美人，但现实就是逼着他做选择，最终他还是舍弃了美人，但戏剧性的是江山他也没能保住。

09. 肃宗驾崩

玄宗死后，内心有愧的肃宗也不行了，匆匆让太子李豫监了国。

张皇后急坏了，急的不是皇帝老公的病情，而是抢占新朝的权力蛋糕。和谁争抢呢？正是昔日的盟友李辅国。

自古因利益而聚，必因利益而散。张皇后明显抓不过李辅国。起初，她想争取李豫的支持，便捅咕李豫："李辅国专权祸国、罪无可赦，他忌惮的人只有我和你。现在皇帝已到弥留之际，李辅国和内射生使、飞龙厩① 副使程元振密谋作乱，我们得想办法干掉他们。"

一听要政变，李豫当时就回绝了："陛下病重，这两人都是陛下的旧臣，如果不预先告知陛下而骤然诛杀，陛下惊扰之下有个三长两短就不好了。"李豫拒绝是对的，他已经是太子了，犯不着干这冒险的事情。

套路失败，张皇后只得作罢："然则太子姑归，吾更徐思之。"

考虑个屁！李豫前脚刚走，张皇后又把肃宗次子越王李系召过来了："太子太过仁弱，不能诛杀二奸，你能干这个事儿吗？"李系就更犯不着了，也支支吾吾的。但当张皇后许诺事成之后推他当皇帝时，那李系的态度立马一百八十度大拐弯，乐不迭地答应了。

二人商定于宫中埋伏兵马，矫诏召李豫和李辅国入宫，先废掉李豫，再做掉李辅国。

四月十六日，李豫收到父皇要他入宫的诏书，立即由东宫赶来。

---

① 飞龙厩，唐代饲管天子马匹的地方，又称飞龙闲厩。主管宦官叫作飞龙使。

行至半路，他撞见了李辅国，本以为李辅国是和他一起受召入宫的，没想到李辅国却把他拦住了。

后宫的事儿还能瞒得了"五父"?! 程元振是李辅国的亲信，他知道张皇后等人的阴谋后，在第一时间就告诉了李辅国。现在，李辅国又将张皇后和越王的计划添油加醋地告诉了李豫。李豫还不相信："断无此事！陛下病重才召见我，我怎能因为怕死就不去呢？"但如今箭在弦上，已经由不得他了，程元振说："社稷事大，太子必不可入。"随后，二人强行将李豫送到飞龙厩看护起来。

接下来的事儿就照着政变剧本走了，两人顺利赚开城门，率伏兵杀入宫中，肃清了越王的人马。

大局已定，张皇后急了，赶忙躲到肃宗的寝宫里去了。我皇帝老公还在，我不信你们敢当着他的面儿把我怎么样！

不一会儿，杀气腾腾的李辅国手持利刃闯了进来！这些年来，李辅国给肃宗的印象永远都是慈眉善目、低眉顺眼的活菩萨。可现在这位菩萨却目露凶光、五官扭曲，一副要吃人的模样。肃宗不敢相信自己的眼睛，他躺在病榻上，双眼圆睁，抖作一团，眼中射出暴怒的光芒。

但李辅国权当他是空气，上前薅住张皇后的头发就往门外拖。张皇后死死地扳住床杆，声嘶力竭地向肃宗求救。肃宗见李辅国居然敢对一国之后动粗，当场一口气背了过去。被阉割的男人力量也比女人大，张皇后终于还是被拖出了寝宫。

李辅国命人将张皇后和越王李系押到偏殿看管。恰在此时，肃宗第六子兖王李僴[①]率众赶来救驾。李辅国一不做二不休，又平了李僴。

十八日，肃宗在昏迷中驾崩。

[①] 僴，音现。

李豫即位，是为唐代宗。他是唐朝第一个由宦官拥立的皇帝，也是第一个以长子身份即位的皇帝。

张皇后当然得死，但两唐书记载略有出入。《旧唐书》载："太子监国，遂移后于别殿，幽崩。"《新唐书》载："代宗已立，群臣白帝请废为庶人，杀之。"你们信"幽崩"嘛，把一个正当盛年的妇人关起来就关死了？反正我不信，她肯定是被干掉了。唐朝被弑的皇后，中宗韦皇后是第一人，张皇后是第二人。

代宗在位18年，用了"宝应""广德""永泰""大历"四个年号，咱们依旧采用北溟纪年，统一称为"代宗××年"[①]。

唐朝289年间政变无数，李辅国发动的这场政变本算不得什么，但要命就要命在他开了一个先河：宦官第一次决定了皇帝的人选。李辅国是想拥立李豫，以当时的情况，他不拥立李豫其实也可以。凡事就怕开头，只要开了头，后面的跟着就来了。

唐朝宦官的时代到了！

肃宗李亨在位近七年，去世时年仅52岁。如果用一个字来概括他的一生，那就是：苦。

他当了17年的太子，有哥哥李瑛的前车之鉴摆着，有李林甫、杨国忠坚持不懈地构陷迫害，先后两次被迫离婚，他这个太子当得战战兢兢、如履薄冰，年纪轻轻就有了白发。你们说他糟心不糟心？

[①] 代宗元年＝宝应元年（762年），代宗二年＝广德元年（763年），代宗三年＝广德二年（764年），代宗四年＝永泰元年（765年），代宗五年＝大历元年（766年），代宗六年＝大历二年（767年），代宗七年＝大历三年（768年），代宗八年＝大历四年（769年），代宗九年＝大历五年（770年），代宗十年＝大历六年（771年），代宗十一年＝大历七年（772年），代宗十二年＝大历八年（773年），代宗十三年＝大历九年（774年），代宗十四年＝大历十年（775年），代宗十五年＝大历十一年（776年），代宗十六年＝大历十二年（777年），代宗十七年＝大历十三年（778年），代宗十八年＝大历十四年（779年）。

当太子苦，当皇帝更苦。他是唐朝唯一一个在京外登基的皇帝。登基时，文武不满三十，兵不过数千，大将管崇嗣居然在朝堂之上背对他席地而坐、言笑自若，他哪有什么皇帝的威仪？

肃宗给自己定了三大历史使命：一是收复两京，二是迎回上皇，三是戡平叛乱。他算不上才智卓荦，在我看来，他的能力水平甚至都比不上高宗。但起码他是一个有担当的人。玄宗西逃，弃江山社稷、列祖宗庙于不顾，是他挺身而出、登高一呼，挽狂澜于既倒，扶大厦之将倾。他用七年时间完成了前两个任务，能把老爹留下的烂摊子收拾到现在这个程度，已经很不错了。其实，肃宗是累死的。

新皇嗣位，自然要大赦天下。远在湖南的高力士稀里糊涂被释放了，他立即踏上了北返长安的路途。行至朗州（今湖南常德）地界，他遇到了其他被流放的人，这才得知玄宗已经龙驭归天了。高力士北望长安，"号天叩地，悲不自胜"，当场吐血而亡，年 79 岁。代宗非常感动，追赠他为扬州大都督，特许他陪葬泰陵。

高力士是唐朝宦官第一人，官至从一品骠骑大将军，封爵齐国公。他与玄宗李隆基结缘五十余年，名为君臣，实为朋友。玄宗对他的评价是："力士当上，我寝则稳。"高力士当权之时，太子管他叫哥，宗室王公管他叫翁，驸马一辈管他叫爷。但高力士在政治上始终保持清醒头脑，"与时消息，观其势候，虽至亲爱，临覆败皆不之救。再者善于随机应变，观察形势气候，虽是最亲近喜爱之人，面临倾覆败亡皆不予救助"，不仅赢得了玄宗的高度信任，而且当时的士大夫们对他也"不疾恶也"。直到生命的最后一刻，高力士最牵挂的人始终是玄宗。明代思想家李贽称赞道："高力士真忠臣也，谁谓阉宦无人?!"

有仆如此，想来玄宗九泉之下也该瞑目了！

10. 遗留难题

肃宗留下不少难题，其中最难、最大、影响最深远的有五个：

第一个自然是平叛问题。史朝义仍然拥有较强的实力。

第二个是财政问题。

唐朝的府库集中在长安和洛阳。两京沦陷，府库被叛军洗劫一空。河南、河北、山东大面积沦陷，其余州府即便有钱想向朝廷输运，也被叛军隔着，运不过来。西北是穷地方，没有多余的钱财。朝廷只能倚仗富庶的江南。这就是江淮防线之所以重要的原因所在。当时的朝廷那真叫一个穷，连百官的工资都开不出来。

平叛需要用兵，用兵就得花钱，可朝廷又没钱，怎么办？

办法主要有两个：一个是默许将士劫掠，所以我们看到九节度由相州溃败后大肆抢掠。另一个办法是大肆封官赏爵。《资治通鉴》记载：诸将出征时，朝廷都给一批空头告身，职务从高到低都有，允许主将临时填写名字授予有功部下。虽有官职，但无工资，说白了就是一张纸。另外，封官太滥就不值钱了，当时一张大将军的告身居然只够换一顿酒钱的。

以上两个办法终究是权宜之计，可以干，但不能长期干，归根到底还是要拓展财政来源。所以，肃宗就重用了长安人第五琦。

第五琦是唐朝第一个理财专家，他主要办了两件大事：

一是创设榷盐法。

此前，盐市场走的完全是市场经济的路子，盐户采制食盐，商人收购、贩运、销售，官府只收税。盐是必要的生活用品，人人都得吃。第五琦盯上了这个利益空间，创设了榷盐法。这个改革的核心内容其实就一句话：政府介入盐交易，当中介、吃两头，盐户的盐只能卖给政府，再由政府加价卖给商人，不允许盐户和商人直接交易。

由于缺钱，政府加价特别狠，《新唐书·食货志》记载，肃宗三年时，一斗盐原价只有十钱，政府居然加了一百钱，商人的成本就变成了一百一十钱，卖给百姓可能就是两百钱甚至三百钱。所以，最终还是广大老百姓被收割了。

不过，榷盐法虽然对百姓并不友好，但的的确确使政府多了一个重要的来钱渠道，这个改革在经济层面上是成功的。

因为搞钱有功，肃宗四年（759年）时第五琦晋升宰相。打从他起，善于理财的大臣日益受到皇帝的重视和重用。这也从侧面说明唐朝中后期的财政有多艰难了。

第五琦办的第二件事是推出了新钱——乾元重宝。

第五琦币制改革的目的和宋璟一样，也是为了整治恶钱。新钱为啥叫重宝呢？因为特别重，一枚乾元重宝顶十个开元通宝，能不重吗？但"重"同时也意味着"贵"，造假的利润空间更大。民间争相盗铸，以致市场上迅速出现了大量乾元重宝的恶钱。结果，通货膨胀非但没有解决，反而愈发严重了，物价猛涨，百姓饥馑，怨声载道。肃宗赶紧息事宁人，敕令"乾元大小钱皆一当一"，这才稳定了民心。乾元重宝也让第五琦从神坛重重地摔落到了地面，被流放贵州遵义。

肃宗遗留的第三个难题是藩镇林立，主要表现在三个方面。

一是节度使大量增加。原本只有天宝十节度，为了平叛，玄宗在内地加设了一批节度使。肃宗上台后，为了平叛，也为了收买人心，又加了一批节度使。虽然中间做过调整，有拆分的、有撤销的、有合并的，但大部分都保留了下来。权力这东西下放很容易，想收回来可就没那么容易了。

二是开了本镇军士废立节度使的先河。平卢军的侯希逸成了大唐第一个由本镇军将拥立的节度使。打从这儿起，类似的事情就层出不穷了。

三是朝廷的藩镇频频作乱。河西兵马使盖庭伦，北庭兵马使王惟良，襄州将领康楚元、张维瑾先后谋反，甚至就连大后方的剑南道都发生了四次兵变。究其原因，就在于朝廷对地方的控制力已经很弱了。

其中，比较大的动乱有两个。

一个是肃宗五年到六年（760—761）的江淮刘展之乱。淮西节度使王仲升诬告副使刘展谋反。刘展被逼反，南渡淮河，又一路打过长江，最终被平卢军的田神功消灭。大战期间，不仅刘展所部肆意劫掠，田神功部也趁机扫荡，搞得富庶繁华的江淮十室九空、残败不堪，让朝廷本就紧张的财政越发雪上加霜。

另一个是肃宗七年（762年）的河东道三镇军乱。

驻节太原的河东节度使管崇嗣治下不严，纵容将士私分公粮。肃宗便改任邓景山为节度使。邓景山到任后清缴军粮，要拿一个裨将开刀。诸将求情，邓景山不同意。裨将的弟弟要求代兄而死，邓景山还不同意。这位弟弟又提出进献一匹马，以换取兄长不死。邓景山居然同意了，因为军马太宝贵了。

这事就处置得很不妥当了，那么多人求情你不答应，献了一匹马反而同意了。河东将士大怒："难道我们的命还不值一匹马吗?!"于是，全军哗变，杀了邓景山。肃宗慌了神，将责任都甩锅给邓景山，还应河东将士之请，册立河东军大将辛云京为节度使。

太原军乱当月，附近的绛州（今山西运城新绛县）和翼城（今山西临汾翼城县）也发生了军乱。绛州是个穷地方，驻扎在这里的朔方军不满久矣。有个叫王元振的将领煽动军士哗变，杀了朔方等诸道行营都统李国贞。驻守翼城的镇西、北庭行营兵也杀害节度使荔非元礼，拥立裨将白孝德为节度使。肃宗照葫芦画瓢，又授任白孝德为节度使。

太原和翼城的乱子以妥协的方式解决了，主要在绛州的朔方军让朝廷极为头疼。谁能管得了朔方军？普天之下只有郭子仪！肃宗一面发京师绢四万匹、布五万段、米六万石给绛州军，一面重新起用郭子仪为朔方、河中、北庭、潞、仪、泽、沁等州节度行营，兼兴平、定国等军兵马副元帅，加封汾阳王，让他去山西坐镇。

临行前，郭子仪提出面圣。可此时的肃宗已经病入膏肓，群臣百官谁都不见。郭子仪请求道："老臣受命，将死于外，不见陛下，目不瞑矣。"肃宗只得召见郭子仪，勉励道："河东之事，一以委卿。"郭子仪"呜咽流涕"。

郭子仪那可是朔方军的精神领袖，他一到绛州就把王元振一伙儿四十余人都杀了，其余将士俯首听命。

肃宗遗留的第四个难题是外番入寇。

安史叛乱，玄宗、肃宗父子征召西北藩镇回援内地，致使边防空虚。于是，党项来了，吐蕃来了，南诏来了，甚至就连波斯和大食也来了！

河陇地区的党项原本是吐蕃的藩属，这些年休养生息，种族孳生。趁着安史之乱的机会，他们不断蚕食唐境，烧杀抢掠，甚至都逼近了京师长安。

南诏和大唐已经闹掰了。阁罗凤也就不客气了，向北对唐用兵，进占今四川西南、贵州西北地区，向西征服寻甸（今云南昆明寻甸县），向南打败骠国（今缅甸境内）。这一番操作下来，南诏一跃成为东南亚强国。

肃宗五年，连万里之遥的波斯和大食也漂洋过海赶来打劫，火烧广州，狠狠劫掠一番后才撤退。

当然，要说获利最多的还是吐蕃人。西北边防空虚，吐蕃趁机蚕食，今天一座山，明天一条河，后天一座城，就这么一点一点地向内地推进。

肃宗遗留的第五个难题是宦官问题。

玄宗系统化、批量化地重用宦官，宦官的确牛起来了，但还没牛到权势熏天、不可控制的地步。但在肃宗朝，以李辅国为首的宦官集团，其权力已经大到了惊人的地步。

11. 李辅国之死

如果没有李辅国关键时刻那一下子，代宗这个皇帝是当不成的。所以，代宗不仅加李辅国为司空兼中书令，还尊称为"尚父"，"事无大小皆咨之"。

司空是虚衔，倒没啥，可中书令却是实打实的宰相。李辅国如愿以偿，成为唐朝第一个、也是唯一一个宦官宰相。另外，他还成了皇帝的干爹，这也是大唐开国以来前所未有的事儿。被皇帝尊称为父，全唐只有两位宦官做到了，一位是李辅国，另一位是晚唐的田令孜。

但代宗很快发现，李辅国帮他是假，帮自己才是真。说句抽象的话，李辅国帮的是未来的皇帝，至于未来的皇帝是谁，他其实没那么介意。李辅国拥立新君，图的就是要在新朝说了算，所以他毫不客气地对代宗说了这么一句话："大家①但居禁中，外事听老奴处分。"陛下你在宫中待着就行，宫外的事情由老奴处分就可以了！

———————

① 大家，唐人对皇帝的称呼之一。

代宗笑眯眯地连连点头，内心却暴怒非常，国家大事都交给你，那咱俩谁是皇帝啊？然后，他就找来宰相元载，商量如何除掉李辅国。

元载，字公辅，凤翔府岐山县（今陕西宝鸡岐山县）人。他出身平民阶层，而且是平民阶层中特别穷的代表。他家有多穷呢？这么说吧，元载连参加个乡试都只能走路去，因为没钱雇不起马车。

很小的时候，元载就明白，像他这种家庭条件，想要逆天改命就只能靠科举了。所以，他"自幼嗜学，好属文，性敏惠，博览子史"。都这么苦学了，居然"累上不升第"，落魄的元载应该特别迷茫和郁闷，我的未来在哪里？

其实，元载落榜是有原因的，因为他"尤学道书"，对道教思想特别感兴趣，主要精力都投到研究道学上去了。可问题是当时科举考的都是儒家那一套东西，他专业不对路，屡试不第也在情理之中。

但元载一定是个宁采臣式的大帅哥，他没有碰到聂小倩，却碰到了王韫秀王大小姐。

这位王韫秀还不是一般人家的小姐，她爹可是赫赫有名的"天宝第一节度"王忠嗣。王韫秀是王忠嗣的独女，掌上明珠，从小备受娇惯，长大后成了一个极其个性、相当叛逆的大小姐。

穷小子碰到白富美，这种爽文里比比皆是的事情，在现实语境中几乎不可能发生。但元载轻而易举就俘虏了白富美的芳心。咱也不清楚王大小姐到底看中了元载哪点，毕竟车、房、钱，他是要啥没啥。所以，我认为元载大概率是个帅哥，而且在泡妞方面很有一套，给王大小姐的情绪价值提供得特别到位。

很快，两人就走到了谈婚论嫁的地步，他们的对话不出意外大致如下：

元载：我没房。

王韫秀：我有啊！

元载：我没车。

王韫秀：我有啊！

元载：我没钱。

王韫秀：我有啊！

门不当户不对得不是一星半点儿，王家人当然不同意。可王韫秀是个混不吝的顽主，"素以凶戾闻"，不顾家人的激烈反对，义无反顾地嫁给了元载。

但很多时候爱情和婚姻是"两张皮"。元载没房，婚后只能住在岳父家。王家人本就不同意这桩婚事，横竖看元载不顺眼，日里总是轻视嘲笑他。也是，元载这个阶层跨越得太大，太扯淡了！每到这时，王韫秀都会替老公出头，这是我的相公，你们不能说！王韫秀的姨妹最为刻薄，不仅嘲笑元载，还笑话姐姐将来穷得只能靠织布为生。

终于有一天，元载受不了了，给妻子写了一首诗，说他要离家到长安求取功名去。这首诗是这样写的："年来谁不厌龙钟，虽在侯门似不容。看取海山寒翠树，苦遭霜霰到秦封。"这一年来谁不讨厌落魄之人呢？我虽然身在侯门，但仍似不能相容。爱妻啊，你看那苍翠的大树，虽然饱经风霜，可还是被暴风雪困在秦地呀！

王韫秀看完丈夫的诗潸然泪下，马上也回了一首："路扫饥寒迹，天哀志气人。休零离别泪，携手入西秦。"我坚信只要走过眼前这段坎坷的路，就能一扫饥寒潦倒的困境了。上天有眼，终究会可怜有志之士。夫君你不要再为离别而流泪了，我和你一起去西秦！

王韫秀是决绝的，罢了，这家我也待够了，元哥，我跟你一起走，嫁鸡随鸡嫁狗随狗，只要能跟你在一起，吃糠咽菜我也愿意！为你，我不惜背叛全世界！

随后，两口子大手牵小手，毅然决然来到了长安。

王忠嗣既是玄宗的干儿子，又是太子李亨的把兄弟，还是手握几十万雄兵的四镇节度使，但如此牛人也管不了自己的女儿。

理想是丰满的，现实是骨感的。抵达长安后，元载和王韫秀过了几年苦日子。他想靠她青蛙变王子，她却因他凤凰变麻雀。通俗小说中有王宝钏为薛平贵苦守寒窑十八年的段子，王宝钏是假的，王韫秀却是真的。

元载没有背景，之所以能不断跨越，外部因素主要是撞大运，而且是撞了一次又一次。

他第一次撞大运是在玄宗天宝元年（742年）。崇信道教的玄宗为了倡兴道学，于是年破天荒开了唐朝首次道举，求通晓庄、老、文、列四子①之学者。这个考试仿佛是为元载量身定做的一般，他精研道家学说多年，不仅撰有十卷本的《南华通微》，还集注过《周易》一百卷，如今终于有了用武之地。

结果毫无悬念，元载金榜题名。历代科举考的都是儒学，就没有考道学的，可能就玄宗开了这么一期，居然让元载给赶上了。

有功名就能入仕了，元载被授任为关中县尉，官职虽然不高，但好歹是进入体制了。两口子的生活状况总算有了质的改善。

朝中无人，那就只能踏实苦干了。元载的名字起得好，"圆仔"，一个圆滑的仔，人如其名。他用13年的时间，由一个小小的县尉调入朝廷最高司法机关——大理寺，然后一路干到大理司直。我专门查了一下，唐朝的大理司直是从五品官，相当于现在的副厅级。对大多数平民子弟而言，这已经是他们仕途的天花板了，再进一步想都不敢想啦！

野心爆棚的"圆仔"可不想止步于副厅级，他还想再搏一搏，单

---

① 庄即庄子，老即老子，文即文子（计然），列即列子（列御寇）。

车变摩托。然而，天宝十四载（755年），安禄山范阳起兵，揭开了唐王朝急转直下的序幕。第二年，潼关沦陷，玄宗出奔。元载区区一个副厅级非领导干部，谁能把他当根葱啊？！只能带着老婆孩子躲到了江南。不出意外的话，他这辈子就这么完了。

完不了，因为另一位贵人已经来接力了。

此人便是阻击永王李璘的吴郡太守兼江东采访使李希言，高祖李渊第十三子郑王李元懿的后代。

肃宗即位后，李希言趁机将自己发掘的一批人才举荐给了肃宗，其中就有元载。肃宗不含糊，马上予以重用。元载在不到一年的时间内历任江东采访副使、祠部员外郎、洪州（今江西南昌）刺史。官军收复两京后，元载被肃宗召入朝中，出任尚书省户部度支郎中，掌管全国财赋的统计与支调。然后，他就跟坐上了火箭似的，先提任户部侍郎，充度支、江淮转运等使，不久又加任御史中丞。

元载之所以能发展得这么快，固然与他"性敏悟，善奏对"有关，但更为主要的则是李辅国的背书。元载怎么搭上李辅国的呢？我在前文提过，李辅国娶了吏部侍郎元希声之侄元擢的女儿为妻，元载和元氏是同宗，虽然不算近亲，但天下同姓是一家嘛！

肃宗病重，李辅国得揽大权，想提拔元载为京兆尹。可这时元载的胃口已经很大了，区区一个首都市长满足不了他，他想当宰相，又不好明说，便主动拜访李辅国，表态不愿意接京兆尹。李辅国何许人也，还能看不出他的心思？第二天便让肃宗加元载为宰相，兼判度支、盐铁转运使。

至此，当年不名一文的穷小子仅用二十年就当上了大唐王朝的宰相。老话咋说的来着？莫欺少年穷啊！元载是唐朝继马周之后第二位出身平民的宰相，他的仕途和岳父家没有半毛钱关系，完全是他个人努力的结果。这个故事绝对鸡血、绝对励志！

在李辅国的举荐下，代宗加元载为集贤殿大学士、银青光禄大夫，封许昌县子。注意这个许昌县子，这意味着元载在当上高官之后又成了大唐的贵族。

元载一雄起，王家人的态度就变了，争先恐后、你追我赶地赶来拜谒。当年嘲笑元载两口子的姨妹也颠儿颠儿地跑来祝贺，没想到却吃了闭门羹，元载夫妇谁都不见她。

并且，王韫秀派下人送了一首诗给她。这首诗很有特点，在题目《夫人相寄姨妹》之下别出心裁地加了一行字："载拜相，韫秀衔宿恨，寄姨妹。"我家载载当上了宰相，但韫秀心中仍旧怀有旧恨，所以专门写了这首诗寄赠给姨妹你。诗曰："相国已随麟阁贵，家风第一右丞诗。笄年解笑鸣机妇，耻见苏秦富贵时。"虽然我的丈夫如今贵为宰相，将来还有可能成为一代名臣，但我的家风却像王维的诗一样清新隽永，不屑与那些势利眼往来。你还记得吗？你15岁那年嘲笑我将来还得靠织布为生。如今我虽然大富大贵了，但再也不想见到你们那如同苏秦家人一般的丑恶嘴脸了。王韫秀在诗中引用了一个典故：《战国策》记载，苏秦没发达时，备受嫂子的厌恶，后来他发达了，嫂子却来跪拜。姨妹读完羞惭不已。

王韫秀是骄傲的，也是自豪的，看看，我当年没看错人吧？！你们这些亲戚还想搭我家载载的顺风车，做梦去吧！

皇帝要对付恩公，元载应该情感上有所抗拒吧？不，他没有，他很乐意将李辅国当作自己的垫脚石。

根据元载设计的计划，当天晚上，代宗秘密召见了左监门卫将军程元振。两人谈了很久很久。

几天后，代宗忽然降敕将郊区的一座豪宅赏赐给李辅国。李辅国喜出望外地跑来谢恩。代宗笑着说："既然尚父喜欢，就抓紧搬进去吧！"李辅国说他放心不下公务，其实是放心不下权力。代宗又笑了：

"您这么操劳怎么行?! 我听说您手下有个叫彭体盈的大将,办事儿十分利索,颇有您的风范。您何不让他替您干上一段时间呢?"彭体盈是自己人,李辅国放心了,欢天喜地地搬进了豪宅。

六月,代宗忽然下敕解除了李辅国的几个实权职务,其兼领的五坊、闲厩、群牧、苑内、营田等使由彭体盈担任,判元帅行军司马由程元振接任,兵部尚书另由他人接掌。并且代宗还说了,尚父住在宫里还得加班,应该到宫外居住享享福,让李辅国搬离了宫中。明眼人都明白是咋回事儿,"道路相贺"。

李辅国蒙了,这小子难不成是在套路我? 为了试探代宗,他上表请求辞去中书令。这一试坏了,代宗顺势又拿掉了他的中书令,但安慰性地给他封了个博陆王。宦官封王,李辅国同样是全唐第一人兼唯一一人。宦官都封王拜相了,还有王法吗? 还有法律吗?

但这王位有名无实。李辅国明白了,代宗早在暗中布局对付他了,程元振和彭体盈肯定已经投靠了代宗。这个狂人终于感到害怕了,"茫然失据"。

但他还不甘心,又跑到中书省,想通过中书省进宫面圣,岂料却被看门小吏拦下了。该小吏牛哄哄地对他说:"尚父罢相,不合复入此门。"尚父你已经不是宰相了,按律不得再出入此门。想当初,对这种不入流的小吏,李辅国都不用正眼看的。他气得嘴都歪了,冲着皇城的方向大喊:"老奴事郎君不了,请归地下事先帝!"

从"大家但居禁中,外事听老奴处分"到"老奴事郎君不了,请归地下事先帝",李辅国从巅峰到陨落仅用了两个月。

四个月后的十月十八日夜,有飞贼潜入李辅国家中,金钱财物啥都没拿,就拿走了他的项上人头和一条胳膊。

代宗表现得十分震惊,一面追赠李辅国为太傅,雕了一颗木头脑袋安尸身上,赶紧下葬;一面严令有司迅速破案,缉拿凶手。有司调查了好久好久，都没找到凶手和李辅国的首级。最后，这件无头公案也就不了了之。

《旧唐书》对后事没有记载。《新唐书》却作了揭秘：代宗命梓州刺史杜济扮作飞贼，刺杀了李辅国。杜济将李辅国的脑袋丢到厕所里，把他的右臂拿到泰陵，祭奠了玄宗的在天之灵。

李辅国权势熏天，为何这么轻易就被打倒了？原因很简单，他没有掌握兵权，动他的沉没成本和潜在风险都很低。

辅国跌倒，元振吃饱。不仅程元振本人升骠骑大将军，封邠国公，接替李辅国统率全部禁军，他的父亲也被追赠为司空，母亲被追赠为赵国夫人。此时的程元振，权势已然盖过了李辅国，李辅国人称"五父"，程元振也不遑多让，被内外尊称为"十郎"。

代宗解决宦官专权的办法十分简单粗暴，无非是用一个宦官打倒另一个宦官而已。所以，刚走了"五父"，又来了"十郎"。

12. 仆固怀恩挂帅

在筹划对付李辅国的同时，代宗也在积极准备消灭史朝义的大事。

选谁为帅呢？当然是郭子仪最合适。

如果肃宗不死，估计郭子仪借着平定绛州军乱就复出了。可就在他走后不久，肃宗崩了。代宗火速召回郭子仪，罢免一切军职，只塞给他一个山陵使的临时任务，负责为肃宗督建皇陵。

这就是赤裸裸的不信任啦！饶郭子仪好脾气，这时候也坐不住了，他将肃宗赐给他的诏书整理成二十卷呈给代宗，并上书陈明心迹。代宗手诏答复："朕不德不明，俾大臣忧疑，朕之过也。朕甚自愧，公勿以为虑。"代宗确实也考虑过让郭子仪和长子雍王李适[①]组CP，但因程元振的阻挠而作罢。

不用郭子仪，那就该用李光弼了。但代宗即位不久，浙江台州爆发了小吏袁晁领导的起义。当地税负很重，百姓苦不堪言。袁晁因不肯厚敛百姓，被处以鞭背之刑，一怒之下聚众起义，"民疲于赋敛者多归之"。起义军连克浙东十州，发展至二十余万人，还在今台州临海市建立了政权。代宗急令李光弼率军镇压，迄今尚未平定。

郭、李都不能用，代宗就想不到合适的人选了，算了，先请回纥派兵再说。

他派中使刘清潭出使回纥。刘清潭还没出国境呢，居然迎面碰上了牟羽可汗的大军。牟羽主动来帮忙了？非也！原来，史朝义先下手为强，派人送给牟羽大批金银财宝，还忽悠他说："唐室的太上皇、皇帝都没了，如今中原无主，可汗你快来抢劫啊！"牟羽信了，马上带着大军来打劫。

刘清潭对牟羽说："我们已经有皇帝了，就是当年的广平王，和你哥叶护一起收复两京的那个广平王。"他不提叶护还好，一提叶护，牟羽更生气了，新的大唐皇帝居然是死对头叶护的把兄弟，当即将刘清潭扣下。刘清潭偷偷派人回京报信："回纥举国十万众至矣！"

消息传至，长安震骇！代宗赶紧再派殿中监药子昂去见牟羽。彼时，牟羽已进至今山西忻州南，通过药子昂提了一个要求，说要见他老丈人仆固怀恩。

代宗赶紧让朔方节度使仆固怀恩去见牟羽。仆固怀恩当然要为朝廷说话。牟羽被老丈人说服了，表态要帮助讨平史朝义。

[①] 适，音括。

代宗一看仆固怀恩能量挺大，于十月降敕：以长子雍王李适为天下兵马大元帅。代宗照顾郭子仪的情绪，没有动他的副元帅，而是给了仆固怀恩一个"领诸军节度行营"的职务，但其实就是让仆固怀恩担任剿灭史朝义的统帅。

随后，各路兵马齐集陕州，准备由此进击洛阳。

雍王李适就是后来的唐德宗，他为了拉拢回纥，主动跑去回纥大营见牟羽。这本是一件好事儿，没想到横生枝节，为以后两国关系的走向投下了阴影。

会见刚开始气氛很好。

出席欢迎仪式的双方代表还有大唐御史中丞药子昂、兵马使魏琚、元帅府判官韦少华、行军司马李进和回纥大将车鼻。

会谈结束，牟羽设宴款待李适一行。双方大碗喝酒、大块吃肉，气氛很融洽。喝到兴头上，得意忘形的牟羽就控制不住自己了，对雍王李适说："小子，起来给大爷跳个舞！""哗"，原本喧闹非常的宴会场上顿时寂静无声。

雍王李适何许人也？他可是代宗的长子，十有八九是未来的大唐皇帝，怎么能给蛮夷君主跳舞呢？坚决不跳！牟羽脸都黑了，非要他跳。车鼻说："大唐皇帝和我家可汗约为兄弟，按辈分讲，我家可汗是雍王的叔叔，侄子给叔叔跳个舞怎么啦？"

药子昂挺身而出："雍王是我家圣上的长子，又是三军元帅，中国的储君怎么能给外国可汗跳舞呢？再说了，太上皇和先帝还在丧期，按我们这边的礼法，不宜跳舞。"

两边互不相让，这事儿就闹僵了。车鼻急了，居然命人将药子昂、魏琚、韦少华、李进四人推出，各打了一百鞭子。魏琚和韦少华吃不住，呻吟了一晚上，第二天就死了。

这事儿对年少的雍王李适刺激很大，回纥人太嚣张了，居然如此欺凌他，还当着他的面打死了他的人。一颗仇恨的种子从此种进了他的心里。

唐朝上下均对回纥人的嚣张跋扈极为不满，有好几个节度使甚至想动兵攻击回纥人。但国事为重，代宗心里很清楚，李适心里也很清楚，况且还得照顾仆固怀恩的感受呢，只得暂为隐忍。

啥也别说了，先灭了史朝义再说！

13. 史朝义授首

仆固怀恩留李适在陕州，率军进至今洛阳孟津区横水镇，与史朝义的十万叛军对峙。

代宗元年（762年）十月三十日，安史之乱中的最后一个大战役——横水之战上演了。

叛军展示了极高的战斗素养，与官军和回纥军斗了个半斤八两。关键时候，镇西北庭新任节度使马璘"单骑奋击，夺贼两牌，突入万众中"。镇西军跟着主将奋力突击，搅得叛军阵脚大乱。仆固怀恩指挥大军"乘之而入"。叛军全线崩溃，被斩首六万、俘虏两万，几乎全军覆没。

史朝义率残军向老家范阳逃去。仆固怀恩兵不血刃收复洛阳，马上作出三项部署：命泽潞节度使① 李抱玉攻打相州，切断史朝义北归

---

① 泽潞军领有泽（今山西晋城）、潞（今山西长治）、沁（今山西长治沁源县）三州。

之路；命河东节度使辛云京东出井陉关，牵制范阳的李怀仙；又命儿子朔方右厢兵马使仆固瑒[①]率步骑万余追击史朝义。

仆固怀恩明显比李光弼会来事儿，一进洛阳马上派人寻找沈氏，可找来找去都找不到。我认为沈氏很有可能在洛阳第二次沦陷时为乱军所杀。她若是活着，知道丈夫、儿子找她，怎会不出来相认？

眼见仆固怀恩大功即将告成，郭子仪主动提出将副元帅之位相让。十一月，代宗正式任命仆固怀恩为河北副元帅，加左仆射兼中书令、单于、镇北大都护、朔方节度使。

史朝义和田承嗣被仆固瑒围困于莫州（今河北沧州任丘市）。田承嗣建议他突围回范阳，带着李怀仙的人马来解围。史朝义听了，将妻儿老小托付给田承嗣，率兵突围。可他刚走，田承嗣就向仆固瑒打开了城门。

史朝义一伙儿昼驰夜行、风餐露宿，历尽艰辛终于赶到了范阳，却吃了一个大大的闭门羹。原来，李怀仙也投降了朝廷。不止李怀仙，伪燕相州节度使薛嵩、恒阳节度使张忠志也投降了。

范阳守将虽然没给史朝义开门，但也没纵兵攻击他。李怀仙的态度很明了，你毕竟是我们的故主，我们不会打你，你自生自灭吧！守将还告诉史朝义一个消息：莫州的田承嗣已经投降了，你的妻儿老小现在朝廷手上。

史朝义连呼"老贼误我"，但又能怎样呢？他深知大势已去，也顾不上什么尊严不尊严的了，低声下气地求守将给点儿吃的。守将同意了。餐毕，许多随行的将士来辞行。史朝义也没阻拦，任人去留。的确，跟着他已经没什么前途了。

史朝义想了又想，随即带着剩下的几十人向北赶路，准备去投契

---

① 瑒，音杨。

丹人。但行至今河北承德滦县榛子镇东北的温泉栅时，他被李怀仙的军队追上了。追兵不是来打他的，而是带来了李怀仙的一句话："大王要是出奔契丹，就会背上骂名，永世不得翻身了！"

史朝义心里就像打翻了五味瓶似的，什么滋味儿都有，天下虽大，却没有他的容身之所。挡不住的绝望汹涌而来，不接纳我，不让我出走，也不对我下手，这是希望我自裁吧？他下马，一个人走进了一片落满雪花的树林。随从们很默契地没跟着。

片刻过后，大家进去查看，只见史朝义的尸身挂在一棵歪脖子树上晃悠……

时为代宗二年（763年）正月，历时七年多的安史之乱至此结束。

仆固怀恩受降，叛将薛嵩、张忠志、李怀仙、田承嗣等人罗拜于马前，表示愿为元帅效犬马之劳。这几个人也真是老油条，不说为朝廷效犬马之劳，单说为元帅效犬马之劳。他们的低姿态令仆固怀恩极为受用。

局外人都对仆固怀恩羡慕不已，回纥国丈，平叛功臣，比郭子仪还郭子仪。但只有仆固怀恩清楚自己现在的处境有多尴尬、多危险。有安禄山、史思明这俩前车之鉴摆着，皇帝最放心不下的就是手握兵权的将帅，特别是胡人。当初征讨同罗失利，他其实可以不杀儿子仆固玢的，为什么杀了，就是为了向朝廷表忠心。狡兔死，走狗烹；飞鸟尽，良弓藏。留几只兔子，走狗还能活；留几只飞鸟，良弓还有用武之地。所以，他奏请代宗留薛嵩、张忠志、李怀仙、田承嗣等人分镇河北，仍统故地。只要这些安史余孽还在，朝廷就得由着他、顺着他。

有没有不同意见呢？当然有！

泽潞节度使李抱玉和河东节度使辛云京坚决反对。本来呢，薛嵩是向李抱玉投降的，张忠志是向辛云京投降的，李抱玉和辛云京都准备接管收编叛军了。可仆固怀恩却让他们停止受降、各归本军，还允许薛嵩、张忠志保有原来的地盘和军队。李抱玉和辛云京大惊，这可是瓦解叛军的绝佳机会啊！两人分别上表代宗，指斥仆固怀恩养寇自重、怀有二心，建议朝廷尽早为备。

但代宗就想着尽快结束叛乱，能多快就多快，因为朝廷实在打不起、打不动了，为了达到这个目的，适度妥协是可以的。所以，他都没多想，就采纳了仆固怀恩的意见。

结果，史朝义是没了，但他的四个旧将仍旧统领原有人马和地盘，且均被授任为节度使：

李怀仙为卢龙节度使，领幽（今北京市西南）、莫（今河北沧州任丘市）、妫（今河北张家口、北京延庆一带）、檀（今北京密云）、平（今河北秦皇岛卢龙县）、蓟（今天津冀州）六州，统治今河北北部、北京、天津地区。他南边是成德节度使张忠志，但人家现在不叫张忠志了，被代宗赐名李宝臣，领恒（今河北石家庄正定县）、赵（今河北石家庄赵县）、深（今河北衡水深州县）、定（今河北保定定州市）、易（今河北保定易县）五州，统治今河北中部石家庄、保定一带。成德以南是魏博节度使田承嗣，领魏（今河北邯郸大名县）、博（今山东聊城）、德（今山东德州陵城区）三州，统治今河北省南部、山东省黄河以北地区。薛嵩任相卫节度使，领相（今河南安阳）、邢（今河北邢台）、洺（今河北邯郸永年区）、贝（今河北邢台清河县）四州，统治今河北西南和河南北部地区。代宗五年（766年），相卫节度使更名为昭义军。薛嵩可是名门之后，他的父亲叫薛楚玉，爷爷叫薛仁贵。薛嵩的官爵超过了父亲和爷爷，算是光宗耀祖了。这是薛氏一族的荣耀，却是李唐王朝的悲剧。

以上四镇均位于河北道，形成了一个集中连片的藩镇群。

代宗的这个决定堪称千古昏招。在稳操胜券、大局已定的情况下，大可以征召这些安史旧将入朝为官，将其军队收归朝廷，彻底消除祸乱。但他只是将"一"变成了"四"，让一个史朝义变成了李怀仙、李宝臣、田承嗣、薛嵩四个。我们站在今天回头看，完全可以说代宗错失了消灭安史余孽的唯一良机。

七月，代宗以安史乱平，改元"广德"，并大赦天下。雍王李适和郭子仪、李光弼、仆固怀恩等八人受赐铁券，"图形凌烟阁"。雍王李适还被加封为尚书令。全唐289年间只有三位尚书令，一个是秦王李世民，一个是雍王李适，一个是晚唐的岐王李茂贞。李适后来当了皇帝，因此他又成了唐朝唯一一个被"图形凌烟阁"的皇帝。其实，他配不上。

代宗觉得他已经完成了拨乱反正的大业，将以中兴之君的姿态永载史册。但一切真的都能恢复到从前那般模样吗？很不幸，答案是否定的。

根据《旧唐书·郭子仪传》的记载，经过八年战乱的涤荡，"宫室焚烧，十不存一，百曹荒废，曾无尺椽①。中间畿内，不满千户，井邑榛②荆，豺狼所号。既乏军储，又鲜人力。东至郑汴，达于徐方，北自覃怀，经于相土，为人烟断绝，千里萧条"。作为帝国核心经济圈的黄河中下游地区遭到严重破坏，化为千里焦土。"稻米流脂粟米白，公私仓廪俱丰实"的富庶景象一去不复返，取而代之的是"寂寞天宝后，园庐但蒿藜③"的萧瑟荒凉。

与经济破坏相伴随的是人口锐减。据载，在陕西潼关和河南虎牢关之间方圆数百里的土地上，居然仅有"编户千余"。河南南阳方城县

---

① 椽，音船。
② 榛，音揍。
③ 藜，音离。

天宝之初登记的人口有一万多户，而到安史之乱结束时，竟然只剩了不到200户。《资治通鉴》里有两个数字可以作对比：一个是唐朝人口的峰值——天宝十三载（754年）的人口统计，9069154户，约5000万人口；另一个是代宗三年（764年）的数据，290余万户，1690余万人。两相对比，一场安史之乱使唐朝人口锐减了3000多万。安史之乱前，中国北方的经济一直领先于南方；但从安史之乱后，这个局面就被打破了。

安史之乱在国家安全、历史进程方面的影响更大。党项、吐蕃接连入寇，吐蕃人甚至进占河湟①，几乎隔断了河陇，将安西和北庭变成了大唐的飞地。唐王朝别说经略中亚了，能把关陇防线、把长安守住就不错了。自唐朝退出中亚、西域以后，接下来的宋、明等汉人王朝均无力恢复对西域的控制，遑论经略中亚了！这是中国历史性的损失。

---

① 黄河与湟水的并称，泛指包括河西、陇右在内的黄河上游地区。

第三章

仆固怀恩之乱

01. 怀恩受猜

这次入援，回纥人又狠狠劫掠了一笔。

仆固怀恩让牟羽驻军河阳，其实就是防着女婿洗劫洛阳。可牟羽发现河阳城小人少，没油水可捞，不干了，悍然率军驰入洛阳。

回纥军已经来过一次洛阳了，这次洗劫起来熟门熟路、效率倍增。朔方军、神策军心想不能都便宜了回纥人啊，俺也要，也加入到劫掠队伍中。洛阳连遭洗劫，满足不了回纥人的胃口，牟羽便打着追击叛军的幌子，一路向东抢掠至郑州、平顶山地界，所过之处"闾井至无烟"。时值寒冬，老百姓无衣无裳，只能用书纸做"衣服"御寒。

代宗哑巴吃黄连——有苦说不出，对牟羽一顿封赏，赶紧打发这个活阎王回国，并特意安排仆固怀恩护送牟羽出塞。

本来只是一次简单的送别，不想却成了仆固怀恩的索命梵音。

仆固怀恩、牟羽一行经过太原，满以为河东节度使辛云京会开城犒赏大军，岂料太原城门紧闭、如临大敌。旁边站着女婿，仆固怀恩的面子挂不住了，当即命朔方军分屯河东各地，不走了，跟辛云京耗上了。

辛云京疑心仆固怀恩谋反已经很久了。当时朝廷中使骆奉仙正在太原，辛云京向他报告，说仆固怀恩与回纥通谋，要谋反了。山西的另一个藩镇——泽潞节度使李抱玉也附议。骆奉仙不信，他和仆固怀恩可是义结金兰的兄弟，不过兹事体大，他也不敢托大，便立即启程回京。

没想到仆固怀恩对骆奉仙盯得很紧，走到半路把他截住了，非要他留下来，喝顿大酒聚一聚。

宴会进行得很融洽，不仅仆固怀恩亲自献舞，他老娘都出席了，给足了骆奉仙面子。但仆固老太太也不知是不是喝多了，突然质问骆奉仙："你和我儿子结拜为兄弟，如今却亲近起了辛云京，这不是两面派吗？"怼得骆奉仙好不尴尬。仆固怀恩赶紧说和："明天是端午节，咱们再好好玩一天。"

骆奉仙暗暗吃惊，好嘛，难不成这是鸿门宴，当时就要走。仆固怀恩一看，坏了，误会了，今儿要是不把骆奉仙说和过来，明天就酿成大祸了，赶紧让属下把骆奉仙的马藏了起来。骆奉仙左找右找找不到坐骑，慌了："早上指责我，现在又藏起我的马，这是要杀我了！"也不敢停留了，当天晚上就步行溜了。

仆固怀恩发现后赶紧追，追倒是追上了，但他不敢把骆奉仙怎么样，好生解释安慰一番就放人家走了。

事实证明，他们俩是塑料兄弟情。骆奉仙回到长安即禀报代宗，说仆固怀恩确如辛云京、李抱玉所说，暗怀狼子野心。然后，仆固怀恩的表奏也到了，说辛云京、李抱玉和骆奉仙捏咕好了害他。代宗当然相信骆奉仙，但又怕激反仆固怀恩，只得"两无所问，幽诏和解之"。

仆固怀恩又气又伤心，自安史之乱以来，他们仆固家族为国捐躯者高达46人。为了严肃军纪，他把儿子仆固玢杀了，为了拉拢回纥，他又让女儿远嫁绝域，他对大唐忠心昭昭，日月可鉴！可皇帝居然怀疑他，这是什么道理？！他满怀悲愤之情写了一封长信给代宗。

在信的一开头，他解释了整件事的原委经过，将责任都甩锅给辛、李、骆三人。话说到这里，还算正常。

但紧接着，仆固怀恩话锋一转："臣仔细想了想，臣有六宗大罪：当年为先帝平定同罗叛乱，罪之一；臣的儿子仆固玢被俘虏又逃了回来，臣为了号令三军把他杀了，罪之二；臣的两个女儿[①]为国和亲，罪之三；臣父子不顾安危，为国效命，罪之四；安史旧将个个手握强兵，臣把他们安抚住了，罪之五；臣出面请回纥帮忙，又送回纥归国，罪之六也。臣既然有这六宗大罪，确实罪该万死。"

听听，这哪里是六宗罪？分明就是六桩功嘛，而且每件都是天大的功勋！仆固怀恩正话反说不是不可以，但要分对谁说，一个当臣子的对君上这么说话，哪怕有天大的功劳也极为不妥。

更为作死的是，他居然还反问了代宗四个问题：

第一，为什么杀来瑱？山南东道节度使[②]来瑱坐镇襄阳，小日子原本过得很舒坦。肃宗征他入朝，来瑱让麾下文武联名给肃宗施压，非要留在襄阳。肃宗虽然很不爽，也只得同意。代宗上台后也想将来瑱调离，但来瑱故技重施，代宗也没辙。等到史朝义授首后，来瑱害怕了，主动入朝认错。代宗当时笑呵呵地说没关系，还让来瑱当了兵部尚书、宰相。但一年还不到，来瑱就被贬官、赐死。史官的说法是程元振构陷来瑱，实际上程元振就是代宗的白手套。

第二，我弹劾过骆奉仙，陛下非但没有处置，还对他宠任弥深，这是为啥？

第三，为什么宠任宦官、疏远朝臣？

第四，为什么对我们朔方军这么不友好？戡平战乱，我们朔方

[①] 第二女何时出嫁、嫁给谁，史书并未记载。
[②] 山南东道节度使，治所襄州（今湖北襄阳襄州区），辖区大致相当于今湖北省西北部地区。

军功居第一，可郭子仪和我先后被猜忌，这不是鸟尽弓藏、过河拆桥嘛?!

关键是最后十二个字完全说到了代宗脸上："陛下信其矫诬，何殊指鹿为马！"陛下听信谗言，与指鹿为马的赵高何异？骂皇帝是宦官，这事儿也就武夫干得出来。

问完四个问题，仆固怀恩还用威胁的口吻说："倘不纳愚恳，且贵因循，臣实不敢保家，陛下岂能安国！"陛下要还是忠奸不分的话，我估摸着我是保不住我们仆固家族了，但陛下的国家估计也够呛能安宁了。

可能是意识到前面用词太刺激了，结尾的时候仆固怀恩往回收了收，主动提请入朝，说怕朔方将士阻挠他，要代宗派人到绛州迎接他。这话也就是说一说，这时候入朝那除非是棒槌，他是在试探代宗的态度。

从古至今，有不少人替仆固怀恩喊冤，说他是被逼反的。仆固怀恩最初的确没有谋反的念头，但就冲他信里的这番话，他被搞死一点儿都不冤。他是在用心用情用力地作死，谁也救不了他。

代宗还是给了他机会的，于九月派宰相裴遵庆去绛州迎接他入朝。宰相亲临迎接，这面子给得够可以的啦！

仆固怀恩确实挺委屈，抱着裴遵庆的脚哭着喊冤。可副将范志诚已经劝过他了："公信其甘言，入则为来瑱，不复还矣！"所以，他哭归哭，表示不能入朝。裴遵庆退而求其次，你不来也行，起码派一个儿子来，让陛下看到你的诚意。结果，范志诚再次反对，仆固怀恩又推托。裴遵庆只能铩羽而归。

随后，仆固怀恩又擅自把出使回纥归来的御史大夫王翊给扣了。他已经在和女婿牟羽商讨用兵的事了，并且王翊在回纥汗庭撞见了他的使者，怕王翊回去把这事捅出来，就把人家扣了。

涮皇帝玩，扣押国使，仆固怀恩在疯狂地作死。

02. 吐蕃陷长安

代宗日防夜防，就防着仆固怀恩造反。万万没想到，平地一声雷，吐蕃人忽然就杀到了眼皮子底下。

进占河湟后，吐蕃游骑兵已经出现在宝鸡以西、咸阳以北了。坐着冷板凳的郭子仪不止一次地提醒肃宗、代宗父子："吐蕃、党项不可忽，宜早为之备。"但这两位都没把他的话当回事。

吐蕃人从连番试探中看穿了唐廷的虚弱，胆子越来越大。代宗二年（763年）十月，吐蕃大相马重英①联合吐谷浑、党项、氐、羌等部族，发联军二十万入侵唐境。边将在第一时间就上报了。但程元振不知咋想的，一直压着不向代宗汇报。等代宗知道时，吐蕃军的前锋已经到了咸阳武功，距离长安咫尺之遥。

唐蕃两国断断续续打了快一百年了，这百年间吐蕃人还是头一次打到关中。京师长安人心惶惶。代宗赶忙委任雍王李适为关内大元帅，并起用救火队员郭子仪为副元帅，出镇咸阳，阻击吐蕃人。

郭子仪赋闲在家很久了，手无一兵一卒，匆忙间只招募了二十人就上路了。等他们一行到了咸阳，马重英的二十万大军已经渡过了渭水。郭子仪赶忙派人回长安，请求代宗增兵。程元振却说啥都不让信使见代宗。程元振这拨骚操作，我至今不能理解，难不成他收了马重

---

① 马重英，吐蕃名为恩兰·达扎路恭。

英的钱？有程元振这个搅屎棍，郭子仪就算诸葛附身也无能为力了。

很快，马重英的大军便兵临渭水西便桥了。上一个打到这座桥的蛮夷是东突厥，现在吐蕃也做到了。太宗有本事，能智退颉利，但代宗可不行，他只能逃。

"天子九逃，都城六陷"，玄宗贡献了第一逃、第一陷，现在他的孙子也步了他的后尘，成了第二位出逃的君主。只不过代宗没好意思往四川跑，他选择向东逃。

外患激发内忧，代宗的车驾刚刚渡过浐①水，射生将王献忠悄悄带着四百骑兵折返长安，挟持了代宗的叔叔丰王李琬等十个王，准备出城迎接马重英。

巧了，他们还未出城，就碰到了由咸阳带着三千骑兵赶回来的郭子仪。王献忠还劝郭子仪："皇帝都跑了，江山无主，废立还不就在元帅你一句话?!"丰王李琬也是个投降派，质问郭子仪为什么不说话？郭子仪将二人劈头盖脸好一顿骂，当场拿下，执送代宗发落。

出奔路上的代宗体验了爷爷当年的体验，感觉了爷爷当年的感觉。到了华州，当地官员早跑没影儿了，代宗一行要吃没吃、要喝没喝。正在叫天天不应、叫地地不灵之际，鱼朝恩带着神策军来迎接他了。

代宗高兴坏了，哎呀，关键时候文武大臣都靠不住，还得靠宦官，开开心心跟着鱼朝恩到了陕州。到了陕州就泄愤，把丰王李琬和王献忠杀了。经此一事，鱼朝恩赢得了代宗的高度认可。代宗还将卫伯玉打发到荆南当节度使，让鱼朝恩接掌了神策军的兵权。

因此，鱼朝恩又成了唐朝第一个手握军队的宦官。有人说了，杨思勖也统过军啊，为什么他不是第一人？须知杨思勖是临时挂帅，军队准备就绪后，他过去指挥一下，仗打完了，军队回驻地，他回朝，

---

① 浐，音产。浐水源出陕西蓝田西南秦岭山中，至西安市东入灞水。

并无固定的统兵权。鱼朝恩则直接掌控了神策军。

这时，吐蕃大军早已攻入长安。此为"都城六陷"的第二陷。颉利没办到的事情，马重英办到了，他甚至还扶植金城公主的哥哥广武王李承宏为帝，建起了傀儡政权。吐蕃大军在长安烧杀抢掠，无恶不作。

回纥洗劫洛阳，吐蕃洗劫长安，看这段时期的唐史真能气死个人。

大厦将倾，狂澜既倒，谁能扭转局势呢？还是郭子仪！

郭子仪在商州（今陕西商洛商州区）征召起一支四千人的军队，上奏代宗说要进军长安。仅凭四千人就想驱逐二十万吐蕃大军，代宗不信也不同意，想让郭子仪来陕州保护他。但郭子仪很自信："我若出兵蓝田，敌人必不敢向东去。"代宗现在只能倚仗郭子仪，不同意也得同意了。

彻底怂了的代宗甚至还听信了程元振之言，准备迁都洛阳。郭子仪闻知后立即上表谏止。代宗看后哭着对左右说："子仪用心，真社稷臣也。可亟还京师。"打消了迁都之念。

郭子仪率部逼近长安，虚张声势，营造出大军来援的架势。马重英是靠奇袭才占了长安的，不知唐廷虚实，匆匆撤离了长安。

吐蕃人进占长安总计达十五天。

此时，关中各地节度使的援军也陆续抵达。马重英干脆一溜烟退出唐境。

十一月，代宗返回长安。郭子仪领衔一众文武跪地迎接。代宗懊悔不已："用卿不早，故及于此。"当场赏赐郭子仪丹书铁券，图形凌烟阁。

代宗看着没有为难李承宏，只是将他流放于华州。但李承宏不久就死了，惊不惊喜？意不意外？

最惨的是程元振，弹劾他的奏章都堆成山了。代宗确实也气程元振耽误国事,将他削职为民、放归老家。就冲程元振捅的这个大娄子,能有这个结果已经是烧高香啦!哎,偏偏他还不甘心出局,不仅换上女人的衣服潜回长安,还在司农卿陈景诠家里喝起了大酒。御史大夫上表弹劾。这次代宗可就不客气了,于转年正月下诏,称程元振"变服潜行,将图不轨",着即流放溱州(今重庆綦江)。

代宗其实也是做给天下人看的,不久他就下发恩诏,改将程元振安置于江陵。但多行不义必自毙,程元振抵达江陵不久即为刺客所杀。"五父"好歹还嘚瑟了七八年,"十郎"昙花一现,只红火了一年多一点儿。

同样一件事儿,有人倒霉,就有人走运。

顺势复出的郭子仪就不说了。雍王李适晋封太子。甚至第五琦也跟着沾了光,因帮助郭子仪筹集粮草有功,官拜京兆尹兼御史大夫。但获利最大的却是鱼朝恩。

代宗让鱼朝恩带神策军进京戍卫。神策军从此变成中央禁军,分为左右两厢。鱼朝恩不仅总领禁军,更是出任天下观军容宣慰处置使,晋封郑国公。他的两名亲信,皇甫温出任陕州刺史,周智光出任华州刺史,驻军统领关中要塞。

03. 怀恩反叛

仆固怀恩犯的最大错误就是犹豫不决。要反,你就赶紧反,趁吐蕃入侵一路西进,顺利的话,连代宗都能擒了;要不反,你就干脆不反,立刻马上勤王,立稳忠臣的人设,重新赢得代宗的信任。但他犹犹豫豫、瞻前顾后，白白浪费了大好机会。

代宗的危机走了，他的危机就来了。代宗二年（763年）正月，有人跑到长安告他造反。此人名叫李抱真，是仆固怀恩麾下汾州别驾，他还有一个身份——泽潞节度使李抱玉的堂弟。

代宗愁坏了，刚赶走吐蕃人，仆固怀恩又要谋反了，这一天天的怎么这么多事儿?！李抱真微微一笑很倾城："此不足忧也。"他说，仆固怀恩在军中造谣郭子仪被鱼朝恩害死了，搞得朔方将士群情激愤，要和朝廷叫板，陛下只要任用郭子仪为节度使，谣言不攻自破，朔方将士就不会追随仆固怀恩了。

此时，仆固怀恩已经和辛云京打了起来。形势危急，代宗召见郭子仪说："怀恩父子负朕实深。闻朔方将士思公如枯旱之望雨，公为朕镇抚河东，汾上之师必不为变。"随即任用郭子仪为关内、河东副元帅，河中节度观察使，河中尹，坐镇河中府。

消息传到山西，朔方将士这才知道他们被仆固怀恩骗了，纷纷说："吾辈从怀恩为不义，何面目见汾阳王！"

仆固怀恩征调祁县朔方军驰援攻打榆次的仆固玚。将士们情绪不高，行进慢吞吞的。一路上，将军白玉和焦晖不断用鸣镝射击掉队的士兵。士兵们不满："将军何乃射人？"白玉纯心挑事儿："今从人反，终不免死；死一也，射之何伤！"

等他们到了榆次，已经过了军令要求的时间。仆固玚责问士兵。胡人士兵说："我乘马，乃汉卒不行耳。"仆固玚大怒，鞭笞汉军士兵。汉军士兵压抑许久的不满情绪终于爆发："节度使党胡人。"当天傍晚，焦晖、白玉率众兵变，杀了仆固玚。

消息传到，仆固怀恩慌了神，赶紧拉着老娘一起逃命。仆固老太太大骂："吾语汝勿反，国家待汝不薄，今众心既变，祸必及我，将如之何！"说罢，拎着刀追砍儿子，一边追一边骂："吾为国家杀此贼，取其心以谢三军。"仆固怀恩无奈，只得丢下老母，率三百亲兵连夜向灵州奔去。

逃跑途中，他致信驻守灵州的朔方节度留后浑释之收拢部队。浑释之和仆固怀恩分属同源，都是铁勒人，一个是浑部的酋长，一个是仆固部的酋长。仆固怀恩觉得浑释之一定会跟自己走。没想到浑释之忠于朝廷，着手准备对付他。只可惜仆固怀恩到得太快，浑释之遭外甥出卖被杀，其军队被仆固怀恩接管。

朔方军反正、仆固怀恩出走的消息传到长安，百官入贺，代宗却自责地说："都怪朕听信谗言，将功臣逼上了反路，有什么好祝贺的呢？"他命郭子仪将仆固老太太送至长安，"给待幽厚"。但老太太心如死灰，一个多月以后就去世了，代宗"以礼葬之"。

为了立好重情重义的人设，代宗于六月下诏褒奖仆固怀恩的功劳，说他"勋劳著于帝室，及于天下"，并表态："疑隙之端，起自群小，察其深衷，本无他志；君臣之义，情实如初。"这些都是场面话，重要的是后面这几句："但以河北既平，朔方已有所属，宜解河北副元帅、朔方节度等使，其太保兼中书令、大宁郡王如故。"你仆固怀恩还可以保有太保兼中书令、大宁郡王的职务，但兵权就不要想了。并且，代宗还勒令他马上进京面圣，不得有误！

如果不来怎么办呢？当然是削你了！

七月十四日，李光弼病死于徐州。去年四月，他平定了袁晁起义。代宗被马重英逼着出奔时，曾召李光弼勤王。但因为弄丢了沈氏，李光弼和代宗的隔阂很深，担心入朝有去无回，硬是拖着没来。代宗对他意见很大，在马重英退走后，调李光弼任洛阳留守。李光弼一再推辞。代宗马上还以颜色，将他的老母、弟弟接到长安，扣作人质。代宗毕竟是皇帝，他这拨操作下来，李光弼就镇不住场子了，手下的将领不听他的了。现在，愧恨成疾的李光弼去世了，年仅57岁。

李光弼是仕唐契丹人中成就最大的一位，他足智多谋、治军严整，善于出奇制胜、以少胜多，被誉为"自艰难已来，唯光弼行军治戎，沉毅有筹略，将帅中第一"，为平定安史之乱作出了巨大贡献。

代宗为李光弼辍朝三日，追赠太保，谥号"武穆"。古代武将得到"武穆"谥号的仅有五人，其中就有著名的岳飞，而李光弼是第一人。后世因此尊称他为"李武穆"。

李光弼这一死，代宗的心就踏实了，马上让王缙接掌了李光弼的职务和人马。

现在，他放心不下的只有仆固怀恩了。

开弓没有回头箭，仆固怀恩当然不会来。他的能量还是很大的，收拢散亡，并成功争取到了吐蕃和回纥的支持，集结十万联军，准备攻打长安。

代宗收到情报后，马上让郭子仪前出邠州（今陕西咸阳彬县）御敌。十月，两军遭遇于乾陵之南。联军的主力是吐蕃人，但吐蕃人出工不出力，一看唐军主帅是郭子仪，知道这块骨头不好啃，就撤退了。

这时，仆固怀恩也收到了来自灵州的急报：河西节度使杨志烈派军猛攻灵州。后院起火，他无心恋战，也撤退了。

04. 怀恩暴死

驱逐仆固叛军，力保长安不失，郭子仪再立大功。

的确，在现有体制内，他的功勋已到巅峰，赏无可赏，封无可封。代宗实在没辙了,居然提出加封郭子仪为尚书令。这是一个实属无奈却诚意满满的想法,大唐的尚书令可比太子珍贵多了。

郭子仪很感动,但感动归感动,规矩他还是明白的,要不然他就不是郭子仪了。他先后三次上表拒领尚书令,言辞十分恳切:"自太宗为此官,累圣不复置,近皇太子亦尝为之,非微臣所宜当。"

代宗也很感动,郭子仪、李光弼、仆固怀恩同为塞上长城,但另两人的境界照郭子仪可差远了!他答应了郭子仪的请求,并指示有司一定要将这件事写入国史,流传后世。

代宗觉得仆固怀恩掀不起什么风浪了,国家从此可以安宁了,于转年正月改元"永泰",期许大唐从此永远国泰民安。

吐蕃人一看唐廷又稳住了,偷不成塔了,得了,老伎俩,会盟!代宗当然没理由拒绝,也无力拒绝。三月,唐蕃双方会盟于长安兴唐寺。

"兴唐寺会盟"是唐蕃八次会盟中的第四次。代宗为求外部环境稳定,做出巨大让步,不仅承认吐蕃控制包括南诏在内的西南地区的事实,还赠给赤松德赞五千匹绸绢。

但郭子仪提醒他:"吐蕃利我不虞,若不虞而来,国不可守矣。"于是,代宗调郭子仪的河中兵团移镇奉天(今陕西咸阳乾县),作为抗御吐蕃入侵的壁垒。

通过这一连串事情,郭子仪充分证明了自己的忠诚和能力。代宗将爱女升平公主许配给了郭子仪第六子郭暧①。这段姻缘还引出了一段戏剧性的典故。

每个女生都幻想过自己是公主,但郭暧娶的这位却是真的。公主普遍都有公主病,况且升平当时也就十来岁,相当于现在的初中女

---

① 暧,音爱,注意不同于"暖"字。

生,心智尚不健全,性格颇为强势。所以,她嫁到郭家以后,郭暧就多出来一个祖宗。

代宗六年(767年)二月的一天,小两口儿闹别扭,公主的脾气又上来了,小词儿尽往丈夫脸上说。郭暧实在受不了了,嘴上一秃噜,把心里话说出来了:"汝倚乃父为天子邪?我父薄天子不为!"你倚仗你爹是天子吗?我爹还不稀罕当天子呢!

这句话将公主怼得很难受,马上进宫向父皇告状,说郭暧那小子居然这么这么说。代宗虽然心里略微不爽,但也只是微微一笑:"此非汝所知。彼诚如是,使彼欲为天子,天下岂汝家所有邪?"这就是你浅薄了,他说的没错,假使他爹想当皇帝,这天下就不是咱李家的了!然后,代宗连哄带诈唬地打发女儿回家了。

不一会儿,郭子仪就匆匆赶来请罪了,而且来之前已经把郭暧关了起来。他是大风大浪里过来的人,知道这里面的轻重,代宗如果大怒,不仅郭暧小命不保,只怕郭家都得被族灭!

不承想,见面后反倒是代宗给他做起了思想工作,并说了一句流传至今的名言:"鄙谚有之:'不痴不聋,不作家翁。'儿女闺房之言,何足听也!"不痴不聋,不做家翁。儿女闺房里的话,哪里值得听呢!

见代宗没有怪罪之意,郭子仪悬着的心才放回到肚子里,回到府中将郭暧胖揍了一顿。

此事实有其事,后世文艺工作者觉得这是个好素材,将其改编成了戏剧《打金枝》。

郭子仪把吐蕃人摸得透透的。果不其然,吐蕃人很快又和仆固怀恩搅和到了一起。仆固怀恩还真是有两把刷子,回军后打败河西军,又成功协调了回纥、吐蕃、吐谷浑、党项诸番的立场,集结联军数十万,准备分头进军关中。郭子仪受命主持拒敌事宜,分派各镇节度使扼守要冲。

敌军人多势众、来势汹汹，唐廷方面十分紧张，总觉得一场惨烈的大战无可避免。

哎，没想到事情突然就有了转机。仆固怀恩在进军途中得了恶疾，无奈撤退。九月初八，他在鸣沙城（今宁夏中宁县东鸣沙州）暴毙而亡。死是真死了，但是不是病死的就不好说了，有可能是被朝廷的细作或者军中亲附朝廷的人给毒死了。

消息传至长安，代宗内心欣喜如狂，面上还假装悲痛地说："怀恩不反，为左右所误耳！"并下令将仆固怀恩的幼女收为养女。

仆固怀恩的确可惜，他是平定安史之乱的大功臣，如果坚定追随朝廷、追随代宗，将受百代万世之景仰，成为千古名将。可惜他一念差步步错，终落得个身败名裂。

仆固怀恩的死也绝对值得唐廷上下额手称庆。他如果不死，搞出的乱子肯定比安禄山、史思明还要大。吐蕃和回纥都是强敌，有他当带路党，绝对能搅动大唐。外敌一旦入寇，很难说安史四镇不会趁乱搞事情。届时内忧外患，纵然李世民复生也枉然！

05. 劝和回纥

仆固怀恩一死，他的军队群虫无首，自然退却。但吐蕃和回纥的军队仍在前进。尤其吐蕃人，前不久刚来过，这次熟门熟路，绕过郭子仪驻守的奉天，很快便兵临彬县，威逼长安。

天不亡唐，千钧一发之际，镇守彬县的朔方军小将浑瑊①立下了大功。

这位浑瑊正是浑释之的儿子。虎父无犬子，浑瑊少时投军，勇冠三军。安史之乱期间，他大小数十战，成长为朔方军的新星。父亲被仆固怀恩杀害后，他跟了郭子仪，现任朔方行营左厢兵马使。

吐蕃军刚到彬县，还未列阵完毕，浑瑊忽然带着二百骑直冲吐蕃中军。吐蕃人从没遇到过这么勇猛的唐将和这么生猛的打法，惊慌撤退。此战，浑瑊生擒敌将一员，随行二百人无一伤亡，大大提振了守军士气。他和吐蕃军交战二百多次，斩首五千余级，将彬县守得固若金汤。

浑瑊的出色防守为朝廷赢得了宝贵的时间。李忠臣、马璘、李抱玉、周智光等节度使纷纷率军抵达，长安无忧了。

大家都在用力，可带头大哥代宗却掉了链子。

这日早朝，百官都到好久了，阁门却紧闭不开，搞得大家一头雾水。过了好久，阁门忽然洞开，鱼朝恩带着十几名手持利刃的神策军出来了，一张嘴就把大家雷得外焦里嫩："吐蕃数次兵临长安，皇帝想移驾河中，你们觉得怎么样啊？"

原来，面对来势汹汹的吐蕃人，在鱼朝恩的煽呼下，代宗反了，准备脚底抹油溜了。看来逃离首都这事儿会上瘾，代宗已经逃过一次了，还想再来！

百官都蒙了，这两次有可比性吗？上次马重英打了我们一个措手不及，只能出奔避难；但这次我们早有准备，各路节度使云集，犯得着跑吗？

有个给事中当场撅了鱼朝恩："我看是你想造反了吧？现在勤王

---

① 瑊，音兼。

之师这么多，不努力抵御敌寇，却想挟持天子出逃，这不是造反是什么？"鱼朝恩都被怼蒙了，赶紧退回去见代宗。代宗一看群臣都反对，也不好意思跑了。

接下来的几天，关中连降大雨，道路泥泞不堪。吐蕃骑兵无法前进，又担心勤王的节度使到得越来越多，干脆"大掠男女数万而去，所过焚庐舍，蹂禾稼殆尽"。

代宗才不关心老百姓的房子和庄稼呢，满意地松了一口气。朝野上下也都松了一口气，以为这场危机总算过去了。

万万没想到，吐蕃人居然杀了个回马枪。这倒不是他们套路深，而是因为他们在退却的路上遇到了赶来的回纥军，胆子又壮了。两家合兵一处，围困泾阳（今陕西咸阳泾阳县）。

好在这时郭子仪已经赶回来了，他知道吐蕃和回纥战力强大且兵力众多，与之正面对抗是不明智的，就命令三军坚守不出。

吐蕃和回纥一照面，这才知道把他们捏在一起的仆固怀恩已经死了。两国本就为争夺安西、北庭地区明争暗斗不休，现在没了话事人，双方主帅就开始争抢总指挥的位置了。问题是他们谁都不服谁，干脆分营而居。

郭子仪一看这阵势，就知道这两家面和心不和，马上想到了退敌的办法。吐蕃是世仇，不可原谅，也无法说服，工作还得冲着回纥去做。回纥军的统帅是牟羽可汗的弟弟药罗葛。郭子仪派人游说药罗葛，希望回纥能重新站到大唐这边儿，夹击吐蕃人。

药罗葛不相信唐军主帅是郭子仪，追问使者："郭令公在这里？你骗我呢吧？如果他真在这里，能跟我见一面吗？"古人称呼中书令为"令公"。郭子仪当时还兼着中书令呢，所以时人一般尊称他为"郭令公"。

使者回报。郭子仪想了想，决定亲自去见药罗葛。部将纷纷反对，他儿子郭晞甚至扯住了郭子仪坐骑的缰绳，说啥都不让他去。郭子仪怒了："今日如果战，咱们父子都得死，国家也会面临危险。我如果去见药罗葛，或许他还能听我的话，这场危机就能化解了！"言罢，用马鞭狠抽郭晞的手。郭晞吃痛撒手，郭子仪纵马而去。

到了回纥大营前，郭子仪派随从去通报："令公来！"

药罗葛还是不信，郭子仪怎敢只带几个人来我的大营前，一定是骗子，命令全军弓矢准备。郭子仪干脆脱掉甲胄、摘下佩剑，径直向回纥大营走去。他越走越近，回纥人越看越心惊。回纥军中有不少人当年跟着郭子仪打过仗，知道郭子仪长啥样，一看来人确实是郭令公，纷纷下马罗拜。

在蛮夷当中都有这么高的人气，我由衷地向郭令公竖大拇指。

若非诚意满满，谁敢孤身犯险？郭子仪对药罗葛说："大唐对回纥不薄，你们背弃盟约未免也太愚蠢了。我今儿一个人来了，要杀要剐悉听尊便。但如果杀了我，我的将士们肯定要和你们殊死战斗！"

这话不仅大道理立得很正，而且不卑不亢、掷地有声。药罗葛已经被唬住了，哎呀，我们是被仆固怀恩给骗了，误会，误会！回纥怎么会和令公您打仗呢?！

很好！郭子仪立即提出两家联盟联手攻击吐蕃人。回纥和吐蕃原本就是塑料联盟，药罗葛表示同意。随后，二人执酒为誓。从这一刻起，已经破裂的唐纥联盟又恢复了！

两家夹击吐蕃军的计划都定好了，可惜吐蕃人不知从哪里获得了情报，连夜退走了。郭子仪与药罗葛联袂追击，在平凉"杀吐蕃万计，得所掠士女四千人"。

回纥、吐蕃两大强番一退，余下党项、吐谷浑等小虾米"嗖"就退了。仆固怀恩的残部见大势已去，也纷纷投降。

仆固怀恩之乱宣告结束。

06. 藩镇铁幕

仆固怀恩之乱留下了非常可怕的后遗症。如果说安史之乱是藩镇林立的根源，那仆固怀恩之乱则直接促成了藩镇割据局面的形成。

我们从头捋一捋：玄宗设立天宝十节度，从此唐朝有了藩镇，但数量有限，又都在边疆地区，朝廷对方镇的控制很有力。安史之乱标志着藩镇开始反噬。为了平叛，玄宗和肃宗在内地大量设置藩镇，于是就有了藩镇林立。并且，一些藩镇，比如平卢、河东、镇西，已经出现本镇自行拥立节度使的情况。这说明朝廷对藩镇的控制力已大不如前。到仆固怀恩之乱结束时，藩镇不仅数量众多、遍布内地，而且权力得到了固化，事实上形成了藩镇割据。

这种割据主要表现在两个方面：

一方面，安史四镇事实上已经独立，成了"国中之国"。

卢龙李怀仙、成德李宝臣、魏博田承嗣、昭义薛嵩作为安史余孽，有很强烈的生存危机意识。趁着吐蕃入寇，仆固怀恩反叛，朝廷无暇分神，这哥儿四个招降纳叛、修缮城池、训练军队，都积聚了很强的实力，坐稳了节度使的宝座。

四镇自行任命文武将吏，还不向朝廷缴纳贡赋，名义上拥戴朝廷、拥戴皇帝，其实就是一方的土皇帝。很多人只知道四镇割据，但并不知道四镇和朝廷是互锁边境的，除了公事，民间并不往来，私自越境是犯罪行为。比如，河北的诗人马戴、贾岛想去关中，只能绕道渤海从山东登陆。马戴的《寄贾岛》诗云："海上不同来，关中俱久住。"这哪里是藩镇，分明就是独立王国呀！

朝廷当然想除掉四镇，但如果要除掉他们，就得大打、长打。一来这四镇可不尿，真打起来胜负犹未可知。二来与四镇交锋无异于再来一次安史之乱，而朝廷已经打不起了，只能默认四镇割据。

事实上，这几个安史余孽的生命力出奇地顽强，除了昭义，其余三镇一直独立到晚唐五代。

有人说了，这四镇削不动就算了，那其余的藩镇能不能撤了呀？哎，这个问题问得好！答案是不能！

这就要说到藩镇割据的另一个表现了：因为安史四镇和吐蕃、回纥、南诏等外番的威胁，别的地区的藩镇非但不能撤，在某些情况下还得作进一步的加强。

因为要防御、遏制、围堵安史四镇，所以河东、河北、河南三道的其余藩镇，比如河东、河中、泽潞、河阳等，就不能撤。

北方的回纥、西方的吐蕃、西南的南诏是长期存在的威胁，为了防范他们，凤翔、邠宁、朔方、山南西道、剑南、岭南等西北、西南、华南藩镇也不能撤。

帝国财赋全靠江南，但被中间地带的藩镇阻隔着，只能再设几个听话的藩镇，比如浙东、浙西、淮南、荆南，为朝廷提供贡赋。

至于关中，帝国中枢所在，这里的藩镇更不能撤。

这么多藩镇里头，总会时不时冒出那么几个野心家，想搞割据、搞世袭、搞独立。比如，代宗一朝除了安史四镇，还有山南东道梁崇义和淄青李正己两个野心家。

山南东道原本是来瑱当家，来瑱死后，其部将梁崇义控制了兵权。梁崇义对朝廷害死来瑱极为不满。代宗怕激反他，只得授任他为节度使，并为来瑱平反、恢复待遇。

代宗元年（762年），平卢节度使侯希逸被朝廷授任为平卢、淄、青等六州节度使。虽然仍旧挂着平卢的名号，但这个藩镇实际的势力范围主要在河南道的淄青地区，下辖青（今山东潍坊青州市）、淄

（今山东淄博淄川区）、齐（今山东济南）、沂（今山东临沂）、密（今山东潍坊诸城市）、海（今江苏连云港西南）六州。为了大家看着方便，今后我们一律将平卢军称为淄青军。侯希逸"好游畋，营塔寺"，犯了众怒，被他表弟李怀玉兵变驱逐了。代宗鞭长莫及，只能姑息，赐李怀玉名"正己"，授为节度使。

梁崇义和李正己转头与安史四镇结盟，相互通婚，并约定：一镇有难，五方支援，子子孙孙永享富贵，世代做一方霸主。

以上六镇在当时就是自治领，不仅"官爵、甲兵、租赋、刑杀皆自专之"，而且用的也是自己的法律。史书上说："虽在中国名蕃臣，而实如蛮貊①异域焉。"绝非虚言！

安禄山打开了潘多拉魔盒，各种藩镇嘀里嘟噜地冒了出来。朝廷本来有机会把这些藩镇重新封印到魔盒里，但仆固怀恩把盒子给盖上了。于是，唐王朝就陷入了漫长的内卷当中，不再有外部的增量，只能不断消耗内部的存量。此后的皇帝，有瞎削的，有不削的，少数几个削得比较明白的，其实也就是除掉了几个作乱的野心家而已，并未根除藩镇制度。藩镇割据问题成为中晚唐最严重的顽疾，一直延续到唐朝灭亡。后来的五代十国其实也是唐代藩镇割据的延续。

有人又问了，既然藩镇割据都这么严重了，那唐朝应该很快就完蛋了啊，怎么又撑了一百多年呢？

我认为，原因有三：

第一，唐廷百足之虫，虽僵未死，不仅控制的地盘大、人口多、兵员多、财赋多，还有法理上的最高治权。各地藩镇，哪怕是安史四镇，要想上得去、坐得稳，必须得经朝廷正式任命、授予节钺②才行。

---

① 貊，音陌。
② 节钺即符节与斧钺，是法定权力的象征。

因为将士、百姓认这个，没有朝廷的背书，你这个节度使当不稳。所以，除非万不得已或者极度膨胀，节度使通常不会向朝廷叫板。

第二，朝廷采取了以藩制藩的策略。一来至少在黄巢起义以前，绝大多数藩镇还是听命于朝廷的，不听话的是极个别。二来藩镇之间也有利益冲突，有时还很尖锐。所以，朝廷就以藩镇治藩镇，哪个藩镇要闹事儿了，就调集它周围的几个藩镇围剿。正因为朝廷和藩镇、藩镇和藩镇之间存在着利用和制衡的关系，所以李家王朝又挺了一百多年。宋人尹源概括得很到位："夫弱唐者，诸侯也；唐既弱矣，而久不亡者，诸侯维之也。"

第三，大部分时间，朝廷对藩镇的要求其实并不高。彻底取消藩镇制度已经不可能了，所以朝廷就给藩镇划下了红线，只要不扩张、不世袭、不反叛，按时缴纳贡赋，你们内部爱咋玩儿就咋玩儿。对安史四镇的要求就更低了，就两条，一是不扩张，二是不反叛。纵观后来所有的削藩战争，起因无外乎是有个别藩镇踩到了这条红线。

第四章 内外交困

01. 鱼朝恩之死

仆固怀恩之乱后，代宗把鱼朝恩干掉了。

内外无事，鱼朝恩居然学起了文化，请了一帮子腐儒和轻薄文士当门客。他不过学了几天经籍，写了几篇文章，"粗能把笔释义"，就得意扬扬地对朝臣们炫耀他是文武全才，是大唐开国以来少有的人物。这可能就是所谓的权力使人膨胀吧！

代宗五年（766年）八月，这个臭不要脸的居然给朝士们搞讲座，主题是他研究《周易》的心得。其实哪儿有什么心得，鱼朝恩就讲了"鼎覆餗①"一个典故。"餗"指鼎中的佳肴。"覆餗"的字面意思是倾覆鼎中的佳肴，被用来比喻能力不足而耽误大事。鱼朝恩讲这个故事，明显是在嘲笑朝臣们酒囊饭袋、能力不足。那作为朝臣之首的宰相们听了肯定不高兴啊。王缙等宰相均面露怒色。唯独另一宰相元载浑然不觉、怡然自得，好像跟他完全没关系。事后，鱼朝恩对亲信说了这么一句话："怒者常情，笑者不可测也。"

次年正月，代宗除掉了鱼朝恩曾经的心腹——同华节度使周智光。为什么说曾经呢？因为周智光已然膨胀到了谁都不认的地步。

吐蕃、回纥入寇期间，周智光取得小胜，一路追击吐蕃军到鄜州

---

① 餗，音速。

（今陕西延安富县）。他和鄜坊节度使杜冕不和，竟借机将杜冕家属八十一口活埋，并纵火烧毁民舍三千多家。这已经不是一般的刑事犯罪了，这是战争犯罪，搁今天是要上国际军事法庭的。嚣张的周智光却根本没当回事，还入京报了捷。

周智光回到同华后，代宗才知道他擅杀的事情，召他觐见。周智光找各种理由就是不来。打这以后，他就越来越过分了，屡屡杀害朝廷命官，纵容部众烧杀掳掠，还经常截留各地藩镇向朝廷贡献的方物和漕运粮。

代宗是怎么处置的呢？他给周智光加官检校左仆射。是周智光太强大，代宗不敢惹吗？非也！同华是一个关中的小藩镇，只有同州和华州两个州，相当于今渭南地区，但小归小，架不住它离长安近啊，朝发夕至。代宗只能隐忍，周智光，朕都这么对你了，你该满意了吧？

哎，现实啪啪打脸。周智光受诏非但不感恩，还谩骂道："我周智光有大功于国家，可皇帝不给我宰相，只给了一个不入流的仆射，这是何道理？另外，同华这么小的地界哪够施展我的才华啊，应该把陕州、虢州、商州、鄜州、坊州五个州都给我。"这里需要解释一下，仆射在唐初是宰相，但从中宗时就不是宰相了，只有加了"同平章事"的才是宰相。紧接着，周智光又把现任宰相们骂了一圈，并作死地威胁说："此去长安百八十里，智光夜眠不敢舒足，恐踏破长安城，至于挟天子令诸侯，惟周智光能之。"

我们知道，给代宗撂狠话的人绝没有好下场。是年正月，代宗密令郭子仪讨伐周智光。等周智光知道的时候，朔方军已经到了渭水。周智光的乌合之众顿时作鸟兽散，他本人也为部将所杀。

代宗将长安通化门外的一栋宅邸赏给鱼朝恩。区区一座宅邸对鱼朝恩来说是毛毛雨啦，他倒是挺会来事儿，又将宅邸进献给代宗，同时请求将其改建为章敬寺，以为代宗的生母章敬太后吴氏求福。这个马屁拍得很到位，代宗马上诏准，并将这个任务交给了鱼朝恩。鱼朝恩拿了鸡毛当令箭，立即大兴土木，木材不够用，他就奏请拆用曲江亭馆、华清宫观楼、百司行廨以及哥舒翰等人的住宅。最终落成的章敬寺"穷壮极丽"，"费逾万亿"。

鱼朝恩甚至都敢捏咕郭子仪。

代宗六年（767年），郭子仪的祖坟忽然被人刨了。有司调查毫无结果。但朝野都明白，有动机、有胆量这么干的只有鱼朝恩。当然啦，谁也不敢指证人家。

事后不久，郭子仪由蒲州入朝。代宗吓坏了，老郭不会是气疯了，带兵来逼宫的吧？当然，这次他还是以小人之心度君子之腹了。郭子仪见了他啥嗑都唠，就是不提祖坟被刨的事儿。最后还是代宗自个儿坐不住了，主动说起这事。他刚表完态，郭子仪就哭了："我带兵多年，没有很好地约束将士，将士们挖了不少人家的祖坟，今天我的祖坟也被挖了，这是天谴，与人事无关！"代宗惭愧万分，令公真乃纯臣也！

很多人可能纳闷，以郭子仪的威望和实力，何不向鱼朝恩复仇?！哎，当时的情况就是这样，鱼朝恩权势熏天，连郭子仪都得小心翼翼维护和他的关系。

代宗重用鱼朝恩，其实也不单单出于感恩，他主要是想借鱼朝恩制衡朝臣，借神策军制衡藩镇。如果鱼朝恩看得透，能把握好这里面的分寸，说不定也能成为高力士那样的贤宦。可惜他一介俗人没这个觉悟，因为说了一句错话，办了一件错事，把脑袋弄丢了。

鱼朝恩狂妄至极，俨然以皇帝之上的存在自居，国家大事必须他说了算。一次议事，宰相们有不同意见，鱼朝恩很不高兴，瞪大眼睛说了一句："天下事有不由我者邪?！"

代宗也真是够倒霉的，他这一朝的权宦个个狂拽酷炫，总说一些大逆不道的虎狼之词。李辅国经典名言："大家但居禁中，外事听老奴处分。"如今又有了鱼朝恩语录："天下事有不由我者邪?!"天下大事由你，那谁是皇帝?

紧接着，鱼朝恩又因为儿子鱼令徽办错了一件事儿。

这里需要特别指出，不同于宦官行里常见的收养模式，鱼朝恩的这个儿子极有可能是亲生的。鱼朝恩生于玄宗开元十年（722年），在天宝末净身入宫。也就是说，他净身入宫时已经三十上下，肯定娶妻生子了。鱼令徽当为鱼朝恩的亲生儿子。

唐宫中的绝大多数宦官都是少时入宫，比如前文的高力士、杨思勖、边令诚、李辅国、程元振等，鱼朝恩却是成年净身入宫，极其豁得出去，这说明他对权力和富贵有着近乎变态的狂热!

鱼令徽年仅十四五岁，已经是穿绿衣的五品官了。须知杜甫穷极一生的最高官职也不过是个六品工部员外郎，而且还是代理的。一天，小鱼和黄门侍郎争路。黄门侍郎是正四品，品阶在他之上，按理说小鱼应该让路。但他跋扈惯了，非要往前挤，挤的过程中不知谁碰了一下他胳膊。哎，小鱼可逮着了，跑到老鱼那里告状，说他班次在后，被同列者欺负。

鱼朝恩大为光火，第二天赶了个大早去见代宗，直接提要求："臣子官卑，为侪辈所陵，乞赐之紫衣。"陛下，我儿子因为职务低受欺负了，你给他弄个三品官当当吧，赐紫袍。这就很过分了，小鱼乳臭未干，何德何能当得起三品大员?代宗沉默不语。

没想到鱼朝恩却直接命人取来三品紫袍，让小鱼跪谢隆恩。那一瞬间，代宗简直要气炸了，但他的城府我们是见识过的。代宗强压怒火，笑眯眯地对鱼朝恩说："儿服紫，大宜称。"爱卿啊，你儿子都穿上紫袍了，满意了吧?

鱼家父子退下后，代宗打定了主意：这个阉奴不能留了。

谁来办这事儿呢？还是元载。

元载最初想捅咕郭子仪动手。代宗八年（769年）正月，郭子仪入朝。鱼朝恩破天荒地邀他同游章敬寺。元载趁机通过郭子仪的手下向郭子仪放假消息："朝恩谋不利于公。"郭子仪是不相信的，但朔方将士很紧张，要求随行扈从。郭子仪摆了摆手："我，国之大臣，彼无天子之命，安敢害我！若受命而来，汝曹欲何为！"对啊，他遵纪守法的，鱼朝恩有什么理由敢害他?！

鱼朝恩万万没想到郭子仪守约而来。郭子仪把整件事讲给他听，还说："恐烦公经营耳。"鱼朝恩感动坏了，一手抚着郭子仪的肩，一手捧起郭子仪的手，哭着说："非公长者，能无疑乎！"这就是郭子仪，人格魅力爆表！

此次会面，两人冰释前嫌。郭子仪不掺和朝廷纷争，不久即返回蒲州。

元载很快又想到了别的办法，收买了鱼朝恩的左膀右臂——皇甫温和周皓。而鱼朝恩对此一无所知。

代宗九年（770年），元载出手了，奏请代宗调皇甫温任凤翔节度使，并将兴平（今陕西咸阳兴平市）、武功、天兴（今陕西宝鸡凤翔区）、扶风四县改隶神策军。

鱼朝恩自然很开心，但另一亲信刘希暹提醒他，皇帝突然开恩典，开得还这么大，事出反常必有妖！鱼朝恩有些狐疑，为了求证，他隔三岔五就往宫中跑，想从代宗的言行中寻找一些蛛丝马迹。代宗不仅是个皇帝，而且是个影帝，对他始终很热情、很周到。鱼朝恩觉得自己多虑了，就放下了戒心。

嗯，要的就是你放心！

三月寒食节，代宗大宴群臣。宴会结束后，他点名让鱼朝恩留一下。鱼朝恩也没多想，就留了下来。等到众人都退下后，笑眯眯的代宗忽然变了脸，厉声斥责鱼朝恩图谋不轨。鱼朝恩还觉得皇帝喝多了，极力分辩，并且有过激言辞。代宗大怒，命人将他拿下。

鱼朝恩都笑抽抽了，左右都是我神策军的人，谁敢动我？没想到他平时倚为心腹的周皓却站了出来，指挥武士将他拿下。那一瞬间，鱼朝恩的眼睛瞪得跟鱼的眼睛一样圆。不过，他很快就不吃惊了，因为死人是不会吃惊的。

代宗对外宣称鱼朝恩"受诏乃自缢"，念其有功于社稷，赐丧葬费六百万钱。神策军中的二号人物皇甫温和三号人物周皓已经受到代宗的拉拢，其余将佐即便心怀不满，也不敢轻举妄动。代宗趁机收回了神策军的军权。

02. 控御吐蕃

地方除了仆固怀恩，中央除了鱼朝恩，唐朝内事初定，但外部形势仍旧很严峻。

虽说与回纥重新媾和了，但两国关系也不总是那么风平浪静。

代宗七年（768年），牟羽的可敦——也就是仆固怀恩的女儿病死了，他的侧室——荣王李琬的女儿小宁国公主（回纥人的称呼）晋升可敦。唐廷遣使吊唁前可敦仆固氏。牟羽趁机大发牢骚："本汗对你们有大恩，可你们买了我的马，却不按时付款，没有诚信意识。"

唐使也是个二愣子，生生给他怼了回去："回纥的功劳，我们大唐已经回报了！但你们帮助仆固怀恩，和吐蕃联兵入寇，吐蕃人撤走后，你们怕了才请和的。是你们背弃了盟约，怎么好意思说我们失信呢？"句句在理。牟羽被怼得老脸都红了，"厚礼而归之"。

不久后，他又提出迎娶代宗收养的仆固怀恩幼女为妻。看来仆固家族的女人应该长得不赖，要不然牟羽何至于如此痴迷？代宗无所谓啊，封仆固怀恩之女为崇徽公主，出嫁牟羽。

但牟羽就是一条喂不熟的狼，利用各种机会占唐朝的便宜。

比如，他频繁向唐朝派出使团，而且规模很大，动不动就好几百人。为什么呢？因为唐廷例行要向使团馈赠财物礼品，多来一个人就能多拿一份儿。

如果仅仅被占点便宜，唐廷方面倒也可以忍受，量大唐之物力，结与国之欢心嘛！可回纥使团藐视大唐律法，什么坏事都干。唐廷要求他们必须居住在国宾馆——鸿胪寺，且未经允许不得外出。可回纥人偏要外出，上了街看到漂亮姑娘就骚扰，见到好东西就往兜里揣，甚至在光天化日之下打死长安市民。有司出面拦阻劝说，回纥使节居然暴打执法人员，还集结三百骑冲击皇宫城门。

又比如，唐廷为了防备吐蕃，需要装备军马，而回纥是北疆最大的军马供应商。每次互市交易，回纥人都赶着几万匹马来卖，不仅要价奇高，质量还不行。唐廷是需要马，但也用不了这么多啊，况且质量又不好。可是，不买不行，怕惹怒了回纥人；买吧，一次性又拿不出这么多钱，只能欠着。所以，牟羽斥责唐廷时才会拿这个说事儿。其实，回纥人并不怕唐廷欠账，正好借着收账的由头派使团来。

回纥人都这么过分了，代宗仍旧是姑息再姑息、隐忍再隐忍。从古至今，很多人都指责他对回纥不硬气，没底线。其实，代宗有不得已之苦衷，他的隐忍都是为了稳住回纥，专力对付吐蕃。

代宗五年（766年），唐廷主动提出会盟。吐蕃方面同意了。转年四月，双方举行了第二次兴唐寺会盟，这也是唐蕃第五次会盟。这次会盟的内容我就不提了，因为吐蕃人很快背弃了盟约。

自仆固怀恩谋反后，吐蕃入寇已成常态，每年秋天都来。为啥专挑秋天来？因为秋天是收获的季节，他们专门来抢粮食，抢不走就一把火烧掉，让你没得吃。唐廷只能在两国边境屯驻重兵守备。

吐蕃入寇有两个方向：一个是由河西陇右进取关中，可以直接威胁唐廷的中枢长安，这是最主要的方向；另一个是袭扰剑南。

河陇方向，代宗倚仗三大帅四大将，基本稳住了局面。

三大帅分别是郭子仪、马璘和李抱玉。郭子仪的朔方军屯驻在甘肃庆阳、陕西咸阳地区。泾原节度使①马璘镇守甘肃东部定西、陇南、平凉以及宁夏地区。凤翔节度使李抱玉镇守宝鸡地区。

在抗击吐蕃人的过程中，涌现出一批后起之秀，后来成就比较大的是四大将：朔方军的浑瑊和李怀光，泾原军的李晟，还有凤翔军的马燧。浑瑊前面说过了，这里重点介绍其余三人。

李怀光是靺鞨族将领，以作战勇敢、治军严整闻名于军中，颇受郭子仪看重。

李晟早年追随王忠嗣，曾一箭射杀吐蕃猛将，名扬军中。代宗八年（769年），吐蕃进围灵州。李晟率一千精兵出大震关（在今陕西陇县西），屠灭吐蕃定秦堡（今甘肃临潭），迫使吐蕃解除灵州之围。代宗大悦，提升他为泾原四镇北庭都知兵马使。代宗十二年（773年），马璘被吐蕃军围困于盐仓（今甘肃泾川西北）。李晟率部横击，在乱军之中救出马璘，因功获封合川郡王。

马璘和马燧这两个名字一定要区分开，不知道的人还以为他们是亲戚，其实两人毫无瓜葛。马燧出自范阳军，但他在安史之乱时曾劝

---

① 泾原节度使下辖泾（今甘肃平凉泾川县）、原（今宁夏固原原州区）、渭（今甘肃定西陇西县）、武（今甘肃陇南武都区）四个州，治所泾州。

说安禄山任命的范阳留守倒戈，事泄后逃归朝廷，辗转至泽潞军中任职，深得时任节度使李抱玉的赏识。李抱玉转任凤翔节度使后，提拔马燧为陇州刺史。

靠着三老帅四大将，西北防线基本无虞。让代宗着急的是剑南方向。

肃宗二年（757年），唐廷决定将剑南拆分为西川①和东川②两镇。加上山南西道，这三镇当时被合称为"三川"。其中，西川紧邻吐蕃、南诏，是抗御两大强番的重要堡垒。

代宗四年（765年），西川节度使严武去世，其部下分成了对立的两派：一派以郭知运之子郭英乂为首，拟推举他哥郭英干为节度使；另一派以利州刺史崔旰③为首，拟推举大将王崇俊为节度使。结果呢，代宗既没选郭英干，也没选王崇俊，而是任用了郭英乂。

郭英乂刚上台就杀了王崇俊，并征召崔旰回成都。看得出来，这个公子哥是个狠人。但这次他惹错人了，地头蛇崔旰不仅是个狠人，还是个能人。他借口抵御吐蕃，拒不受召。郭英乂兴兵讨伐，却被击败。崔旰发动反攻，攻下成都，郭英乂败死。

忠于郭英乂的泸州刺史杨子琳和邛州（今四川成都邛崃市）刺史柏贞节联合讨伐崔旰。西川大乱。

代宗赶忙任用宰相杜鸿渐为西川节度使。杜鸿渐到西川后，从身体到心灵迅速被崔旰征服。他一顿和稀泥，平衡了崔旰、杨子琳、柏贞节三方的利益，稳定了西川。不久，杜鸿渐回朝，推荐崔旰继任了

---

① 西川节度使治所成都府，管辖今成都平原及其以西以北和雅砻江以东的地区。
② 东川节度使治所梓州（今四川绵阳三台县），管辖今四川盆地中部涪江流域以西，沱江下游流域以东，及剑阁县、青川县。
③ 旰，音干。

节度使。

崔旰也是个机灵鬼，为了消除朝廷对他的猜疑，于代宗七年（768年）主动到京城朝拜。代宗对他的低姿态很满意，专门赐给他一个新名字：崔宁。爱卿啊，你不要干了，要消停，要安宁。

代宗本想顺势把崔宁留在朝中，并且崔宁本人也做好了这种思想准备。没想到杨子琳趁着崔宁入朝的机会，袭占了成都，想割据西川。代宗找不到更合适的平叛人选，只好放崔宁回去。崔宁三下五除二摆平杨子琳，坐稳了节度使宝座。

崔宁在军事上的确是个人才，他坐镇西川期间，累计击破吐蕃几十万人次的进攻，有效确保了大唐西南边陲的安全。

吐蕃这拨入侵始于安史之乱，前后持续二十余年，其频度、跨度和力度远超高宗、则天朝，予唐王朝以沉重打击。代宗靠着一帮能干的将帅才遏制住了吐蕃人。这是他继平定安史之乱和仆固怀恩之乱后的另一大政绩。

03. 田李之乱

后安史时代，代宗面临的最大难题是吐蕃。受制于吐蕃强大的军事压力，代宗拿不出更多的人力、物力、财力去削藩，对各地藩镇只能一再姑息。他在位十八年间，各地藩镇其实乱得很，但代宗真正拉下脸来管的只有三次：第一次是铲除同华周智光。第二次是对付魏博田承嗣。第三次是讨伐汴宋李灵曜。

河朔藩镇的当家人里，田承嗣年纪最大，已经是八十多岁的老头了。他在境内征收重税，整修武备，大力扩军，还为安禄山父子、史思明父子修建了祠堂，尊称为"四圣"，四时祭拜。

代宗派人劝他毁了四贼的挂像，田承嗣勉强同意了。但为了安抚田承嗣，代宗不仅加封他为宰相，还把女儿永乐公主许配给了他儿子田华。可田承嗣却越发目空一切、不可一世。

代宗十二年（773年）正月，昭义节度使薛嵩病逝，其弟薛崿继任留后。田承嗣垂涎昭义已久，收买了昭义军三号人物——兵马使裴志清。代宗十四年（775年）正月，裴志清兵变驱逐薛崿，归附了田承嗣。

魏博鲸吞昭义，不仅朝廷不答应，六镇联盟中的其余四镇也不答应。淄青李正己和成德李宝臣最积极，表请讨伐田承嗣。

一看六镇闹不和了，代宗觉得削藩有戏，腰杆儿总算硬了一回，下诏贬田承嗣为永州刺史，调动河东、成德、卢龙、淄青、淮西、永平、汴宋、河阳、泽潞九个节度使的兵力讨伐魏博。

九节度大兵压境，田承嗣立即遣使奉表，请求束身归朝。代宗大喜，朝廷天兵一到，老贼果然胆寒！

其实，他是想多了。田承嗣并没有怂，请求入朝不过是权宜之计，目的是迟滞官军的步伐，为实施离间计赢得时间。

九路大军分作南北两个方向，南线核心是淄青李正己和淮西李忠臣，北线核心是成德李宝臣和卢龙朱滔。

有人问了，卢龙不是李怀仙当家吗，这个朱滔从哪儿冒出来的？这个问题问得好啊。其实，朱滔已经是第四任卢龙节度使了。代宗七年（768年）六月，卢龙兵变，兵马使朱希彩、经略副使朱泚[①]、朱泚之弟朱滔联手杀了李怀仙，推举朱希彩接任。四年后，朱希彩被杀，

[①] 泚，音此。

朱泚上台。又过了两年，朱滔趁哥哥入朝的机会取而代之。

代宗对这三次兵变都没管，卢龙军推谁，他就给谁节钺。其实，不仅代宗，后来的唐朝皇帝对卢龙都是能姑息就姑息。

这是为什么呢？一来卢龙并不好打，它只有三个邻居，由北至南依次是河东军、成德军、横海军①，好防守。二来卢龙是一个边镇，承担着控御两番的责任，把它打掉了，这活儿就落在朝廷身上了。所以，朝廷对卢龙最姑息；相应地，河朔三镇也以卢龙对朝廷最为恭顺。

淮西李忠臣和卢龙朱滔坚定追随朝廷，田承嗣无从下手，但他知道淄青李正己和成德李宝臣的软肋。

李正己好名。田承嗣将李正己的画像挂在堂中，每日焚香祭拜。他还把魏博户口、甲兵、谷帛的统计册交给淄青使者，让其带话给李正己：“老田我今年八十有六，黄土都埋到脖颈了。我的儿子没一个成器的，我那大侄子田悦也很孱弱。我今天拥有的这些，其实都是给李公你代管的，不值得你派兵来拿啊！”李正己被老前辈捧得从头到脚每一个毛孔都很舒服，就按兵不动了。

李宝臣好利。他的故乡是卢龙，田承嗣知道他惦记卢龙很久了，就让人在一块石头上刻了十四个字，埋入成德地界。刻了哪十四个字呢？"二帝同功势万全，将田为侣入幽燕。"将来会有两个皇帝，其中一个姓田，他们会一同攻入幽燕大地。

随后，老田安排一个术士去忽悠李宝臣，说哪儿哪儿有王气，赶紧去挖挖看。李宝臣跑过去一挖，果然挖到了石头，一看上面的字

---

① 横海是河北道一个比较新的藩镇，始设于德宗年间，下辖沧（今河北沧州）、景（今河北衡水景县）、德（今山东德州）、棣（今山东滨州惠民县）四州，大致相当于今河北、山东两省交界的沧州、衡水、德州、滨州四市地。

儿，乐得后槽牙都露出来了。

紧接着，田承嗣的说客就到了，说老田想把沧州送给他，还想和他一起拿下卢龙。这么短的时间，明显是个套路，可利令智昏的李宝臣立即答应了。

随后，李宝臣突然掉转刀口攻击朱滔。朱滔毫无防备，吃了大亏，侥幸得以逃脱。李宝臣随即招呼田承嗣一起攻打范阳。田承嗣也不装了，明着告诉他："我这边还有事儿，就不陪你玩儿了！石头上的谶文是我让人弄的，和你开个玩笑！"李宝臣悔不及矣！

南北两路的核心转瞬瓦解，田承嗣见好就收，立即遣使认错，表请入朝。代宗无奈，只得赦免田承嗣，同意他入朝。但老田的嘴哄人的鬼，到底没入朝。

经过此次战争，昭义六州事实上被拆分，田承嗣占领了相、卫、洺、贝四州，磁州（今河北邯郸磁县）和邢州（今河北邢台）归了朝廷。代宗干脆将小昭义军和泽潞军合为一镇。此时的昭义军虽然还保有名号，但已经不是安史系藩镇了。从此，河朔四镇变成河朔三镇，六镇联盟也变成了五镇联盟，并且卢龙、成德二镇还闹崩了。德宗上台后，昭义军将治所搬到了潞州（今山西长治潞州区），变成了一个横跨河东、河北的藩镇。

代宗十五年（776年）五月，田承嗣的南邻汴宋节度使[①]田神玉（田神功的弟弟）去世。都虞侯李灵曜发动兵变，窃据了权柄。代宗仍然姑息，任命李灵曜为留后。

偏在这时，田承嗣出兵攻打永平军[②]治所滑州（今河南安阳滑

[①] 汴宋即后来的宣武军，治所汴州，管辖汴州、宋州、徐州、兖州、郓州、曹州、濮州、颍州八州，相当于今河南、山东、安徽、江苏四省交界地带。

[②] 永平军管辖今河南、山东、安徽三省交界地。

县）。好端端地，他为什么攻打永平军？因为李灵曜早已和他暗通款曲，想将汴宋并入魏博。

已经两回了，饶是代宗好脾气，也不能忍了。九月，他调集淮西李忠臣、永平李勉、河阳马燧、淮南陈少游、淄青李正己五镇讨伐李灵曜。

李灵曜可没田承嗣那两把刷子，一个月后即被围困于汴州城中。田承嗣坐不住了，派侄儿田悦率兵救援。田悦虽然挺能打的，但也落了个先胜后败、仓皇撤退的结果。绝望的李灵曜突围失败，被解送京师处斩。

叛乱平了，就得论功行赏了。可是，拿什么封赏这些应征的藩镇呢？加个宰相衔对人家意义不大，区区一个名头不能代替实际利益。代宗只能将汴宋八州分给这些藩镇，谁打下的就归谁。

其中，淄青李正己占了最大的便宜。李正己虽然权谋不及田承嗣，但抓建设可是一把好手，淄青被他治理得井井有条，"法令齐一，赋均而轻"，这是其他藩镇所不能比的。淄青发展到这时已有十个州，现在又得了曹（今山东菏泽曹县）、濮（今山东菏泽鄄①城县）、徐（今江苏徐州）、兖（今山东济宁兖州区）、郓（今山东泰安东平县西北）五州。李正己坐拥十五州十万精兵，雄踞东方，是天下第一强藩。

代宗想趁势搞定田承嗣。田承嗣还是老一套，上表谢罪。李正己他们可不想和魏博硬碰硬，态度暧昧。代宗又怂了，只得恢复田承嗣的官爵，让他不必入朝。这纯属自说自话，人家压根儿就没想来。

三年后，一代枭雄田承嗣病逝，临终前指定田悦为继承人。五镇联盟中的其余四镇纷纷帮腔。代宗只能照办。

---

① 鄄，音倦。

04. 理财专家

代宗之所以成为"姑息达人",主要是因为没钱,底气不足。

安史之乱后,唐朝的财政一直没搞起来。第五琦的榷盐法只起到了有限的缓解作用。与庞大的支出相比,朝廷的财政收支依旧很紧张。支出在哪里?防御吐蕃,这是一大笔。购买回纥马,又是一大笔。把这两大头刨去,朝廷可支配的钱就很少了。

有道是一分钱难倒英雄汉,连皇帝也不例外。代宗倒是想干事,裤兜翻出来比脸都干净,你们说他的勇气从哪儿来?找梁静茹借吗?

有人抬杠了,那他为什么敢讨伐田承嗣、李灵曜?答案很简单,有钱了呗!谁搞来的?接下来记重点:刘晏!

小时候背过《三字经》的同学可能还记得里面有这么几句:"唐刘晏,方七岁。举神童,作正字。"没错,说的正是这个刘晏。不过年龄不对,刘晏获得神童美誉是在九岁时。

开元十三年(725年)十一月,玄宗封禅泰山。年仅九岁的曹州南华(今山东菏泽东明县)神童刘晏写了一篇文章进献。玄宗看后大为惊诧,一个小毛孩子居然写出这么好的文章?!就让宰相张说考察刘晏。张说考过李泌,现在又考刘晏,真是考娃达人。史书没记载具体咋考的,但记载了张说的评语:"刘晏是国瑞。"玄宗当即册封刘晏为太子正字。

一个九岁的娃娃靠一篇文章就进入了体制,而且拿的还是太子正字这样的中央省台编制。消息一出,朝臣们沸腾了,争先恐后地请神童做客。名满了公卿,自然就名满了天下,刘晏火了。

刘晏后来的成长进步也没让大家失望。天宝年间他一直是县令,不论供职于何处，均有善政。但真正成就他的却是安史之乱。

为躲避战乱，刘晏跑到襄阳，赶上永王李璘筹划造反。李璘为了装点门面，拉拢他。刘晏的处置可比李白强多了：第一步，当即明确拒绝李璘，没有任何犹豫，第一时间秒拒。第二步，移书宰相房琯："诸王生于深宫，社会经验、政治经验都严重不足，如今一朝出去就想立下齐桓公、晋文公那般功劳，这怎么可能?!"既没有明着检举李璘有谋反之心，又向宰相以及宰相背后的皇帝表示了忠诚。

如此处置有什么结果呢？肃宗一纸敕书下达，刘晏这个避难的小官就地升任度支郎中兼侍御史，领江淮租庸事。随后，刘晏给李希言支着儿，成功迫使李璘放弃东进、改为西逃。李璘之乱平息后，肃宗将刘晏调到身边任彭原太守。

因安史之乱而次生的李璘之乱，是刘晏仕途上的第一个重大转折。在肃宗的关照下，他很快做到了首都市长——京兆尹。

肃宗六年（761年），刘晏遇到了挫折。有人揭发司农卿严庄等降官仍与史朝义暗通款曲。肃宗将严庄下狱，负责封锁、看守严府的正是刘晏。后来调查清楚系诬告，但严庄深恨刘晏，向肃宗告状，说刘晏总跟他说宫里的闲话，还自夸功劳、埋怨肃宗。这肃宗就很不高兴了，将刘晏贬为通州（今四川达州）刺史。

因安史之乱而次生的财政困难，则是刘晏反弹飞升的根本动力，因为他极具理财天赋。代宗上台后急于解决财政问题，火速起用刘晏，将所有搞钱的官职几乎都给了他，甚至还在代宗二年（763年）正月加封刘晏为宰相。爱卿你看着办，只要能给朕搞来钱，怎么都行！

交给刘晏就对了。刘晏这人不怕干活，就怕没活干，为了专心搞钱，他甚至把户部侍郎和京兆尹这样的实权岗位让了出去。一般人当官唯恐自己管得不够多、权力不够大，哪有主动相让的?!但刘晏不是一般人，这是一个相当有情怀、有担当的人。

刘晏接手的第一项任务就相当艰难,解决漕运难题。都说漕运困难漕运困难,漕运到底有多困难呢?《资治通鉴》记载:因为漕运不通畅,长安的大米供应相当紧张,一斗米价格居然涨到了一千钱,皇宫的大米储备都不够一个季度用的。连大唐皇帝都不能保证顿顿吃上米,可见问题之严峻。

歌功颂德的大有人在,但碰到这种迫在眉睫的大难题,个个都缩了回去。好在有刘晏。

大米的需求侧和供给侧都没问题,问题主要出在了运输——也就是漕运上。河道这东西是需要经常疏浚的。比如,淤泥要定期清理,否则河床就会抬高,造成船只搁浅。又比如,河里难免沉船,沉船得及时打捞拖走,以免阻塞航道。和平年代这些都是有人专管的,出了问题很快就能处理。但肃代之际常年战乱,有些战乱区的河段没人管,淤泥积住了,船沉了就沉着,日积月累,可能这部分河道就行不了船了。关中的吃喝全靠漕运,漕运一旦阻塞,天子和百姓就都坐不住了。

疏浚河道、建造新船这些都是常规动作,换谁来都这么干,刘晏的创新主要体现在他改变了漕运的方式。

先前,漕运都是直运法。啥意思呢?船队从江南出发,就这些人这些船,一口气开到长安去。由此带来诸多问题:一来江南人民负担太重,不光要提供粮食,还要提供运粮人员和运粮船,出钱又出力。二来成本高,损耗大,效率低。长期赶路,人受不了,船也受不了,人得休息,船也得休息,时间成本就很高;路途遥远,人和船难免会出问题,一旦沉船,粮食就废了。

刘晏经过实地调研,而且是踏踏实实地沿漕运全线走了一圈,决定改直运法为段运法。具体原理是这样的:将全程分为四个运输段,每两段之间建一个转运站,到了转运站就换人换船。以前全程都是江南的人和江南的船在运,现在江南只负责第一段,接下来由沿途其他地方负担。

这么安排的好处:一是减轻了江南人民一项旷日持久的劳役;二是大大提高了工作效率,缩减了运输周期;三是人员和船只都能得到充分休息,大大降低了损耗。总之一句话,漕运不仅通畅了,而且运行得比以前更高效。

当第一艘运米船抵达长安时,代宗一个劲儿地夸赞刘晏:"你真是我的萧何啊!"

打这儿起,漕运每年能运送数十万石米到关中,不仅一揽子解决了长安的粮荒问题,还有盈余。京城盐价暴涨,刘晏下令从江南调三万斛盐,盐船从扬州出发仅四十天就到了京城。之后的漕运大臣没一个能超越刘晏的,所以史书上说:"唐世称漕运之能者,推晏为首,后来者皆遵其法度云。"

以解决漕运难题为切入点,刘晏开始了他至今读来都让人心潮澎湃的财政改革。

刘晏不同于第五琦等财政大臣,那些人改革的目的其实就一句话:给朝廷搞钱,给皇帝搞钱。至于普通百姓的生活,他们根本不考虑。就拿第五琦的榷盐法来说吧,在经济层面上是成功的,但羊毛出在羊身上,多征上来的税其实还是由老百姓买单,国家是增收了,百姓的负担却重了。

而刘晏就不同了,他的财政理念是"养民为先",带有浓厚的人本主义情怀。他认为,只要人口增加了,赋税自然就多了,所以理财之要在于养民。别人都是想着法儿地压榨百姓,唯有刘晏想的是老百姓,用的法子是以盈补缺,用多余的去补不足的。横向上,某个税种盈余,另一个税种亏缺,那就用盈余的税去补亏缺的税。纵向上,今年收成好,那政府就提高收购价格,让百姓兜里多一些钱;明年收成不好，政府就低价售出公储粮，让百姓少花些钱。这叫"丰则贵取，饥则贱与"。如果当地实在解决不了，就从丰收区购粮，运到歉收区贱价出售。

由此，我们也可以看出刘晏是一个有大格局的人，善于从根本性的、全局性的视野去看待和解决问题。

刘晏的改革还有很多，比如改革第五琦的榷盐法，改革常平仓法，建立通达迅速的经济情报网。这些举措都是为了更好更快地发挥国家的宏观调控职能，调剂有无，平抑物价。

这里我着重介绍下他对榷盐法的改革。

为了让大家能看清楚刘晏有多么善于研究和解决问题，我们有必要捋一捋唐朝的盐政发展历程。

唐朝开国以来，盐业一直走的是市场化的路子，买卖双方自由交易，政府只收税，不掺和。安史之乱爆发后，朝廷缺钱。所以，第五琦创设了食盐国家专卖制度——榷盐法，盐户的盐只能卖给政府，再由政府加价卖给商人。

榷盐法刚推行的时候，运行还是比较健康的，但很快就不健康了。比如，各级官吏都盯上了这块肥肉，大幅提高盐价，中饱私囊。又比如，有些官员不断打招呼、递条子，往这个肥缺工作里塞人，导致盐务机构臃肿，开支惊人。

刘晏对第五琦的榷盐法作了改革，大的底线没有变，依旧是食盐国家专卖，他的改革主要体现在两个方面：

一是大力削减盐务机构。本来就用不了那么多人，把多余的人裁掉，不仅工资开销省了一笔，而且也打击了腐败。

二是政府适度让利于商。之前政府把控了收盐、运盐、批发的全流程，现在刘晏把后两个环节都砍掉了，政府只管收盐，并且还减少了盐税征收比例。这样，盐商的收入提高了，积极性上来了，而政府的负担也减轻了。

有人又问了，商人重利，他们囤积居奇、哄抬盐价怎么办？放心，刘晏早有考虑，在各地设立常平盐仓以平盐价。

小伙伴又问了，百姓和商人都获益了，那政府的收入岂不是减少了吗？非也，非但没有减少，反而大幅增加。一方面，各种成本省下来了；另一方面，盐商的经营成本降了，盐价跟着也降了，交易额就上来了。税率是降低了，但计税数额却翻了N倍。政府收取的盐税原来每年只有六十万缗，到代宗末期已增至六百多万缗，占全国财政收入的一半。

这里少了一丢丢，那里却多出一大块儿，这就是刘晏的大智慧。

刘晏不仅夙夜在公，而且格局大、脑子活、招法多。他主导的改革无一例外都取得了成功，不仅朝廷满意，百姓也满意。能有他这样的官员，实是大唐之幸、代宗之幸、百姓之幸。

史官对刘晏的评价相当之高，说他作风实，"为人勤力，事无闲剧，必于一日中决之，不使留宿"；夸他聪明，"晏有精力，多机智，变通有无，曲尽其妙"，甚至给出了"后来言财利者皆莫能及之"的超高评价。

刘晏是不是中国古代第一理财圣手，这个我不好妄下结论，但我确定的是：他是大唐第一理财能手。

新人崛起，老人就该落幕了。面对能干的后起之秀，第五琦明显慌了，居然提出恢复古时候的什一税法，每十亩田收取一亩田的租税。这个比例明显太重了。穷疯了的代宗居然同意了。说句实在话，政策层面你定"什什税"都可以，问题是推不下去。百姓负担太重，根本交不起，又开始跑路了。流民问题又严重起来，"自潼关至赤水二百里间，财畜殆尽，官吏有衣纸或数日不食者"，老百姓"或相聚山泽为群盗，州县不能制"，"江淮大饥，人相食"。

代宗一看不成，这么搞下去非天下大乱不可，赶紧宣布大赦天下，停止征收什一税。鱼朝恩被杀后，第五琦因为和鱼朝恩关系密切，被贬为括州（今浙江丽水）刺史，从此退出了财政舞台。

05. 元载伏诛

人才是兴邦之本。皇帝是头，也得依赖手和脚，得学会发掘人、用人、管人。这是为帝王者最重要的本领，举凡有这个本领的，都是英明的帝王；没有的，国家一定遭殃。

总的来说，代宗这方面的本领一般。他的确用了一些能人，但用的庸人甚至坏人更多。那些能人，有的他也没管好，比如元载。

代宗一朝，元载是最能干、最重要的宰相，执政时间最长，办了很多实事大事。他先后策划铲除李辅国、程元振、鱼朝恩三大奸宦，提拔任用了以刘晏为代表的一批人才。但随着权力的日益增长和地位的日益稳固，他的骄娇二气也上来了，逢人自夸"有文武才略，古今莫及"，并迅速堕落成一个恣意妄为、贪污腐化的权臣。

比如，他居然上奏代宗，要求六品以下文武官员的考核任命无须经过吏部和兵部。换句话说，只要他元相张张嘴就可以定了，而代宗居然批准了！其实，六品以上人员的考核任免，吏部和兵部也不敢不听元载的。

元载和他之下的二号宰相王缙——也就是王维的弟弟——好得几乎穿了一条裤子。他俩把持朝政，培植亲信，排除异己，大肆卖官鬻爵。凡想求仕进的，都要先向他们的子弟、亲信输送利益才行。

朝廷都穷成那样了，这两位宰相的生活却极其奢靡。特别是元载，年轻时候穷日子过多了，现在发达了，有种近乎疯狂的补偿心理。不算城南的数十所别墅，他在长安城南北还各有一座豪华府邸，"室宇宏丽，冠绝当时"。家中奴婢高达百人，个个都穿着贵妇们才能买得起的罗绮。四方贡献不断，"外方珍异，皆集其门，资货不可胜计"。

代宗十年（771年），有个叫李少良的上书检举元载的恶迹。但给朝廷的奏疏岂有不经过宰相的道理？元载看后大发雷霆，指使人罗织罪名，竟将李少良杖杀。经此一事，朝野再无人敢非议他。

代宗念元载为相多年且建有大功，想让这名老臣善始善终、平稳着陆。所以，他单独召见元载，援引往昔权臣覆辙之鉴，旁敲侧击地予以规劝。但元载跋扈惯了，把代宗说的话当耳旁风。终于，代宗被惹毛了。

代宗十六年（777年）三月二十八日，有人举报元载和王缙在夜晚设醮①，图谋不轨。代宗火速召集骨干大臣在延英殿开了一个短会，随即派舅舅左金吾大将军吴凑去政事堂抓捕元载和王缙。二人措手不及，束手就擒。

代宗的节奏安排得相当紧凑，当天就让吏部尚书刘晏负责讯鞫。刘晏深知"载居任树党，布于天下"，不敢一个人来干这个活儿，奏请组建审判团会审。代宗就让御史大夫李涵、右散骑常侍萧昕等人和刘晏一起审问。

元载追随代宗十来年，对代宗的脾性已经相当熟悉，他知道自己这关是过不去了，无谓抵赖拖延，当即认罪。代宗也不含糊，立即赐二相自尽，而且绝不拖延，就今天，必须搞死！

---

① 醮，道士设立道场进行祈福消灾的活动。

刘晏对审判团其他成员说："重刑再覆，国之常典，况诛大臣，岂得不覆奏！又法有首从，二人同刑，亦宜重取进止。"其实就是帮王缙说话了。代宗开恩免王缙一死，贬为括州刺史。

面对前来处决自己的人，65岁的元载就说了四个字："愿得快死！"我希望死得快些！这名官员也够那个啥的："相公须受少污辱，勿怪！"你会受到些许污辱，请别见怪！说罢，脱下脚上的臭袜子，不由分说塞到元载那吃惯了山珍海味的嘴里。

嗯，这酸爽……

出身寒微不是耻辱，能屈能伸方为丈夫。元载出身寒微，无爹可拼；虽饱读诗书，却屡试不第。但他并未消极沉沦，而是紧紧扼住命运的咽喉，奋力抓住每一次改写人生的机会。入仕前，他因缘际会迎娶白富美，因不堪忍受王家的歧视，与妻携手赴长安谋上进。中举后，他从基层做起，一步一步一步一步地走到最高，成为大唐朝一人之下万人之上的存在。登顶后，他居相位长达十五年，仅次于玄宗朝的李林甫，一面大展政治才华，缔造诸多政绩；一面耽于奢侈放纵，终致身死族灭。

元载的两面性也说明了一个道理：从能人到奸臣的这段距离其实并不遥远。有人说他忘记了初心，腐化堕落。实则不然，元载既没有忘记初心，也没有堕落，他就是摊牌了、不装了。说到底，就是三观不正。元载的初心是成为人上人，所以他的总开关从一开始就不正，早年他没有机会满足自己的欲望，后来可算是有机会了，当然要拼命满足。其实，他是被自己的欲望噎死的！

王韫秀是功臣后代，依律可以免死，但须没入掖庭宫为奴。可这姐们儿相当有个性，对前来收捕她的官员怒吼道："王家十二娘子，二十年太原节度使女，十六年宰相妻，谁能书得长信昭阳①之事？死亦幸矣，坚不从命！"官员大怒，你爹、你丈夫都没了，你还嘚瑟个啥，命属下将王韫秀当场活活打死。

不得不说，王韫秀虽然人品差、脾气臭，但对元载真是没得说！得妻如此，元载也不枉来人间这一遭！

有司抄没元府，金银珠宝就不说了，光胡椒就抄出八百石之巨，折合成现代计量单位相当于64吨。代宗倒是挺会当领导的，反腐成果大家共享，将抄出的五百两钟乳"赐中书门下御史台五品以上、尚书省四品以上"，元载在长安的两座私宅成了百官的办公区，东都的府邸则被划入皇家禁苑。

元载的贪婪震惊了代宗，为以儆效尤，他不仅处决了元载的三个儿子和四名亲信，将其唯一的女儿充入掖庭宫为奴，还将元载父祖挖墓平坟、劈棺弃尸，焚毁元氏家庙神主，并没收元载的全部财产。

06. 代宗殡天

元载死后一年多，十八年（779年）五月二十一日，代宗也走向了人生终点，年54岁。

关于代宗其人，《旧唐书》给出了"古之贤君，未能及此"的高度评价，《新唐书》相对和缓，认为代宗是"中材之主"。我认为，后者的评价还是很中肯的。

---

① 长信宫、昭阳殿均为汉代宫殿名，代指荣华富贵已极。

肃宗遗留的五大难题——平叛问题、外番问题、财政问题、宦官问题和藩镇问题，代宗比较好地解决了前三个。

他虽然先后除掉了李辅国、程元振、鱼朝恩三大奸宦，但大家可能也发现了，代宗对宦官专权只有现象化的解决，而无制度化的解决。谁专权，他干谁，他从来没有思考过上游问题：是不是宦官的制度设计出了问题？

事实上，代宗非但没有深入思考这个问题，反而从制度上进一步加强了宦官的权力。他开创了枢密使制度，由宦官充任。虽然他在位时的枢密使只是个小跑腿加传话筒，负责把大臣的奏表拿给皇帝看，再把皇帝的意思转达给宰相。但他死后，枢密使逐渐进入了朝廷核心决策圈，也能和宰相大臣们一起在延英殿参政议政了。宦官原本只掌军权，现在他们也能干涉政权了。

至于藩镇问题，代宗压根儿就没想解决，一是因为无心，二是因为无力，结果就形成了五镇联盟抱团取暖、自治分离的局面。

到代宗去世前，淄青李正己雄踞淄、青、齐、海、登、莱、沂、密、德、棣、曹、濮、徐、兖、郓十五州，地盘最大，兵力最多，是天下第一强藩。卢龙朱滔据幽、涿、营、平、蓟、妫、檀、瀛、莫九州，魏博田承嗣据魏、博、相、卫、洺、贝、澶七州，成德李宝臣据恒、易、赵、定、深、冀、沧七州，淮西李忠臣据申、光、蔡、寿、安、唐六州，梁崇义据襄、邓、均、房、复、郢六州，各有数万精兵。

另外，西川的崔宁其实也是一路割据势力。肃宗留下的只是藩镇林立，而代宗则一手促成了藩镇割据。这一割据就不好办了，他的后代子孙一直没有解决好。

另外，代宗也犯了不少错误。用人不明的问题已经说过了，这里就说说他过度崇佛的问题。

代宗早年并非佛教信徒，后来变了，我认为原因主要有两个：第一，肃宗留下的难题太难了，完全超出了大唐的能力和代宗个人的能力，他深感压力山大，只能求助于神佛。某种程度上，佛教是他的解压SPA。第二，受元载和王缙的影响。这两人都是资深佛门信徒，不仅自己痴迷佛法，把代宗也带沟里了。

代宗一旦沾上了佛教，就变得非常痴迷、非常虔诚，甭管多忙多紧张，他都会挤出时间研读佛经。他最喜欢的、研究最深的经书是斯里兰卡僧人不空①翻译的《仁王经》，经常给大臣们讲解研习《仁王经》的心得，甚至当吐蕃入寇、京师戒严时还让僧人诵读《仁王经》祈福。代宗还为不空兴造了金阁寺和玉华寺，"铸铜涂金为瓦，所费巨亿"。你说他没钱吧，哎，在崇佛方面他花起钱来可是连眼睛都不带眨一下的。

上有所好，下必甚焉。在他的影响和带动下，中央和地方的许多官吏乃至百姓都虔心事佛。史载，"由是中外臣民承流相化，皆废人事而奉佛，政刑日紊矣"，"京畿良田美利多归僧寺"。结果，佛教在大唐走向衰落的情况下却逆势上扬，终于成为中晚唐四大祸之一。

---

① 不空（705—774），密宗二祖，与善无畏、金刚智并称"开元三大士"，与鸠摩罗什、玄奘、真谛并称中土佛教四大译经家。四大译经家有两说，鸠摩罗什、真谛、玄奘三人不变，一说为义净，一说为不空。

第五章 德宗即位

01. 气象更新

太子李适继承大统，是为唐德宗。

自代宗三年（764年）成为太子后，李适就像人间蒸发似的，从我们的视线和史书的记载里消失了，直到现在。

这其实很正常。父皇龙精虎猛，太子拼命刷存在感，除非脑袋进水了。所以，李适学爷爷肃宗当起了哑巴。但没态度不等于没想法，对父亲执政期间的各种弊政，李适看得很清楚，就想着有朝一日继承大宝，全方位地改造国家、中兴大唐。

现在，这一天终于来临了！

德宗一上台就展现出急不可耐改造国家的精气神，各种恩诏汹涌而来：禁止地方州县和藩属国进献珍禽异兽；禁止各地进献奴隶、春酒、铜镜、麝香；禁止地方州府在重大节日进献；停止征收酒税；裁撤梨园子弟三百人；将几百名宫女放归家中；"减常贡宫中服用锦千匹、服玩数千事"；禁止给银器加金饰……

新君嗣位，发些恩诏什么的是例行动作了，但从没见过力度这么大、态度这么决绝的。

消息传到淄青镇，淄青将士居然扔掉兵器，眼睛瞪得溜圆地说："长安出了个圣明天子，咱们这些人还反个屁啊?!"这给李正己吓得，赶紧向朝廷进献三十万缗钱。德宗是怎么处置的呢？他派人到淄青劳军，将这些钱一毛不剩地分给了淄青将士。

天下人都觉得，圣主明君降临了，太平盛世已不再遥远。

德宗调整人事的力度更大，简直可以用"眼花缭乱"来形容。

他贬斥了代宗的宰相常衮，代之以崔祐甫；罢黜判度支韩滉，将财赋大权完全交给刘晏。崔、刘的确比常、韩能干，这没毛病。

但紧接着，德宗的骚操作就让人看不懂了。他阳尊郭子仪为"尚父"，召回朝中，进位太尉，仍兼中书令，但同时罢其军权，并将朔方军一拆为三，李怀光、常谦光、浑瑊各得其一。显然，德宗对手握重兵的郭子仪也不放心。

然后，他又起用两个人为相。

第一个名叫乔琳，"性粗率，喜诙谐，无他长"，居然能当上宰相，"闻者无不骇愕"。

第二个人是高考历史热门考点，请大家圈起来，他的名字叫作杨炎。

凤翔人杨炎不仅是个大帅哥，"美须眉，风骨峻峙"，还是个大才子，"文藻雄丽"，在他们老家那片儿被尊称为"小杨山人"。他的早期仕途经历不详，只知道在代宗年间官至中书舍人，与常衮一同负责撰写诏敕，时人有"常杨"的美誉。杨炎曾经为李光弼的父亲李楷洛写过《李楷洛碑》，文辞工整，引文人竞相传诵。他还工于丹青，唐人朱景玄在《唐朝名画录》中评价他："气标王韩，文敌扬马。画松石山水，出于人之表。"

当然了，有才不等于一定升得快。杨炎进步快，主要是因为他舅舅是元载，表的，不是亲的，但也管用！舅舅倒台前，杨炎已经做到了吏部侍郎、撰修国史。舅舅倒台自然也牵连了外甥，杨炎被贬为道州（今湖南永州道县）司马。

杨炎不敢怨恨代宗，就把全部仇恨都集中到了刘晏身上。他任吏部侍郎时，吏部的"一把手"尚书正是刘晏，两人因工作初步结怨。刘晏又是元载案的主审。杨炎觉得，他被外放完全是刘晏公报私仇。其实，给元载定罪是代宗的意思，刘晏不过遵照落实罢了。

但是，杨炎外放不久就复出了，不仅复出了，还当宰相了；并且，宰相当了没多久，崔祐甫因病去职，乔琳遭到罢黜，他居然成了首相。这是走大运了吗？不，高层政治圈的进退从来没有运气一说，杨炎之所以能迅速上位，是因为他号准了德宗的脉。

肃宗给自己定了三大任务，代宗立志解决四大难题，德宗也一样，赋予自己三大使命。

第一个，找妈妈。我们知道，德宗他娘沈氏已经人间蒸发很多年了。代宗在位十八年，找了十八年，还是没找着。虽然不敢明说，但大家都觉得沈氏肯定已经死了。可德宗并不这么认为，即位后立即遥尊母亲为皇太后，并专门成立了一个人数多达百人的团队，分赴天下各地，寻访沈氏踪迹。

第二个，灭回纥。和父亲拉拢、忍让回纥的态度截然相反，德宗十分敌视回纥人。原因大家都清楚，陕州受辱那口气他真真儿咽不下去。对回纥，他真有灭此朝食的劲头。

第三个，削藩镇。他要建立超越父亲的功勋，削除一切敢于抗命的藩镇，包括河朔三镇，重新恢复天宝以前的盛世光景。

杨炎揣摩圣意，就在这三个方面全力与德宗合拍，自然赢得了德宗的宠幸。

其实，地方藩镇最怕朝中出圣明天子。天子如果不那么圣明，他们的日子就过得很舒坦。可一旦出了圣明天子，势必要削藩，那他们的权位和身家性命就会面临巨大威胁。

昭义已经被肢解。卢龙的朱滔因为得到了代宗的承认，这些年对朝廷一直很卑服，并且因为在征讨田承嗣时被成德李宝臣暗算过，他和成德、魏博的关系比较僵。所以，代宗晚期的五镇联盟到德宗之初就变成了四大天王组合，河朔三镇中的成德、魏博，再加上山南东道和淄青两镇。

德宗上台后的种种举措显示出他志向不凡。四大天王具备和朝廷掰腕子的实力，所以他们目下仍在观望中。但另一个割据的藩镇——西川崔宁孤掌难鸣，坐不住了。

02. 财相杨炎

九月，崔宁主动入朝，被德宗顺势留在朝中，任了一个有名无实的司空。

巧了，转月，吐蕃和南诏十万联军分三路攻打西川。西川军节节败退。德宗就很为难了，他不想放崔宁回去，但看来不放又不行。崔宁都笑抽抽了，已经和德宗道过别了，就等着回家继续当他的土皇帝去。

偏在这时，杨炎坚决反对放崔宁回去。他说崔宁窃据西川长达十四年，从未向朝廷缴纳过一次贡赋，西川名为藩镇，实乃国中之国，这种情况不应该再继续下去。另外，吐蕃和南诏这次来势汹汹，就算放崔宁回去，怕也未必好使；可崔宁一旦好使，朝廷就拿不回西川了。

个中利害德宗不是不清楚，他只是不知道该怎么办而已："然则奈何？"

杨炎有办法：派朱泚当年入朝时带的卢龙兵和神策军入川驱逐吐

蕃、南诏，顺便震慑剑南将帅，把西川收回来。朱泚当年被弟弟朱滔算计，被迫留在朝中，现任凤翔尹，他带来的卢龙军也驻守在凤翔。

德宗现在就信杨炎，决定留崔宁在京，委派神策军的两员大将李晟和曲环率卢龙军、神策军，会同东川和山南西道两镇的军队，入蜀作战。

细心的小伙伴发现了，李晟不是泾原军的吗？怎么转到神策军了？在代宗时代防御吐蕃的战争中，李晟屡立战功，引起了马璘的忌惮，被遣入京中任了右神策军都将。

代宗朝三大帅，马璘和李抱玉已经谢世，郭子仪老得连马都上不去了。四大将中，浑瑊和李怀光在朔方军，马燧在凤翔军，都是边将，况且德宗对他们也不了解。李晟这些年一直在神策军中任职，德宗经常能看到他，对他有一定了解，所以才用了他。

用李晟就对了！

这些年李晟闲得都快憋坏了，此次出征就跟猛虎下山似的，一路势如破竹，连破蕃诏联军。在最关键的大渡河之战中，唐军大败联军，斩首六千级。联军败军被逼入绝境，"饥寒殒于崖谷死者八九万人"，几乎全军覆没。

这场巨大的胜利还有意外收获，就是把吐蕃和南诏的联盟打出了裂缝。阁罗凤已于代宗十八年（779年）去世，现任南诏王是他孙子异牟寻。此次入侵是由南诏首倡的，并且给联军带路的也是南诏人。赤松德赞就怀疑起了异牟寻的忠心，觉得他是故意引诱吐蕃人钻进唐军口袋，一怒之下将南诏由兄弟国降为藩属国，把东帝异牟寻降为日东王。异牟寻对吐蕃的控制和欺压不满久矣，如今受了这么大的委屈，越发愤懑。两国从此貌合神离。

唐军不仅击退联军，保卫了西川的安全，而且极大地震慑了崔宁嫡系。杨炎马上调荆南节度使张延赏任西川节度使。崔宁则被他远远地打发到宁夏任朔方节度使去了。由此，朝廷实际上收回了对西川的控制权。这确是杨炎的一大功勋。

紧接着，他马不停蹄地又办了一件大实事。

先前，全国的钱帛都收归国库——左藏贮存。第五琦主持财政时，上奏将左藏钱帛改存于皇帝的内库[①]——大盈库中，并由宦官管理。此后二十年间，国家的财赋收入完全成了皇帝的私人储藏，真正坐实了家天下。掌管内库的宦官监守自盗，今天顺点儿，明天偷点儿，不断蚕食内库的财富，其实就是在侵吞国有资产。

杨炎认为这种情况必须改变，上奏德宗说："财赋是国家的根本、百姓的命脉，国家的盛衰安危无不与财赋相关。所以，历朝历代都以重臣掌管财赋。即便如此，有时也难免会有财赋损耗、管理混乱的情况发生。但让宦官管理财赋，导致前朝都不知道家底和出入。朝政的蛀蚀败坏，没有比让宦官管钱更糟糕的了。我建议将全国财赋仍旧交由国库管理。至于宫中每年开销需要多少钱，国库肯定保障充足供应，绝不敢有所缺少。只有这么改，以后才能施政呀！"

这时的德宗也还是可以的，当日即颁下诏书："一切财赋都交还左藏，完全采用原有的法式，每年在财赋数额内挑选出精良的布帛三五千匹进献到大盈内库。"

积压了二十年的顽疾，杨炎只用一席话就解决了。史载："炎以片言移人主意，议者称之。"

转年新春，德宗宣布改元，开启了他长达25年的执政生涯。这25年间，他先后用了"建中""兴元""贞元"三个年号，为了大家看

[①] 唐代朝廷国库称左藏，帝王内库称右藏。右藏有两座，即大盈库和琼林库。

着方便，咱们依旧使用北溟纪年①。

德宗元年正月，杨炎贡献了他最大的政绩，同时也是让他成为高考热点的入场券——两税法。

此前，历朝历代的赋税制度本质上都是人头税，就是按人头数量收税。这些人头税有一个共同的弊端：只看人的数量多寡，不看人的质量差异——贫富之别。可问题是不管哪朝哪代，肯定都是富人少、穷人多，单纯按人头收税，便宜了富人，厚敛了穷人，其结果只能是富的越富、穷的越穷。这是典型的马太效应。

唐朝的租庸调制也是一种人头税。租庸调制推行到武周、玄宗时代，又遇到了更大的问题：连穷人都越来越少了。因为富人不断兼并穷人的土地，导致越来越多的穷人失去土地而变成了流民。流民没产业、没户口，到处跑，国家连他们的人都找不到，上哪儿收税去？紧接着，一场安史之乱又让唐朝失去了三千多万人口。朝廷为搞钱想尽了办法，从第五琦的榷盐法、乾元重宝，到刘晏的一系列改革。这些改革有的成功了，有的失败了，在一定程度上确实也起到了缓解财政紧张的作用，但都未能从根本上解决问题。

---

① 德宗元年＝建中元年（780年），德宗二年＝建中二年（781年），德宗三年＝建中三年（782年），德宗四年＝建中四年（783年），德宗五年＝兴元元年（784年），德宗六年＝贞元元年（785年），德宗七年＝贞元二年（786年），德宗八年＝贞元三年（787年），德宗九年＝贞元四年（788年），德宗十年＝贞元五年（789年），德宗十一年＝贞元六年（790年），德宗十二年＝贞元七年（791年），德宗十三年＝贞元八年（792年），德宗十四年＝贞元九年（793年），德宗十五年＝贞元十年（794年），德宗十六年＝贞元十一年（795年），德宗十七年＝贞元十二年（796年），德宗十八年＝贞元十三年（797年），德宗十九年＝贞元十四年（798年），德宗二十年＝贞元十五年（799年），德宗二十一年＝贞元十六年（800年），德宗二十二年＝贞元十七年（801年），德宗二十三年＝贞元十八年（802年），德宗二十四年＝贞元十九年（803年），德宗二十五年＝贞元二十年（804年），德宗二十六年＝贞元二十一年（805年）。

杨炎创设的两税法却是一种从根本上解决问题的大胆尝试，直接改变了征税的依据，将按人头数量计税变为按财产多寡计税。简单地说，就是钱多地多的多交，钱少地少的少交，没钱没地的不交。这是中国赋税制度史上具有划时代意义的一件大事。为什么叫两税法呢？因为一年分夏秋两次征收。

两税法颁行后，朝廷便取消了租庸调和一切杂捐杂税。可以想见，广大穷人对两税法是坚决拥护、喜大普奔的，但权贵富人们就相当抵触了。两税法一经施行便立竿见影，使朝廷的财政收入迅速增加。德宗后来之所以雄心勃勃地削藩，一个很重要的原因就是他有钱了，腰杆儿硬了。

03. 刘文喜之乱

虽然两税法真是好、真是妙、真是呱呱叫，但我的确对杨炎这个人没什么好感，他的性格和品行都有问题，心胸狭窄，因私废公。

杨炎对元载的感情非同一般，元载于他，既是伯乐，也是老师，又是乡党，还是亲戚。替元载完成生前未竟的事业，这是可以理解的，但因此陷害别人就是他的不对了。

泾原之地是防御吐蕃的要塞，方圆千里却仅有泾州一座要塞堪用。元载生前一直想重修原州城。这个想法其实挺不错，但因为他被打倒而流产。现在，杨炎又提出重修原州城。

德宗也觉得好，但修城得出人手，他又不想花钱雇人，就想征调泾原军筑城，大头兵是免费劳动力嘛！德宗派人征求泾原节度使段秀实的意见。

段秀实是前节度使马璘的部下，回复得很干脆："此举失之草率，且误农时，应当缓行。"这当然是托词，西北是穷地方，泾原军都很穷，让他们卖苦力、免费筑城，他们不乐意啊！

杨炎不高兴了，当年元相要筑城你就不乐意，现在本相当家你还是不乐意，几个意思？在他的一顿搬弄捅咕下，德宗将段秀实调回朝中，任了一个闲散的司农卿。

德宗重新计议，决定让邠宁节度使李怀光兼任泾原节度使，督建城池。为防万一，他又增调朱泚、崔宁各率一万人赴泾原。说白了，就是要以武力胁迫泾原军筑城。

那泾原军当然不干了，群情激愤。第一，他们不想背井离乡跑去筑城。第二，他们十分畏惧李怀光。德宗肢解朔方军，李怀光走马上任邠宁节度使后，干的第一件事情就是把军中不服自己的几员老将都杀了。这厮的手腕太毒辣！

段秀实已经入朝了，泾原军中的二号人物刘文喜代表全军将士上书德宗，一是表明将士们不愿意去塞外筑城，二是请求让段秀实回来当节度使。结果呢，两个要求德宗一个也没答应，城是必须要修的，你们害怕李怀光，那朕就让朱泚当节度使。

泾原军无法接受这个结果。四月，刘文喜决定武力抗拒朝廷。德宗早就想削藩了，马上就让朱泚和李怀光平叛。大军压境，泾州爆发了内讧，有几个将领联手干掉了刘文喜一伙儿，重归朝廷。

德宗一看这事闹得有点儿过了，为了安抚泾原军，就没再提修建原州城的事。

他以为这事翻篇了，但实际的情况并非如此。泾原军这次反叛不是自上而下的，而是自下而上，刘文喜不过顺从了军心而已。他虽然死了，但仇恨的种子却在泾原将士的心中扎下了根，间接导致了后来的那场惊天巨变。

德宗还想震慑其他藩镇呢，让淄青使节看了刘文喜的首级。这下四大天王就不淡定了，早听说这小子其志不小，没想到他来真的，哥儿几个，咱得把弦儿绷紧喽！

偏在这时，杨炎害死了刘晏，越发刺激了四大天王的神经。

从一开始，杨炎设定的目标就是把刘晏搞死，所以使用的办法也极其阴毒，直接密表德宗，说刘晏曾劝代宗册立别的嫔妃为皇后。

沈氏是德宗的死穴，刘晏这厮居然想夺走我妈的皇后之位，是可忍孰不可忍！崔祐甫拼命劝谏也不顶用。德宗先是剥夺了刘晏的各种要职，继而又借口奏事不实，将他贬为忠州（今重庆忠县）刺史。

六月，崔祐甫暴毙。这下更没人护着刘晏了。

七月十九日，德宗特意遥尊母亲沈氏为皇太后。这其实就是在和刘晏怄气了，你不是劝我爹改立他人为后嘛，现在我让我娘当上皇太后了。杨炎大喜，马上指使荆南节度使庾准诬告刘晏密谋造反。德宗问杨炎，杨炎说确实有这么回事。德宗大怒，秘密派遣中使赴忠州，逼令刘晏自缢，时年65岁。可叹刘晏这么一个有理想、有情怀、有担当、有作为的好官，为奸人所害，落得个冤死的下场。

二十七日，德宗正式发布了赐死刘晏的诏书，并将其家属流配岭南。消息公布后，全天下都沸腾了，从朝臣到藩镇到州郡再到普通百姓，都觉得刘晏太冤了、德宗太昏了。德宗积攒的那点儿好人设瞬间崩塌。

四大天王趁机发难。淄青李正己向德宗发了第一炮，连着上表询问刘晏因何罪被杀。其他藩镇也跟风上奏，搞得德宗灰头土脸，十分被动。

朝野群情激愤也让杨炎压力山大，为了转移大家的视线，这个急坏了的聪明人居然想了一个蠢办法：派手下分赴各镇，说杀害刘晏完全是皇帝的意思，与他杨某人无关。

这就是他不小心了，那么多节度使总有几个和德宗关系近的。德宗很快就知道了，对杨炎大为不满，你把朕当枪使，还甩锅给朕，是可忍孰不可忍！

德宗二年（781年）二月，德宗提拔御史中丞卢杞为宰相。

卢杞是名门之后。他爷爷卢怀慎官居宰相，和姚崇搭班子，以清廉著称。他父亲卢奕拜御史中丞，安史之乱时坚守东都洛阳，城破后拒不投降，为叛军所杀。这样的基因培养出来的卢杞应该没有最强只有更强吧？哎，大家想多了，卢杞完全是这个家族的异类，既不清廉，也不忠诚，心胸狭窄，阴险狡猾，长得还丑，但他口才极好，把德宗忽悠得一愣一愣的。

朝野上下都知道卢杞是什么人，尤其郭子仪。郭子仪每次会见宾客，从不让姬妾回避。来啊，看看这些漂亮妞儿，都是我的。直到有一天卢杞登门造访，郭子仪居然让姬妾们都回避了。事后，有人问他为何一反常态。郭子仪说："卢杞相貌丑陋且阴险歹毒，我的女人们见了他肯定会笑。如果将来卢杞得了志，只怕我郭家会被灭门呀！"后来，卢杞为相，睚眦必报，凡得罪过他的人无一幸免，唯有郭家安然无恙。

德宗任用卢杞是为了分割杨炎的权力。杨炎毫不知情，居然还敢轻视卢杞，常常假托有病，不和卢杞一起在政事堂用餐，估计是嫌卢杞影响食欲。卢杞面上不动声色，私底下却在紧锣密鼓地布局对付杨炎。

杨炎无论如何都想不到，他害死刘晏其实也是在为自己掘墓，刘晏那么能干，德宗都能杀，他又有什么例外的呢？

眼瞅杨炎离死期不远了，地方忽然生变，德宗期待已久的削藩借口终于来了。

第六章 四王二帝

01. 郭子仪病逝

德宗二年（781年）正月，成德节度使李宝臣病逝。其子李惟岳隐匿丧讯，冒用父亲的名义为自己求取节钺。

德宗现在很硬气，谁规定你们成德可以世袭了？不行！风闻李宝臣患病已久，德宗觉得这里面有蹊跷，马上派人去探视李宝臣。李惟岳只得抢先为父亲发丧，但他还不甘心，又让成德将佐联名上书求取节钺，被德宗再次拒绝。

然后，魏博田悦就跳了出来，表请让李惟岳接任成德节度使。田悦算盘打得溜啊，朝廷如果不同意成德世袭，那将来魏博田氏怎么办？德宗的态度很坚决，我管你们怎么办，我只要我怎么办，拒绝！

有人提醒德宗："惟岳已据父业，不因而命之，必为乱。"德宗话说得很硬气："这些狂贼用着我给的名号，占着我的土地，才做了一方霸主。过去，朝廷对他们一再姑息，他们却变本加厉，更生动乱。可见，给爵位非但不能息事宁人，反而助长了他们的气焰。李惟岳如果想作乱，给不给他节度使，结果都是一样的。"

道理的确是这么个道理，但很多时候道理也就只是道理而已。

朝廷的底线已经亮明了，那四大天王就不能不有所行动了。他们纷纷加固城池，修整军械，训练人马，准备通过武力迫使德宗就范。

他们的心思大，德宗的心思更大！好啊，一个一个解决太费时间，你们一起上我正好省事儿了！

轰轰烈烈的建中削藩战争就此拉开了序幕。

最初的战场有两个：魏博方向，河东马燧＋昭义李抱真 PK 田悦；成德方向，卢龙朱滔 VS 李惟岳。梁崇义实力最弱，且不与河朔藩镇接壤，德宗想招抚他，没有急着动手。颇为吊诡的是，淄青李正己虽然调门很高，却迟迟没有动武。

大战刚刚开始，六月十四日，郭子仪病死了，享年 85 岁。

史官给郭子仪总结了"三个不"："功盖天下而主不疑，位极人臣而众不疾，穷奢极欲而人不非之。"很到位！

首先，郭子仪不是有功，也不是有大功，他是功盖天下。安史之乱中，他临危受命，收复河北河东，克复长安洛阳。肃宗对他说："吾之家国，由卿再造。"安史之乱后，他计退吐蕃，二复长安。代宗对他说："用卿不早，故及于此。"他拉拢回纥，再败吐蕃，平定仆固怀恩叛乱，后又常年坐镇西北防秋[①]，力保帝国西北安稳。这些功劳，同时代的人谁也比不了。史载，"天下以其身为安危者殆三十年"，绝非虚言。

其次，肃、代、德三代帝王也给了他莫大的荣宠。肃宗加封他为司徒、代国公、中书令。代宗不仅让他当了汾阳王，还想让他当尚书令。德宗尊称郭子仪为"尚父"，进位太尉兼中书令。这些权位和荣耀也是同时代的人无法企及的。但没有一个人嫉妒郭子仪，不管他的朋友，还是他的敌人，都觉得郭子仪配得上这样的恩宠。

最后，郭子仪的确穷奢极欲。朝廷每月给他的俸禄是两万缗，年薪高达二十四万缗。单纯这么说可能不够直观，我给大家做个对比。

[①] 古代北边各游牧部落，往往趁秋高马肥时南侵。届时边军特加警卫，调兵防守，称为"防秋"。

德宗后来要求天下方镇每年要向他"进奉",那么多方镇加起来,一年才五十万缗,仅是郭子仪生前年薪的一倍。领着天价高薪的郭子仪过着极其豪奢的生活,"府库珍货山积",蓄养了一大群妻妾。他有八个儿子、八个女儿①,将近一百个孙子外孙,以至于每次晚辈来问安,郭子仪都认不清谁是谁,只能点点头。代宗六年(767年)二月,郭子仪入朝。鱼朝恩、元载、王缙等五名大臣请他吃了一顿饭,一次性花费三百缗合三十万钱。鱼朝恩另拿出罗锦二百匹打赏歌舞伎。

一般权臣如果集齐上述三条,铁定没好下场。但郭子仪不一样,不仅他安安稳稳、风风光光地度过了一生,他的部下位至将相的有六十余人,儿子女婿"皆朝廷重官"。他家老六郭暧和升平公主的长女郭氏嫁给宪宗为妃,生了一个儿子,就是唐穆宗李恒。

郭子仪为什么能平稳着陆呢?秘诀其实并不难,就是始终讲政治、讲规矩、讲大局。皇帝的诏命不管多傻缺,多不近人情,他"无不即日就道"。皇帝让干啥,他就干啥;皇帝不让干啥,他坚决不干啥。爱他的人多,恨他的人也多,也想找机会陷害他,奈何找不到啊!

郭子仪在军中拥有至高的威望。朔方军里的仆固怀恩、李怀光、浑瑊都是国之上将,但在他面前都卑服得跟个小催巴儿似的。郭家人看他们的眼神就跟看家里的奴才一样。其他藩镇的军将对郭子仪也十分尊重。田承嗣狂得连皇帝都不放在眼里,但郭子仪遣使魏州,他却指着膝盖对使者说:"我的膝盖已经很久没对人下拜了,今天拜一拜郭令公。"李灵曜拦路设卡,抢夺公私财物。但当郭子仪的财物经过他的辖区时,李灵曜非但不敢扣留,还命人护送过境。

---

① 《新唐书》称郭子仪"八子七婿,皆贵显朝廷"。但据《汾阳王妻霍国夫人王氏神道碑》,郭子仪实有八女。

不过，郭子仪也深知月盈则亏、水满则溢的道理，很注意约束家里人。他严禁军营内纵马，可他老婆奶妈的儿子明知故犯，被军中执法的都虞候乱棍打死了。这下郭子仪的儿子们不干了，跑到他面前告状，被郭子仪好一顿骂。第二天，郭子仪对幕僚们长叹："我这几个儿子都是当奴才的料，不赞赏父亲的都虞候执法不阿，却痛惜母亲奶妈的儿子，不是当奴才的料又是什么?!"

讲政治讲得特别到位，能力又强出天际，所以历朝历代都视郭子仪为人臣楷模。

郭子仪去世后，朝廷追赠他为太师，赐谥号"忠武"，配飨代宗庙廷，陪葬建陵。德宗废朝五日，命群臣吊唁，又亲临安福门送葬，并特许将郭子仪的坟墓增高十尺。

郭子仪死得好啊，否则他看到接下来这场动乱带给朝廷和皇帝的耻辱，能活活气死。

02. 朱王反叛

郭子仪死后不久，杨炎被卢杞害死了。

德宗二年（781年）四月时，德宗派人到襄阳，册拜梁崇义为宰相，并赐了丹书铁券。梁崇义一度动摇过，但最终还是选择跟田悦、李惟岳、李正己同一战队。

既然拉拢不成，那就只能动武了，这就涉及一个问题：用谁征讨梁崇义？

这时，淮西节度使李希烈主动站了出来，表请为国讨伐梁崇义。

德宗喜出望外，哟，此人可用啊！

淮西镇是安史之乱期间朝廷为阻止叛军南下而设置的藩镇，初期辖区很大，在叛乱结束后被分割。到李忠臣当节度使时，该镇下辖申（今河南信阳浉河区）、光（今河南信阳潢川县）、蔡（今河南驻马店汝南县）、唐（今河南驻马店泌阳县）、寿（今安徽淮南寿县）、安（今湖北孝感安陆市）六个州，治所蔡州城，其势力范围在今河南、湖北、安徽三省交界处。

代宗十八年（779年），李忠臣族侄李希烈兵变，逼得李忠臣单人匹马逃往长安。代宗一味姑息，留李忠臣在朝，任用李希烈为留后。德宗即位后，只能顺势授予李希烈节钺。

淮西位处中原腹地，并不产马。李希烈独创了以骡子代替马匹武装骑兵的办法。骡子虽然跑得没马快，但耐力更强，适合远距离奔袭。靠着这支骡军，淮西镇成为当时的一等强藩。

但杨炎十分清楚李希烈的狼子野心，淮西与山南东道相邻，李希烈说要为国除奸，无非是想趁机将山南东道收入囊中。所以，他坚决反对任用李希烈。

这就让德宗很不爽了，小李想为国效力，你拦着不让是何居心？卢杞趁机搬弄，说四月派去襄阳的那两个使者都是杨炎的人，他们受杨炎指使，故意破坏招抚梁崇义的大计。一经调查，这两人确实是杨炎的门生。德宗大怒，不顾杨炎的极力反对，加封李希烈为南平郡王。

这是他在这场削藩战争中犯下的第一个巨大错误。

适逢江淮大雨，道路湿滑，李希烈无法出兵。德宗不知情瞎着急，李希烈为啥还不动兵？卢杞就把脏水往杨炎身上引："李希烈迁延不发全是因为杨炎。陛下不如暂时罢免杨相，以安李希烈之心。等梁崇义被平定后，您再起用他就行了呗！"

德宗一听，好办法，于七月三日将杨炎罢为左仆射。此时的德宗已经不装了，对杨炎的厌恶之情溢于言表："杨炎论事亦有可采，而气色粗傲，难之辄勃然怒，无复君臣之礼，所以每见令人忿发。"

梁崇义是四大天王中最弱的一个，李希烈一出手，他就完蛋了。八月，坐困襄阳的梁崇义投井而死。

这下德宗更确信任用李希烈是对的，越发坚定了清算杨炎的心思。十月十日，他以结党营私、败坏法度为由，将杨炎贬为崖州（今海南海口市东南）司马。

杨炎当然没有结党营私、败坏法度，但卢杞想办法让他有。他儿子杨弘业"多犯禁，受赂请托"，让卢杞掌握了杨炎的把柄。杨炎想在长安曲江建祖庙，但钱不够，就请河南尹赵惠伯帮他卖掉洛阳的私宅。赵惠伯拍他的马屁，将房子买下来作为官署。卢杞让大理正田晋评罪，田晋给出的处理建议是"夺官"，卢杞不满，将田晋外放，又召他人评罪。这时谁还敢往轻了说？只能说卢杞想听的话："监主自盗，罪绞。"卢杞满意了，但觉得料还不够猛，又指使人向德宗进言："此地有王气，炎故取之，必有异图。"

德宗缺的就是一个办杨炎的由头，至于这个由头是不是真的，其实并不重要。

杨炎满怀悲愤踏上南下的路途。行至今广西玉林北流市甘村天门山时，他见一关隘，上书"鬼门关"，黯然作诗道："一去一万里，千知千不还。崖州何处是，生度鬼门关。"

"生度鬼门关"没问题，但决不会让你活着到崖州。当杨炎渡海踏上海南岛后，押送的宦官就将55岁的他勒死了。

毕竟人生如泡影，何须死下杀人谋?! 不知杨炎是否后悔害死刘晏？

杨炎死后，刘晏就被平反了，德宗追赠他为郑州刺史、司徒。此后，朝廷执掌财权的大多是当年刘晏提拔的人，而且多半都很称职。

相比之下，杨炎就惨多了，死后很久才被追复左仆射，给他的谥号也很差，叫"平厉"。但他的两税法却被后世朝代所沿用。2015年，国家税务总局发行了一套印花税票《中国古代税收思想家》。其中面值2元的税票就以杨炎的半身像为图案。

杨炎虽死，战局却突然复杂了起来。梁崇义覆灭前一月，淄青节度使李正己也病死了。他儿子李纳学李惟岳，先隐瞒父亲的死讯，自领军政，实在瞒不住了，不得不在梁崇义覆灭当月为父亲发丧，并求取节钺。

德宗这才转过弯来，合着先前淄青按兵不动是因为李正己已经病死了。这本是一个让淄青退出战争的好机会，只要德宗点个头，李纳势必归附朝廷。但一把尺子得量到底啊，德宗既然拒绝了李惟岳，那就得拒绝李纳。李纳大怒，淄青正式加入战争。

现在，我们来盘点一下当前的形势：

淄青方向，李纳的西面和南面全是朝廷的藩镇，但淄青作为天下第一强藩，与官军斗得半斤八两。

魏博方向形势较好，马燧的确很能打，一出手就瓦解了田悦对邢州（今河北邢台）的围困。田悦向李惟岳和李纳求救。二李各派援军来助阵。德宗三年（782年）正月，官军在洹①水（今河北邯郸魏县旧魏县村）大破三镇叛军，"斩首二万余级，捕虏三千余人"，叛军"赴水溺死不可胜纪"，"尸相枕藉三十余里"。田悦溃退回老巢魏州，被官军团团围定。

成德方向的进展最顺利，当洹水大捷时，李惟岳被搞死了。

李惟岳之所以败得这么快，一是因为朱滔能力强，二是因为内

---

① 洹，环。

讧。李宝臣死前为了让儿子能坐稳位置，杀了不少老将，搞得一帮老伙计对他们父子很有意见。成德军中的粟特族将领康日知和契丹族将领张孝忠都站到了朝廷一边。于是，李惟岳就疑心另一位契丹族将领王武俊了。王武俊抢先动手，缢杀李惟岳，传首京师。

当年叱咤风云的四大天王转眼只剩两个了，德宗信心满满，觉得离大功告成不远了。他将成德九州一分为四，在易州（今河北保定易县）、定州（今河北保定定州）、沧州（今河北沧州）特设义武军，任用张孝忠为首任节度使；把恒州（今河北石家庄正定）和冀州（今河北衡水冀州区）给了恒冀都团练观察使王武俊；深州（今河北衡水深州县）和赵州（今河北石家庄赵县）给了深赵都团练观察使康日知；德州（今山东德州陵城区）和林州（今河南安阳林州市）给了朱滔。

但事情坏就坏在了这次利益分割上。张孝忠和康日知都很满意，但朱滔和王武俊很不满意。朱滔觉得他出力最大，怎么只得两个州，还想要深州。王武俊觉得他是首功，起码应该接任成德节度使。

田悦马上派人游说朱滔，许诺只要朱滔肯支持他，他就把魏博的贝州（今河北邢台清河县）送给朱滔。朱滔大喜过望，又说服了王武俊。随后，二人留王武俊之子王士真攻打赵州的康日知，尽起大军来救田悦。

四个打成了两个，两个突然又变成了四个，德宗有点儿蒙，怎么会这样?!

03. 五藩称王

内战的规模和烈度肯定是要扩大了，德宗觉得有必要先稳住外敌。吐蕃方面问题不大，三年前的大渡河之战把他们打疼了，恐唐症现在还没好呢！主要是回纥这边不托底，德宗摸不清新上来的武义可汗到底是个怎样的人。

代宗走了，把牟羽也带走了。原因是牟羽不顾堂兄国相顿莫贺达干的反对，非要趁唐廷大丧之际入侵。顿莫贺达干急了眼，搞了个兵变，把牟羽杀了，自立为可汗。牟羽的可敦小宁国公主被赶出可汗牙帐，冻饿而死。他的另一位妻子、仆固怀恩的小女儿崇徽公主也从此不见于史书。

德宗准备册封顿莫贺达干为武义可汗[①]。使者都上路了，振武军[②]节度留后张光晟却把一个九百人的回纥使团给灭了。

事情的经过是这样的：代宗之末，牟羽派堂叔突董率团出使唐朝。粟特人和回纥人长得差不多，有一部分粟特人自称回纥人，长期滞留京师，跟着回纥人为非作歹，惹得民怨沸腾。德宗早就烦透了这伙人，即位后就让突董把这些粟特人都带走了。

突董带着金银财宝和粟特人走到振武军，不知为何却停了下来，而且一停就是几个月。其间，他们要求振武军保障衣食住用，光羊肉

[①] 武义可汗自称合骨咄禄毗伽可汗，唐廷先册封其为武义成功可汗，后改封为长寿天亲可汗。

[②] 振武军以唐时黄河支流之一的振武河命名，由张仁愿开设，归朔方军节度使管辖。德宗即位将朔方军一分为三，振武军即为其一，治所单于都护府，管辖今陕西绥德以北及内蒙古南部之地。

每天就需要一千斤。好好待着也行，他们偏不，肆意踩踏农田，搞得振武百姓极为不满。

不久，顿莫贺达干诛杀牟羽的消息传到了振武军。粟特人不淡定了，怕去了回纥没好果子吃，就怂恿张光晟诛杀回纥使团。张光晟先后三次上奏德宗，建议诛杀使团，将宝货扣留下来。德宗虽然讨厌回纥人，但也觉得这么做不地道，没同意。

张光晟不死心，想了个办法，派副将从突董门前路过，看到突董故意不行礼。突董跋扈惯了，哪受得了这等怠慢，抓住副将打了几十鞭子。回纥人是真爱用小皮鞭呀！这下张光晟就有理由了，集结兵马将回纥使团和粟特人杀得只剩两个人。这是德宗元年（780年）八月的事儿。

张光晟此举妥妥的是矫诏，应该被处死。但德宗心里高兴啊，总算出了当年陕州受辱的恶气了，不仅没有处置张光晟，还将其征入朝中为官。然后，他派人给顿莫贺达干送了一笔钱，就算了事儿了。

如果回纥当家的是牟羽，估计早就兴兵进犯了。但顿莫贺达干只是要求将张光晟交给他们处置。德宗存心敷衍，将张光晟贬官，但同时又召回了已在途中的册封使团。

之后的日子里，德宗多少有点儿担心，却始终不见顿莫贺达干有所行动，他也就没再当回事。现在，朱滔和王武俊反叛，德宗就不得不考虑安抚回纥了，命使团继续前进。

德宗三年（782年）五月，使团抵达回纥，宣布了大唐皇帝册封顿莫贺达干为武义可汗的诏命。

令他们倍感意外的是，武义可汗始终没露面，与他们洽谈的是国相。国相质问唐廷为何诛杀突董，不仅"供待甚薄"，还多次扬言要屠了整个使团。使团提心吊胆地待了五十多天才被放归。

临行前，武义可汗才派人传话给他们："回纥人都想杀了你们给突董等人报仇,但被本汗拦住了。你们杀了突董,我如果再杀了你们,好比以血洗血,冤冤相报何时了?所以,本汗今日以水洗血,尽释前嫌,这对两国都是好事。突董的事我就不追究了,但你们还欠我们购马款一百八十万匹绢,这事不能算了,你们要尽快支付!"

说句实在话,这位武义可汗的境界和心胸比牟羽、比德宗强得不是一星半点儿。

德宗倍感意外之余,立即支付了拖欠的购马款,只要回纥不趁机入侵,别的都好说。

事后不久,邠宁、朔方节度使李怀光率部抵达魏州城下。马燧、李抱真久攻魏州不下,德宗觉得人手不够,就把李怀光调来了。这是他在这场战争中犯下的第二个巨大错误。

很快,朱滔和王武俊的联军也来到魏州城下。

李怀光自诩朔方军天下第一,没想到惬①山一战,官军大败,尸体多得甚至把永济渠都堵塞了。紧接着,朱滔又掘开永济渠水,断了官军的粮道和退路。

这下官军就待不住了。马燧点子多,派人去和朱滔谈,你让我们平安撤退,作为回报,我回去后就请求圣人让你当河北道的道长。

朱滔这个人就贪利,当时就同意了。王武俊反对,觉得这是马燧的缓兵之计。可朱滔利令智昏,非是不听呢!

果不其然,官军退到魏县(今河北邯郸魏县)就停了,继续盯着魏州。朱滔这才知道上了马燧的当,赶紧进抵魏县,与官军隔河对峙。

继往魏博前线码了一个李怀光后,德宗又准备往淄青前线码一个李希烈。

---

① 惬,音切。惬山,在今河北大名县北十五里处。

但李希烈非但没有出兵，还暗中联络朱滔、田悦、王武俊和李纳，准备五家联手对抗朝廷。

是的，他也要反水了。杨炎所料不错，李希烈征讨梁崇义就是为了占有山南东道。这纯属痴心妄想，德宗怎么可能给他？另择他人任了节度使。李希烈很恼火，在纵兵大肆劫掠襄阳后，怒气不解地回到老巢蔡州。

现在，他准备出兵攻打汴州，进占洛阳。坐镇汴州的永平军节度使李勉倒是很警觉，一面上报朝廷，一面严加守备。

终于，这场动乱的第一个小高潮到了：十一月，朱滔、田悦、王武俊三人一起称王：朱滔称冀王，田悦称魏王，王武俊称赵王，遥请李纳称齐王。四王捅咕李希烈称帝。李希烈不好意思直接称帝，自称建兴王，于十二月正式反叛。

五藩称王，搅乱大唐半壁江山！

04. 清水会盟

德宗四年（783年）正月，德宗办了一件大事，与吐蕃重新会了盟。

我之前说过，代宗、德宗父子对吐蕃的态度刚好相反。代宗非常敌视吐蕃人，他扣留了所有的吐蕃使节，前后一共八拨，有的吐蕃使节甚至老死在长安；至于抓获的吐蕃战俘，则全被他流放到了岭南。德宗不同，他觉得和吐蕃的矛盾是可以通过谈判化解的，所以刚即位就摆出和解姿态，派太常少卿韦伦出使吐蕃，并释放了五百名吐蕃战俘。

只是韦伦还没到,就发生了吐蕃和南诏联手入侵西川的事情。然后,李晟在大渡河给吐蕃人打怕了。

战后第二年,也就是德宗元年(780年),去年释放的五百名战俘才回到吐蕃。吐蕃人都惊呆了,唐人居然把你们放了?!俘虏们纷纷称颂德宗:"新天子出宫人,放禽兽,英威圣德,洽于中国。"

不久,韦伦抵达逻些。往年唐使根本不受待见,现在不同了,赤松德赞下令净水泼街、黄土垫道,以隆重的礼仪迎接韦伦。在感受到大唐皇帝和谈的善意后,赤松德赞遣使随韦伦入唐,向德宗献上贡品。德宗立即下令西川军把所有吐蕃战俘都放了。

唐蕃关系迅速破冰,双方使节往来频繁,开始磋商合盟事宜。经过近两年的讨价还价,双方终于在这一年达成了谅解。

正月,唐廷代表陇右节度使张镒[①]和吐蕃代表国相尚结赞在今甘肃天水清水县会盟,史称"清水会盟"。

清水会盟是唐蕃第六次会盟,主要内容有两条:一是重申两国虽为舅甥之国,但不是宗主与藩属的关系,是平等的国与国。二是以贺兰山为边境,重新划定了疆界。贺兰山位处内蒙古、宁夏地区,对比第一次"神龙会盟"时以青海日月山为界,两国的消长关系可见一斑。

德宗设法稳住回纥、吐蕃这两大强敌,目的是集中力量削藩。但削藩战争的形势并不乐观。

李希烈反得太突然,打了朝廷一个措手不及。他发兵陷汝州(今河南平顶山汝州市),取尉氏(今河南开封尉氏县),围郑州,直接威胁东京洛阳和东南漕运。官军数为所败,"东京士民震骇,窜匿山谷"。

---

① 镒,音易。

德宗问计于卢杞。国难当头，卢杞想的不是为国纾难，反倒想借机害死太子太师颜真卿。

颜真卿颇有初唐名臣魏征的风范，谠言直谏，无所顾忌。但时代不同了，这时已经不是贞观时代了，肃宗、代宗也没有太宗的风度和涵养，他的耿直换来的不过是一再贬官外放。后来，颜真卿虽然回了朝，但一直任的都不是要害职务。到卢杞当权时，他只挂了一个太子太师的闲职。

卢杞更加厌恶颜真卿的刚正，甚至还问颜真卿："方面之任，何处为便？"话里话外的意思，我不想看到你，你想去哪里当地方官，言语一声，我让你去。

颜真卿老了，不想折腾了，专门跑到中书省截住卢杞："当年安禄山杀害你父亲卢奕卢中丞，将首级传送河北。到我平原郡时，首级脸上满是血污，我用衣服擦拭，亲自用舌头舔干净，您忍心不容我吗？"

卢杞是个念旧情的人吗？不，他才不是呢，虽然当面惊惶下拜，内心却深恨颜真卿，必欲除之而后快。

刚巧德宗问他如何对付李希烈，卢杞顺势建议派颜真卿去劝降。陛下，让老颜去，他可以的！

德宗居然同意了。诏书下达后，举朝失色，现在让颜真卿去，不是要他死吗？很多正直大臣上书劝阻，但德宗非是不听呢！我想，说不定他也早想除掉碍眼的颜真卿了。结果，颜真卿一到淮西，就被李希烈软禁于军中。

李希烈发兵三万围攻襄阳城。襄阳为水陆要冲，一旦沦陷，东南漕运就被阻滞了。德宗很着急，赶紧任命哥舒翰之子哥舒曜为东都、汝州节度使，并征调西北藩镇军队入援。

于是，他就犯下了第三个巨大错误：征调了泾原军——这支对他怀有刻骨仇恨的军队。

十月，泾原节度使姚令言率五千士卒抵达长安。

泾原军很穷，一听朝廷要用他们打李希烈，高兴坏了！朝廷用人怎么会白用呢，肯定有好多赏赐啊！于是，父亲带儿子、哥哥带弟弟、舅舅带外甥……能来的男丁都来了，就指着得点儿卖命钱呢！

可等他们冒着秋风寒气赶到长安后，却深深地失望了。因为，连毛都没有一根。

开战两年多了，每月消耗钱财一百多万缗，杨炎给德宗搞的那点儿钱早干了。为了搞钱，德宗连两税法都破了，先是增商税为十分之一，不够用；继而开征酒税，不够用；又让中国第一部体例完备的政书——《通典》的作者、判度支杜佑向长安商人强行借钱，还不够；又开征当铺税——僦①柜质钱②，要求凡存有钱帛粟麦的人都要向朝廷借出四分之一。说是借，其实就是强取豪夺，其间出了不少人命。这一顿流氓操作下来，也不过聚敛了二百万缗，顶多够打两个月的。

怎么办呢？穷疯了的德宗又创设了"间架税"和"除陌钱"。"间"是一间两间的意思，"架"是指前后两根柱子，两架即一间。这个间架税很有可能是中国最早的房产税。除陌钱是一种交易税，规定凡属公私贸易，每一贯收税二十钱，后增至五十钱，逃税一百钱的罚两千钱，杖六十。有机灵鬼出主意，那我不交易，物物交换行不行？不行，政府早算计到了，物物交换折钱计税。就问你们服不服？真是大唐王朝万税，皇帝陛下万万税啊！

在这种情况下，德宗怎么可能封赏泾原军呢，拿啥封赏？

---

① 僦，音就。
② 僦柜是唐代的当铺。质钱即典钱。

05. 泾师之变

泾原军到了长安，朝廷只是让他们稍作停留，便向东京前线开拔了。

临行前，德宗倒是让京兆尹犒赏泾原军了。可京兆尹又不管国库，没钱犒赏，只是保障了伙食，标准还不高，粗茶淡饭。泾原军非常不满，好嘛，让我们流血卖命，赏钱一毛没有，连顿好饭都不管，他奶奶的！很多将士当场就把锅碗踢翻了。

一路上，将士们越想越气，越气越想。等渡过浐水，有人就受不了了，在军中大呼："我们离开父母妻儿远征，可能就要死在战场上了。朝廷居然连一顿饱饭都不管，我们凭什么为皇帝卖命？！听说皇帝的内库里宝货堆积无数，咱们不如一起分了吧！"

这一声呐喊瞬间点燃了整支军队的怒火。节度使姚令言大呼："诸君失计！东征立功，何患不富贵，乃为族灭之计乎！"可乱军不听，挟持着他掉头向长安冲去。

警报传至宫中，德宗惊呆了，赶忙命中使从内库中拿出二十车布帛赏赐乱军。这二十车布帛平均到每个人头上才两匹，顶多够做两身衣服，纯属打发要饭的！乱军越发生气，乱箭射击中使。第二名中使赶到通化门，刚好撞见乱军，不由分说就被杀了。德宗慌了，已经二十车了，还不够吗？又让人拉出金帛二十车。

晚了，乱军已经进了城！

全城大乱，百姓四散奔逃。乱军倒是没坑害百姓，还向百姓喊话："汝曹勿恐，不夺汝商货僦质矣！不税汝间架陌钱矣！"这两句话真是啪啪打脸德宗。很快，乱军就来到宫城丹凤门外。长安百姓也不怕了,还聚集了几万人围观,就看乱军怎么给皇帝添堵。乱军撞击城门,百姓就在一边呐喊:"加油!加油!用力点!用力点!"

软的不行,德宗准备来硬的,让神策军使白志贞率军出战。可白志贞治军无方,导致神策军缺乏训练,甚至连员额都不满。当此关键时刻,这支天子的直属部队竟无一人前来护驾。

这时,乱军已经冲入皇宫。德宗只得带着后妃太子和部分王子公主仓皇出逃。时间紧急,以致很多住在宫外的王子和公主都没通知到。

保护德宗的只有太子李诵和窦文场、霍仙鸣等一百多名宦官。李诵亲自执剑为父亲殿后。郭子仪的儿子司农卿郭曙带家兵数十人在半路等候德宗。右龙武军使令狐建率所部四百人跟了上来。堂堂大唐皇帝,当此危难关头,身边居然只有五百多人,悲哀啊悲哀!

有随行大臣建议把朱泚带上。朱滔反叛后,曾密信朱泚,要他在朝中策应。信件被马燧截获,上奏德宗。德宗就将朱泚从凤翔召回,拿朱滔的密信给他看。朱泚确实不知情,惶恐请罪。德宗虽然没有为难他,却将他留在了长安。大臣提醒德宗,朱泚曾经担任过泾原节度使,且因为受软禁而对陛下暗怀不满,万一泾原军拥立他为帅就不好了!这时的德宗只想着保命,哪儿还顾得上这一出:"无及矣!"

出了长安,一行人仓皇向咸阳奔去。

乱军洗劫了皇宫和国库。长安百姓也趁机入宫抢夺府库里的财货,"出而复入,通夕不已。其不能入者,剽夺于路"。

果不其然,当天晚上,姚令言就去找朱泚了,要他当头儿。朱泚毫不犹豫地接受了。

这一天是德宗四年(783年)十月初三。这就是唐朝历史上著名的"泾师之变"。"天子九逃,都城六陷",德宗出奔,长安失陷,这是第三逃、第三陷。

卢杞等大臣陆续赶到咸阳与德宗会合。德宗也不敢在咸阳多停留，继续向更西边的奉天奔去。

左金吾大将军浑瑊率宗族子弟及家属赶到奉天护驾。德宗即位后肢解朔方军，浑瑊当时得了三分之一，但当年德宗就征他入朝，闲置起来。浑瑊并没有学朱泚，一听皇帝有难，马上赶来相助。他建议德宗赶快加强守备，以防朱泚来攻。

都沦落到这般田地了，卢杞仍然拍着胸脯说朱泚是忠臣，不用防他。德宗也是这么认为的，朱泚入朝后表现一贯良好，这次很有可能是被叛军胁迫的。所以，他派人去京城试探朱泚的态度。

朱泚什么态度呢？他悍然杀害了朝廷使节。

初七，朱泚召集前泾原节度使段秀实、现泾原节度使姚令言以及前淮西节度使李忠臣等老人商量称帝的事情。段秀实忽然站了起来，慢悠悠走到朱泚跟前，猛的一口唾沫啐在他脸上："狂贼！我恨不能将你碎尸万段，岂肯随你造反呢！"说罢，就用手中的象牙笏朝朱泚头上砸去。朱泚挡了一下，但没挡住，被砸到了脑门儿，顿时鲜血直流。

随后，这两位节度使就打了起来。李忠臣也对德宗不满很久了，起身替朱泚挡住了段秀实。段秀实既然敢干，就做好了赴死的准备，对围上来的叛军说："我不和你们一起造反，为什么不杀死我?!"乱军一拥而上，将他乱刀砍死。

第二天，朱泚登基称帝，定国号为大秦，遥封弟弟朱滔为皇太弟，并致信朱滔说："三秦之地，指日克平；大河之北，委卿除殄，当与卿会于洛阳。"

吵归吵，闹归闹，人俩终归是兄弟。

紧接着，李唐宗室的第四次劫难就降临了。朱泚一口气杀了郡王、王子、王孙77人。

当自己的龙子龙孙被屠杀时，德宗却想去投凤翔节度使张镒了。有人提醒他："凤翔是朱泚老巢，当地驻军大多是朱泚当年带来的卢龙军，保不齐有人暗中跟他走。臣估计张镒可能都活不久，陛下怎么能去凤翔呢?!"德宗觉得没事："吾行计已决，试为卿留一日。"幸好留了一日，就在当日，朱泚旧部凤翔军后营将李楚琳杀害张镒，投靠了朱泚。

初九，朱泚称帝的消息传到奉天。德宗听说段秀实死难，万分懊悔，痛哭流涕。与遥远的五王相比，朱泚的威胁近在眼前、迫在眉睫。德宗犹豫了又犹豫，斟酌了又斟酌，最终痛下决心：从河北前线召回李晟、李怀光等军。

诏书传到魏县行营，诸将"相与恸哭"。马燧与众节度使商量决定：李怀光、李晟二部开赴长安勤王，李抱真退屯临洺（今河北邯郸永年区）牵制朱滔，其余各部各归本镇。

06. 奉天解围

称帝不过数日，朱泚即亲自带兵攻打奉天。

敌众我寡，战事异常激烈。最危险的一次，有流矢居然飞到距德宗仅三步的距离，把个德宗吓得要要的。李怀光、李晟还在回来的路上，谁能帮助他呢？

恰在这时，吐蕃国相尚结赞却主动提出帮忙。德宗高兴坏了，清水会盟没白会啊，马上派秘书监崔汉衡去见尚结赞。尚结赞不是慈善家，当然不会白帮忙，他提了好大好大一个要求：收复长安后，唐廷得把安西和北庭割让给吐蕃。

有细心的小伙伴问了，吐蕃进占河陇，难道被隔断的安西和北庭还在唐朝手上吗？

是的，还在！其实，德宗也是前年才知道二镇还在的。

德宗二年（781年）七月，即郭子仪去世次月，有人从西域来到长安，声称自己是安西和北庭军的使节。

朝廷怀疑来人是个骗子，因为二镇和内地失去联系已经十多年了，没有内地的支援，两镇不可能坚持这么久。但沟通过后，德宗惊喜地发现：来人是正牌使者，安西、北庭居然还在唐人手中。通过来使的讲述，他也了解到了安西、北庭人抗击吐蕃的血泪史……

安史之乱期间，唐王朝抽调西北精锐部队入援内地，吐蕃趁机蚕食唐境。这种蚕食不是随机而是有计划的，先拿下狭窄的河西走廊，隔断安西、北庭和内地的交通，回过头来再吞掉二镇。

代宗三年（764年），仆固怀恩联合吐蕃、回纥十万联军进取关中。为了牵制仆固怀恩，河西节度使杨志烈派监军柏文达攻打仆固怀恩老巢灵州。仆固怀恩火速回军，大破河西军，"士卒死者殆半"。当柏文达带着残余将士哭奔回凉州时，杨志烈无心说了一句错话："哎呀，咱们这次出击虽然没有胜利，但也间接保卫了长安，这是大功一件，死点儿士兵无所谓啦！"

不久，吐蕃来袭，河西军拒绝抵抗，导致凉州沦陷，杨志烈为沙陀突厥所杀。凉州是河陇地区最重要的城市，凉州一下，整个河陇地区的形势都岌岌可危了。

河陇若亡，则西域必失。代宗想不到，但郭子仪洞若观火，果断于代宗五年（766年）举荐侄子、左武卫大将军郭昕为安西四镇留后。当时的郭昕还是个小伙子，可风华正茂的他决然想不到，他这一去居然再也没能回来。

郭昕抵达安西后，河陇的形势就急转直下了。吐蕃接连攻克河西走廊的大多数州，隔断河湟，将安西、北庭变成了大唐的"飞地"。

在那个没有手机、没有微信、没有传真的年代，连对皇帝说句"你好，在吗？"都不可能。两镇不断向内地派出使节，但吐蕃人封锁得太厉害，使节没一个能活着走到内地的。

二镇只能靠自己。安西长官郭昕、北庭长官曹令忠带领军民，一面开荒屯垦，发展生产，自给自足；一面厉兵秣马，枕戈待旦，抵御鞑虏。困境反而激发出了潜能，两镇军民在外无援兵的情况下，居然坚持抗争到现在，涌现出无数可歌可泣的事迹。比如，伊州（今新疆哈密）刺史袁光庭坚守至粮竭兵尽，先杀了老婆孩子，然后举火自焚，宁死也不投降吐蕃。

由于讯息阻塞，尽管这么多年过去了，西域军民仍旧以为当朝天子是代宗，还在使用"大历"年号。新疆阿克苏新和县的通古孜巴什古城遗址出土了两张当年安西人的借粮契，一张的落款时间是"大历十五年"，另一张是"大历十六年"。实际上，"大历"这个年号只用了十四年，大历十五年是建中元年，大历十六年是建中二年，这时做天子的已经是德宗了。

听完使者的讲述，德宗感动坏了，诏加曹令忠为北庭大都护、北庭节度使，封宁塞郡王；加郭昕为安西大都护、安西四镇节度使，封武威郡王；追赠袁光庭为工部尚书；所有将士连升七级。

然后呢？然后就没有然后了！

安北通问当然是个好消息，可也仅限于消息而已。吐蕃占据河陇多年，且屯有重兵，德宗除了能开出一堆告身外，连一支箭、一粒米都运不过去。况且唐廷正在打削藩战争，连援助西域的尝试都不可能安排。二镇军民只能继续自力更生、自求多福了。

现在，不地道的吐蕃人又提出以安西、北庭换取出兵相助。德宗是不是拍桌子骂娘了呢？想多了啊，他都没带犹豫的，马上就答应了。说句实在话，安西、北庭再大，现在对他也没有意义了，因为他的手伸不了那么长了，管不着；而长安虽小，于他的分量却重于千钧。

如果二镇军民知道他们心心念念的母国和君王说卖就把他们卖了，估计当时就投降吐蕃了。

恰在这时，李怀光赶到了。离开魏县行营后，他带着朔方军一路疾驰，于蒲津渡过黄河，接连挫败朱泚派来阻击的部队。朱泚担心李怀光攻打长安，匆匆解除奉天之围，撤回长安。

德宗不忐忑了，就该朱泚忐忑了。但他们都想多了，因为李怀光走到咸阳就按兵不动了！

德宗以为李怀光是东方来的大救星，却不想李怀光不远千里只是来给他的伤口上撒盐的。李怀光对朝廷、对德宗不满也不是一天两天了。在回来的路上，他就一个劲儿地对部将们唠叨："天下混乱都是因为卢杞一伙儿。我见了皇上，一定请求杀了他们。"德宗让他攻击朱泚、收复长安，他偏不，待在咸阳见天儿给德宗写信，反复揭露卢杞一党的罪行，要求严惩奸党。

卢杞当然有罪，但李怀光趁国难当头之际要挟天子，这就很不妥了。其行为之恶劣，已经超过了写信数落代宗的仆固怀恩。

德宗十分不爽，可不爽归不爽，现在的他只能委曲求全，将卢杞贬为新州（今广东云浮新兴县）司马。李爱卿，满意了吧？可以出兵了吧？不，李怀光还不满意，又要求杀掉宦官翟文秀。德宗只好又杀了翟文秀。爱卿，这下总该满意了吧？乖，出兵吧！哎，李怀光还是按兵不动。

这该如何是好？这道题太难了，德宗不会做。

好在翰林学士陆贽①会。

07. 德宗罪己

天下都乱成这样了，德宗还不觉得是他的责任："此亦天命，非由人事。"

嘉兴才子陆贽实在看不下去了，啪啪打脸德宗，"治乱由人，不在天命"，你人不行，就不要怪老天爷。他建议德宗发布罪己诏："如今盗寇遍及天下，车驾流亡在外，陛下应当痛心检讨过失以感动人心。商朝成汤因罪己而勃兴，楚昭王因讲了善言而复兴楚国。如果陛下不吝改过，诚心诚意地下罪己诏，绝对可以使逆贼们回心转意、革心洗面。"

事到如今，德宗也不嘴硬了，都怪他一意孤行要削藩，削也不注意方式方法，才闹出这么大的动乱，眼下似乎也没什么更好的办法了，只能这么办了。

五年（784年）正月初一，德宗发布了陆贽起草的《奉天改元大赦制》，宣布将年号由"建中"改为"兴元"，大赦天下，并取消僦柜质钱、间架陌钱等各类杂税。

这道制书其实就是罪己诏。德宗由此成为唐朝第一个发布罪己诏的皇帝。

在诏书中，德宗深刻检讨了自己的过错："我在深宫高墙里长大，

---

① 贽，音至。

不懂治国之道，居安忘危，不懂农人种地之艰难，不知战士征戍之劳苦。朝廷的恩泽未能真正惠及百姓，民间的疾苦也无法上达朝廷。朝廷和百姓之间声气阻隔，百姓自然与我离心离德。而我却浑然不觉，自命不凡，悍然发动了战争。"

这是实在话，如果他真的精于政治、了解民情的话，一是未必会大动干戈地一揽子削藩，二是不会犯下一个又一个严重错误。他用朱滔打田悦，朱滔反了；用李希烈打李纳，李希烈反了。现在，连李怀光都站到了反叛的边缘。说到底，都是他知人不深、用人不明。

对于这场战争，很多人都有责任，但陆贽让德宗将所有过错都揽到了自己身上："上天的谴责和百姓的怨恨朕都不知道，仍然一意孤行。有贼臣乘机犯上作乱，凌辱朕、逼迫朕，万事失去秩序，九庙为之震惊。朕对上连累了列祖列宗，对下辜负了黎民百姓。深刻反思之下，朕意识到这一切都是朕的过错。一想起这些，朕就万分惭愧，心情如坠谷底。"德宗还说了："从今以后，你们给朕上书，不许再称'圣神文武'的尊号①，朕当不起。"

道歉只是态度，真正的目的是说正事儿。德宗点名赦免五王，说李希烈、田悦、王武俊、李纳四人"有以忠劳，任膺将相"，是他"抚驭乖方，信诚靡著，致令疑惧，不自保安"；说朱滔虽然是逆贼朱泚的弟弟，但"路远未必同谋"，只要肯投诚，朝廷也会既往不咎。

这是场面话，眼下能把朱泚按下去就不错了，实在没有力量对付李希烈等人，只能赦免了。

提到朱泚，德宗就很生气了："朱泚大为不道，弃义蔑恩，反易天常，盗窃暴犯陵寝，所不忍言。获罪祖宗，朕不敢赦。"但他喊话

---

① 尊号是指古代尊崇皇帝、皇后的称号。皇帝的称号有四种：尊号（徽号）、谥号、庙号、年号。

叛军，只要在官军到达京城前投降或撤离，"并从赦例原免，一切不问"。

以上是对敌人喊话，接下来是对自己人喊话。

泾师之变的事情绝不能重演，必须褒奖忠于朝廷的将士们。德宗说了，所有追随他收复长安的将士，全部赐名"奉天定难功臣"，并许诺了一系列优厚的政治和经济待遇。

陆贽的手笔高啊，这道诏书既有痛切深刻的检讨，又有真诚全面的表态，整改措施也十分到位：罢黜一切苛捐杂税，回应了老百姓的关切，重新赢得了人民的拥护；豁免五王，既显示了天子的宽仁，也瓦解了他们的联盟；褒奖即将起兵讨逆的文臣武将，让大家同心同德剿灭朱泚。可以说，通过这套组合拳，朝廷建立起了最广泛的统一战线。

诏书下达后，德宗要求"赦书日行五百里，布告遐迩，咸使闻知"，发布到大唐每一个角落，让每一个大唐子民都知道。

听陆贽的就对了。看到德宗的罪己诏后，举世震惊加感动，"虽武人悍卒，无不挥涕激发"。

李纳和王武俊最先动摇。说句实在的，他们闹也不是为了取代皇帝，就是想保住一家之业，现在皇帝都认错了，说不再管他们了，目的已经达到，就没有必要闹了。二人马上去除王号，宣布依旧忠于朝廷。德宗投桃报李，让二人都当上了正牌节度使。

紧接着，朱滔和田悦闹掰了。看到李纳和王武俊都得到了实实在在的好处，田悦也动心了。朱滔还想拉着他去长安支援朱泚。但王武俊劝说田悦不要去。田悦也不想去，各种推托。朱滔大怒，发兵攻打魏博。

事实证明，只要价码给到位，任何联盟都可以是塑料联盟。当年咋咋呼呼的五大反王风流云散，转眼间就只剩了朱滔和李希烈两个。

朱滔接着闹，是因为他哥朱泚。李希烈也接着闹，完全是因为他太愚蠢、太狂妄了。趁着泾师之变、德宗出奔的机会，他接连拿下襄城和汴州。早不称帝晚不称帝，看到德宗的罪己诏，他却称帝了，国号大楚，摆明了要和朝廷斗争到底。

李希烈称帝是建中削藩战争的最后一波高潮。这场战争因为冒出了冀王朱滔、魏王田悦、赵王王武俊、齐王李纳、秦帝朱泚、楚帝李希烈六个反叛的藩镇，所以被后世史学家称为"四王二帝之乱"。

08. 克复长安

德宗的罪己诏唯独没有感动三个人，除了朱滔、李希烈，还有一个李怀光。

李怀光依旧按兵不动、静坐观望。德宗无奈，只好又去催尚结赞。尚结赞存心刁难他："按吐蕃的规矩，进军以掌兵大臣的官印和意见为凭证。我虽然接到了你们的文书，但还没看到李怀光的签名和官印，没法派兵啊！"

德宗只好派陆贽带着文书去见李怀光，请他署名盖戳。李怀光不同意，吐蕃人狼子野心，怎么能倚仗他们呢？这话倒是没毛病，信谁也不能信吐蕃人啊，德宗属实病急乱投医了。任陆贽怎么说，李怀光就是不肯签名，还讥讽陆贽："你有什么能耐？"

李怀光这是怎么了，他到底想干啥？还能想啥，想造反呗！"四王二帝"并起，国家大乱，他李某人手握重兵，朝廷和朱泚都怕他，趁机弄个皇帝当当不香嘛?！朱泚早就拉拢他了，一口一个"大哥"，叫得甜着呢，还说等擒了德宗、灭了大唐后，两人平分天下。李怀光还真就被说动了，之所以不肯署名画押，是怕吐蕃人到时候站在朝廷一边，耽误了他的大事。

不过，李怀光仍有忌惮。他忌惮的不是长安城里的朱泚，也不是奉天城里的浑瑊，更不是其他援军，这些人兵力都没他多，他唯一忌惮的是李晟。

根据魏县行营商议的结果，他和李晟两军开赴长安勤王。李怀光抢着立功，拍拍屁股就出发了。李晟也想走，却被义武军节度使张孝忠拦住了，你走了，我们哥儿几个咋办？李晟没辙了，只得把儿子交给张孝忠作为人质，又重金贿赂张孝忠的亲信，才得以引军西归。因此，他就落在了李怀光后头。不过，现在他已经率领一万精兵赶到，驻军于长安东渭桥。

李怀光想了个主意，奏请德宗让各路勤王之师与他合营，集中力量对付朱泚。其实，他是想借机火并李晟等人。可笑德宗居然还对他抱有幻想，同意了！

然后，李晟、鄜坊节度使李建徽、神策行营节度使杨惠元三路人马就和李怀光合兵一处了。李晟很谨慎，平叛就平叛嘛，为什么非得合营？他决定试一试李怀光的态度，就劝说李怀光立即出兵，收复长安。李怀光各种理由一大堆，就是不出兵。李晟明白了，也没照会德宗，以朝廷有诏令为由，率本部人马重新屯驻东渭桥。

明白人不止李晟一个，还有陆贽。起初，他和德宗都认为李怀光仅仅是养寇自重，现在看来，李怀光远非养寇自重那么简单，他是要造反了。因此，陆贽回到奉天后就奏请德宗分军，以免李晟等人遭李怀光暗算。

德宗也意识到这种可能了，但他担心突然分军会激怒李怀光，就想出了亲赴咸阳催李怀光进军的法子。

李怀光无所谓，皇帝来就来嘛，怕他作甚。但部将提醒他："此汉祖游云梦之策也！"当年汉高祖刘邦诈游云梦泽，设计擒拿了韩信。李怀光害怕了，不行，不能拖了！

德宗下诏给他加太尉，赐丹书铁券。李怀光居然将铁券丢到地上，还质问使节："皇帝是怀疑我谋反吗？自古以来，臣子要造反，皇帝才会赐铁券。我又没反，赐我铁券，这不是逼我反吗？"此贼欺君太甚，既要谋反，还要把责任的屎盆子往德宗脑袋上扣，真是又当又立！

德宗彻底清醒了，李怀光果然又是一个野心家！李怀光驻军咸阳八十余日而按兵不动，他的心思已经路人皆知，也就德宗这种傻狍子现在才转过弯儿来！

该来的躲不过，李怀光终于出手了！他先火并了李建徽和杨惠元的部队，继而又拉拢邠宁兵马使韩游瑰，还派大将赵升鸾潜入奉天城纵火。但韩游瑰报告给了德宗，赵升鸾报告给了浑瑊。

奉天太危险了，浑瑊奏请德宗移驾到南边的梁州（今陕西汉中）去。李怀光派兵阻截德宗的车驾，但未能成功。德宗也真是够可怜的，当年太爷爷玄宗虽然被赶出京城，但一没被围、二没被撵、三没被劫，德宗可倒好，三样都占全了。

三月二十一日，德宗抵达梁州。他已经吓破胆了，觉得梁州也不安全，想学太爷爷去蜀中。李晟上疏劝阻，认为皇帝应留在梁汉之地，以安人心。德宗只得接受。其实，他应该感谢李晟，要不然他会和太爷爷一样，被永远地钉在历史的耻辱柱上。

只能依靠李晟了，德宗诏命骆元光的华州军、尚可孤的神策军、戴休颜的奉天军、韩游瑰的邠宁军都受李晟指挥。李晟的处境其实很危险，孤军处于朱泚和李怀光两贼之间，内无粮草，外无援兵。但架不住人家能力强啊，一面谦词厚币稳住李怀光，一面紧锣密鼓征调附近州郡赋税充作军用。

李怀光惊觉上了李晟的当，准备下手了。可他先后三次下达出击的命令，竟无人执行。说到底，朔方军将士大多是被他裹挟的，并不愿意造反。军中不断有人抗争或脱逃，李怀光的实力日渐削弱。

朱泚也是个棒槌，既然朱滔指望不上，那就该好好笼络李怀光，他偏不！当初为了劝说李怀光反叛，他甜言蜜语说尽好话，许下种种好处。等李怀光真造反了，他却把脸一抹，说他是君，李怀光是臣，给李怀光下诏书，还要征调李怀光的兵马。

李怀光悔得肠子都青了，和朱泚打吧，得利的是朝廷；和朝廷打吧，得利的是朱泚；按兵不动又无从补充给养，只能向老巢蒲州退却。

这下朝廷就可以专心专力对付朱泚了。德宗分任李晟、浑瑊为帅，并引尚结赞军，开始收复长安。尚结赞出工不出力，只在武功地区打了一场胜仗、劫掠一番，就借口天气炎热撤退了。浑瑊和李晟联手，连战连捷，打得反叛的泾原军、凤翔军死伤惨重，哭声整夜不停。

五月二十八日，官军攻入长安。朱泚、姚令言、李忠臣在逃跑途中被部下斩杀，首级传送梁州。

为了庆贺平乱成功，德宗于六月诏改梁州为兴元府。七月十三日，德宗回到了长安。

朱泚连累了很多人，其中就有"唐代四大女诗人"之一的李冶。

09. 动乱平息

朱泚授首后，河北战事很快就结束了。

早在德宗驾幸兴元当月，田承嗣之子田绪诛杀堂兄田悦一家，向朝廷款服。德宗授任田绪为魏博节度使，田绪随即掉头进攻朱滔。李晟收复长安前夕，田绪、王武俊诸军于贝州大败朱滔。德宗五年（784年）六月，卢龙军主力被彻底消灭。朱滔败退幽州，上表朝廷待罪。

至此，只剩李怀光和李希烈这哥儿俩还强撑着了。

在叛乱的一众藩镇中，最精的和最傻的都姓李。

最精的是李纳。四大天王向来同气连枝，但叛乱时他不打头，等到确实得不到德宗承认时他才起兵。淄青军战斗力一流，但从未重创过官军。德宗发布罪己诏后，李纳又第一个去除王号，并立即攻打李希烈。凡此种种，都说明这是个聪明的家伙。

最蠢的是李怀光和李希烈，李怀光是二傻，李希烈是大傻。

后郭子仪时代，李怀光是朔方军头号人物，只要他坚定追随朝廷，将来肯定是郭子仪第二。仆固怀恩好歹是被逼反的，李怀光却是主动反的，反也没反明白，一把好牌打个稀烂。

他虽然回到了蒲州，但日子并不好过，部下不断反水或叛逃，他内外交困、进退维谷。朱泚覆灭后，李怀光也害怕了，派儿子去见德宗，求取宽恕。

七月十八日，朝廷特使孔巢父抵达蒲州，带来了德宗的最高指示：褫夺李怀光军权，另授他人。德宗现在腰杆儿又硬了，敢对李怀光强硬了。李怀光当然不乐意。他的亲信大多是胡人，一拥而上，竟将孔巢父乱刀砍死。

这就没啥好说的了，开打！

对李怀光的战争又打了一年。国库紧张，很多大臣都奏请赦免李怀光。但这次德宗反倒很坚决，不行，必须打，不就是多收税嘛，百姓能挺得住！也是啊，百姓活不下去与他何干?!

由于李晟主动申请驻防泾州防御吐蕃，所以对李怀光的战争前期是由浑瑊指挥的。朔方军还是很能打的，浑瑊屡屡失利。德宗只好把马燧也调来了。

六年（785年）正月，德宗大赦天下，改"兴元"为"贞元"。

他的心肝大宝贝卢杞自然在大赦之列，被量移①为澧州（今湖南常德澧县）别驾。显然，德宗还想重用卢杞，但朝臣们纷纷上书反对，德宗只得作罢。卢杞不久病死，结束了他罪恶的一生。

马燧、浑瑊相比，明显马燧更胜一筹，他的军队一路所向披靡，将李怀光围困于蒲州。八月十二日，走投无路的李怀光自缢而死，余部投降。

德宗加马燧为侍中，浑瑊为检校司空，其余将士各有赏赐。

就剩大傻李希烈了。他是真的傻，从一开始德宗就没想动他，反而对他寄予厚望。可他上蹿下跳，非要造反。你说你反个什么，反了个寂寞吗，真是吃饱了撑的！他和朱泚称帝，按理说是绝对不可以原谅的，但德宗在罪己诏中明确表态可以赦免他。他偏不，还要接着对抗，结果被四周的官军一顿圈踢，龟缩回老巢蔡州。都这样了，他还要撑，撑啊撑，李纳、王武俊、田悦重归朝廷了；撑啊撑，朱泚被干掉了，朱滔被打回老窝去了，他依旧撑。

---

① 量移，唐朝公文用语，特指官员被贬谪远方后，遇恩赦迁至距京城较近的地区。

德宗五年（784年）八月，他甚至还杀害了颜真卿。

颜真卿被李希烈软禁达两年之久。这两年里，李希烈见天戏弄他。

一天，李希烈大宴亲党，专门把颜真卿喊来，让他观看戏子攻击朝廷、侮辱德宗。颜真卿大怒："李希烈，你好歹也是人臣，怎么能让戏子嘲讽君王呢？"李希烈很尴尬，只好命戏子停止演出。

后来，卢龙、成德、魏博、淄青四个叛藩派遣使者到淮西劝进。李希烈很开心，又把颜真卿喊来了："今四王遣使见推，不谋而同，太师观此事势，岂吾独为朝廷所忌无所自容邪！"颜真卿勃然变色："他们明明是四凶，怎么能称四王呢？！李公你不想着做唐室忠臣，却跟乱臣贼子为伍，难道你想跟他们一道覆灭吗？！"李希烈很不高兴，命人将他架了出去。

几天后的一场宴会上，四藩使者趁机羞辱颜真卿："颜太师德高望重，如今李大帅要称帝了，你偏偏在这时来了，岂不正说明李大帅乃是天命所归吗？大帅称帝后肯定要选用宰相，排第一的除了您还会有谁？！"

颜真卿当即撅了回去："什么劳什子宰相！你们都知道为国殉难的颜杲卿吧？那是我堂兄！我都快八十岁的人了，官至太师，当然要学习我堂兄死而后已的精神，怎会接受你们这些宵小鼠辈的诱惑和威胁？！"

李希烈气得脸都绿了，命人在院中挖了一个深坑，扬言要活埋他。颜真卿根本不惧："既然我的生死已经决定，你何必玩弄花样呢？！赶快一剑砍死我，岂不使你心中更痛快些呢？"这个倔老头又臭又硬，李希烈只得作罢。

当然了，淮西军也不是铁板一块，大将周曾、康秀林密谋除掉李希烈，尊颜真卿为帅。可惜谋事不周，计划泄露，二将被杀，颜真卿则被软禁于龙兴寺。李希烈大败荆南节度使张伯仪，特意命人把缴获的张伯仪旌节和被俘斩的官军首级送给颜真卿看。颜真卿"恸哭投地",竟为之气绝。苏醒后,他干脆不再和淮西人说话了。

颜真卿明白,自己肯定是要死在李希烈手里了,但他既然敢来,就已经做好了慷慨就义的思想准备。他给德宗写了一封遗书,给自己写好了墓志和祭文,甚至还指着寝室西墙对淮西人说:"吾殡所也。"这是将来放我遗体的地方啊!

德宗五年正月,李希烈准备称帝了,特意派人向颜真卿询问登基的仪式。颜真卿冷冷回道:"老夫年近八十,曾掌管国家礼仪,不过我只记得诸侯朝见皇帝的礼仪!"

李希烈随即称帝。他命人燃起柴堆,威胁颜真卿:"不能屈节,当自烧。"颜真卿起身就要往火坑里跳,被淮西军将们拉住了。

李希烈的弟弟李希倩在长安做官,追随朱泚造反。朱泚被灭后,李希倩以叛党被杀。八月初三,消息传到淮西,李希烈大怒,派宦官去"赐死"颜真卿。

宦官见到颜真卿说:"有敕。"

颜真卿赶紧罗拜。宦官说:"宜赐卿死。"

颜真卿回道:"老臣没有完成使命,有罪该死,但不知使者是哪一天从长安来的?"

宦官说:"从大梁来。"

颜真卿这才知道是李希烈的宦官,破口大骂:"乃逆贼耳,何敕耶!"原来是叛贼,怎敢称诏?!

宦官大怒,随即将颜真卿缢杀,终年76岁。

消息传至长安,德宗"痛悼异常",为颜真卿废朝五日,赐谥号"文忠"。

颜真卿以身殉国约三百年后,宋代大书法家黄庭坚到他当年遇难的地方凭吊,看到壁间颜真卿留下的题字,发自肺腑地赞叹:"余观颜尚书死李希烈时壁间所题字，泫然流涕。鲁公文昭武烈，与日月争光可也。"

颜真卿是中国古代少有的人品、官品、作品都毫无瑕疵的人，足为百代万世之楷模。我认为，中国电影业欠他一部片子。

但杀害颜真卿也挽救不了李希烈覆灭的命运，他的军队接连失败，本人也急怒攻心病倒了。德宗七年（786年）四月初七，淮西大将陈仙奇毒死李希烈，暴尸于市，将他们一家七口的首级献往长安。

至此，"四王二帝之乱"终于平息。

虽然历史上称此次事件为"四王二帝之乱"，一共六个人，但实际参与叛乱的将帅远不止六个，加上山南东道的梁崇义、成德的李惟岳、泾原的姚令言和朔方的李怀光，其实是十个人，堪称"非常6+4"。

藩镇是唐王朝的癌症，先后掀起数次反朝廷的高潮。但"非常6+4"绝对是最高潮，九镇十节度，四王二帝，历时六年，战火遍及河北、河东、河南、江淮、关中，这已经不是安史之乱的翻版了，而是加强版。后来的藩镇不管怎么闹、闹得多么凶，没一个敢称王的，更别提称帝了。

为了平定这场动乱，朝廷付出了巨大代价。且不说德宗被撵得到处跑，史书中记载的一件事也很能说明问题。

德宗六年（785年）夏，长安大旱，连井水都干涸了。度支估算朝廷的经费只够维持七十天。粮库里的粮食已经吃完了。有神策军将士饿得在街上号叫："把我拘束在军中，又不给吃的，我简直成罪人了！"德宗深怕禁军哗变，吓得寝食难安。

不久，有三万斛米运到陕州。消息传到长安，六军将士高呼万岁。德宗一路小跑到东宫，欣喜若狂地对太子李诵说了一句话。这句话我听了都觉着心酸。德宗说："米已运到陕州，咱们父子能活下去了！"

由于连年战争加饥荒，长安军民吃不饱，个个又黑又瘦，终于赶上一次丰收，许多人居然因为吃得太饱而撑死了。

付出这么大的代价，到头来其实也就削掉了山南东道梁崇义一个藩镇而已。李惟岳虽死，成德还在，换王武俊了。魏博也在，甚至连姓氏都没改，还是田家人。卢龙还在，叛乱刚结束，朱滔就病死了，其表弟刘怦被朝廷授任为节度使，刘怦很快病死，其子刘济继任。淮西还在，陈仙奇接任不到两月，即被兵马使吴少诚杀死。德宗削藩的心气儿已经没了，就坡下驴，任命吴少诚为节度使。至于淄青的李纳，从始至终动都没动。闹了半天，不过是老版四大天王——成德+魏博+淄青+山南东道，变成了新版四大天王——成德+魏博+淄青+淮西。

那么，德宗削藩是不是错了？削是对的，藩镇不除，始终是朝廷的心腹大患，关键是要会削。

德宗的错误主要有三：

其一，削得太急。想毕其功于一役，你们都上最好了！其实，完全可以先稳住几个。比如李纳，让他接任又如何？又如李希烈，给他几个州又何妨？等把河朔藩镇收拾完，回过头来再收拾他们不行吗？

其二，用人不当。先是错用了李希烈，继而又错用了李怀光，用野心家讨伐野心家，其结果只能是抱薪救火。

其三，不会平衡利益。对付李惟岳，朱滔是主力，王武俊有大功，完全可以把深州给朱滔，让王武俊当成德节度使。这样，朱、王就不会反叛，魏博的田悦可能就完蛋了。朱泚是朱滔的哥哥，出逃的时候为什么不带上他，又或者干脆杀了他。没有朱泚，哪有后来的奉天之围？

"非常6+4"总算结束了，那和平的曙光是不是就能照耀了呢？

想多了，新的敌人已经在来的路上了……

第七章 包抄吐蕃

01. 尚结赞入寇

"非常6+4"刚刚平息，入秋后，尚结赞突然挥军入侵。

去年德宗刚返回长安，尚结赞就派人来索要安西和北庭。按照此前唐廷和吐蕃达成的援助协议，甲方唐廷要求乙方吐蕃帮忙平了朱泚、收回长安；作为回报，甲方承诺将安西和北庭割让给乙方。结果大家都知道，吐蕃人只打了一仗就撤了。这在合同法上，属于典型的义务履行不充分。

德宗完全是可以拒绝的，但当时朝廷正要讨伐李怀光，他不敢得罪尚结赞，就准备召回曹令忠和郭昕，将二镇割让给吐蕃。这个协妥的，真是孔子看不懂、孟子看不懂、庄子看不懂，老子也看不懂！

好在有李泌！没错，山人李泌他又回来了！

代宗即位后也曾召李泌出山，准备大用为宰相，但一方面，李泌志不在此，坚决不肯当；另一方面，连续两个宰相——元载和常衮都极力排挤李泌。所以，李泌一直在地方转圈圈，任过江南西道判官、澧州刺史、杭州刺史。泾师之变后，德宗想起这位传奇人物，急召他赴兴元。

李泌坚决反对割让安西、北庭，理由有二：第一，吐蕃当日并未出全力，打了一仗就撤了，他们有什么功劳?！第二，安西、北庭地区控制着西域五十七个国家和十姓西突厥人，战略位置十分重要，一且让给吐蕃人，吐蕃会越发强大，而大唐会越发衰落。他的意见赢得了群臣百官的一致支持。

德宗只得放弃了割让的念头，但为了安抚尚结赞，不得不在财政极度困难的情况下，又给了吐蕃人大批金银财宝。

应该说，唐廷这边儿做得挺到位的，你吐蕃义务履行不充分，我们拒绝履约合情合理，但考虑到你们毕竟出了力，所以给你们一些劳务费，很公平啊！但尚结赞很不讲究，他觉得只要我履行了义务，甭管充分不充分，你都得充分履行你的义务；既然你不给，那我就给你点儿颜色看看！

尚结赞这次入侵打了德宗一个措手不及，神儿都没缓过来呢，吐蕃人已经到了好畤①（在今陕西咸阳乾县东）。京师戒严，慌了神的德宗又准备脚底抹油——溜了。但这次保密工作做得不好，长安百姓都知道了，人心惶惶的。大臣们说起这个事，把德宗臊得没边没沿儿的，只得作罢。

李怀光被灭后，浑瑊接管了他的军队和职务，常驻蒲州。马燧一直在河东任职，远水难解近渴。只有泾州的李晟堪用了！但有李晟就够了。汧②城（今陕西宝鸡千阳县）一战，李晟伏击吐蕃主力，大获全胜。要不是唐军士兵不认识尚结赞，只怕尚结赞也得被生擒。

这仗真把尚结赞给打疼了，他是个大唐通，深知唐朝当世名将唯有李晟、马燧、浑瑊三人，李晟这么能打，另外两个肯定也差不了，不把这三人除掉，吐蕃拿唐廷没办法。你别说，他看得还挺准。

月底，尚结赞发兵两万进至凤翔城下。但这次不一样，吐蕃军沿途秋毫无犯，并且到了城下也没有攻城，只是喊话："李令公召我来，

---

① 畤，音至。
② 汧，音千。

何不出犒我!"李晟叫我来的,怎么不出来犒赏我啊?!守将都蒙了,什么情况,李帅为何要召你前来?第二天,尚结赞就退走了。

刚刚经过"非常6+4"战火考验的唐军还是很能打的,接连击败吐蕃军。尚结赞不在关陇碰壁了,北上去了宁夏,又接连攻陷盐州(今陕西榆林定边县)、夏州(今陕西榆林靖边县白城子)、银州(今陕西榆林)、麟州(今陕西宝鸡麟游县),还在盐州过起了小日子。榆林离河东近,德宗理所当然地调马燧前来驱逐尚结赞。

马燧一到,尚结赞似乎秒怂,派人送重礼给马燧,请他代为申请,说吐蕃想与大唐讲和,再次会盟。马燧觉得化干戈为玉帛是好事儿啊,就转达给了德宗。

德宗是想答应的,一场"非常6+4"下来,国家都打成稀巴烂了,穷得裤兜比脸都干净,他真是不想打了。但宰相韩滉和李晟、韩游瑰等将领都觉得吐蕃人是狼子野心,尚结赞诡计多端,不能相信他们。德宗只好拒绝了马燧的建议。但尚结赞并未放弃,一再给马燧送礼说好话,马燧就一再申请。

转年二月,韩滉病故,张延赏成为首相,这形势可就变了。

张延赏何许人也?他是玄宗朝宰相张嘉贞的儿子。泾师之变,时任西川节度使的张延赏大力支持朝廷,得到了德宗的赏识。叛乱平息后,德宗召他入朝,准备任用为宰相,可由于李晟坚决反对,德宗只好暂且让张延赏当了左仆射。

李晟为何要和张延赏作对呢?故事其实挺俗套的,情义千斤不敌胸脯四两,都是因为一个叫高洪的妓女。

高洪是西川军里的一名营妓,因为长得怪带劲,被张延赏收作禁脔。德宗即位当年,李晟入蜀对付吐蕃和南诏,在成都停留期间和高洪搭上了,挺美!回军时,他就把高洪带走了。张延赏不干,派人追上李晟,硬把高洪要了回来。打从这儿起,两人的梁子就结下了。所以，关键时刻李晟就坏了张延赏的好事。

但现在人家张延赏上来了，就该李晟倒霉了。张延赏拿尚结赞在凤翔城下说的那句"李令公召我来，何不出犒我！"反复做文章，搞得德宗疑心李晟和尚结赞有所勾结。

李晟主战，张延赏偏要主和。主和就对了，德宗也不想和吐蕃打。如今张延赏和马燧都主张和谈，德宗的底气就足了，决定与吐蕃议和。张延赏趁机提出解除李晟的兵权，以免他破坏两国和谈。德宗同意了，于三月召回李晟，册拜为太尉、中书令。

汧城伏击战实质上成了李晟军旅生涯的谢幕战。此后，他一直在朝中任闲职，于六年后去世，享年67岁。

02. 平凉劫盟

种种迹象表明，尚结赞和谈的诚意的确很足，他主动提出归还盐、夏二州，只提了一个小小的请求：希望德宗派浑瑊主持会盟。德宗大喜，当即任命浑瑊为会盟使，兵部尚书崔汉衡为副使。

双方围绕会盟地点发生了一点小小的分歧。唐廷想在清水县第二次会盟。尚结赞说清水这地方不吉利，上次会盟就没盟好，要求在原州（今宁夏固原原州区）土梨树地区会盟。唐廷中有人觉得"土梨树多阻险，恐吐蕃设伏兵"，建议改在平坦的平凉川会盟。尚结赞同意了。

唯有李晟嗅到了一丝危险的味道，他现在的处境很尴尬，皇帝不信任他，本不该多说话，但他既为大唐的国运担忧，也为好战友浑珹的个人安危担忧，觉得还是应该说。浑瑊出发前夕，李晟特意叮嘱他，决不能轻信尚结赞，一定要做好万全准备，以防不测。

张延赏当时在场，回去就向德宗告状："李晟不想两国合盟，要浑瑊严加戒备。如果我们怀疑尚结赞，那尚结赞就会怀疑我们，如此怎能达成合盟？"德宗很生气，李晟，你以为你是谁，居然敢破坏朕定下的大计？！他较劲似的叮嘱浑瑊："你一定要推心置腹地对待尚结赞，把两国合盟这件利国利民的大事办好！"

浑瑊来到平凉，和尚结赞商定了会盟的日期——五月十五日，并立即上报朝廷。张延赏存心打李晟的脸，举着浑瑊的奏表，公然在朝堂上说："李太尉总说和吐蕃人结不了盟，列位看看，这是浑侍中的表奏，会盟的日子都谈妥了。"李晟当时不在场，听说这个消息后，他哽咽地对亲信说："我生长在西北边境，对吐蕃人很了解，所以才一再提醒。我个人受辱没什么，可叹朝廷就要被犬戎侮辱了。"

其实，德宗也不是完全不听李晟他们的，他让骆元光部屯于潘原（今甘肃平凉东），韩游瑰部屯于洛口（今宁夏固原西南），以防吐蕃人袭扰。骆元光认为潘原距离平凉太远，一旦有变，远水难解近渴，便与浑瑊联营相近，屯驻在平凉城外三十里处。

眼瞅会盟的日期一天天临近，尚结赞又提出：会盟当日，双方只能各带三千人马远远分列于祭坛东西两侧；会盟的主持人——他和浑瑊——只能带二百名随从参加仪式，并且全部释去甲胄着常服。浑瑊一一答应。

五月十五日说到就到！

仪式开始前，尚结赞又起幺蛾子，说为了安全和公平起见，双方应各派数十骑驰入对方营中查探，以检查对方人数及武装情况是否如先前所约。这个尚结赞事儿真多，浑瑊虽然不耐烦，但也只能答应。

然后，双方各派骑兵入对方军营检查。因为有将令约束，唐军上下都没当回事儿，任由吐蕃人纵马驰骋、四处查看。他们万万想不到，就在对面的吐蕃大营中，唐军的游骑兵已经全被干掉了。

浑瑊此时在干吗呢？他在更换会盟要穿的礼服！忽然间，吐蕃军的鼓声连响三遍，刹那间杀声四起。原来，尚结赞是假和谈、真诈盟，他早就埋伏好了数万精兵。吐蕃人一窝蜂似的杀来，一顿砍瓜切菜，将毫无准备的唐军杀得人仰马翻。

这不叫战争，这叫单方面屠杀。片刻过后，屠杀结束。唐军被杀五百余人，自崔汉衡以下一千余人被俘。浑瑊到底是武将出身，听动静就知道不对劲，从帐篷幕后逃出，夺马而逃。吐蕃人穷追不舍。亏得有骆元光接应，否则浑瑊也必为所擒。

尚结赞看唐廷早有准备，不敢再深入了，大肆抢掠一番，就后撤至清水县了。

再说长安这边，当日早朝，德宗还不无得意地对大臣们说："今日和戎息兵，社稷之福。"以马燧为代表的一众大臣都随声附和。只有宰相柳浑和李晟唱反调。柳浑说："戎狄，豺狼也，非盟誓可结。今日之事，臣窃忧之！"李晟跟进："诚如浑言。"德宗勃然变色："柳浑书生，不知边计！大臣（指李晟）亦为此言邪？"吓得柳浑和李晟赶紧顿首谢罪。德宗气哼哼地宣布罢朝，拂袖而去。

退下来后，德宗就在思考如何处置柳浑和李晟。他还没理出个头绪呢，傍晚时分韩游瑰的急报到了，上面就八个字："虏劫盟者，兵临近镇。"果然字越少事越大。德宗目瞪口呆，他万万没想到尚结赞居然如此卑鄙，这该如何是好?！紧接着，他就想到了一个关键问题：吐蕃人要来了，朕得出奔了！

他要出奔，大臣们拼命拦，陛下，不至于，不至于！后来听说尚结赞退了，浑瑊已经退保奉天了，德宗才打消了出奔的念头。

正当唐廷君臣乱作一团的时候，尚结赞却释放了三个战俘：宦官俱文珍、马燧的侄子马弇[①]和浑瑊的部将马宁。他们带回了尚结赞的两句话。

第一句："我原本想生擒浑瑊献给我家赞普，没想到让他跑了，只抓到你们这几个小虾米。"

第二句："如果年初开春时马侍中渡河来打我，我肯定全军覆没了。后来之所以能求和，真要感谢他！所以，我不能囚禁他的子孙。"

德宗气得咬牙切齿，胡虏安敢欺朕?！紧接着，他就开始怀疑马燧了，尚结赞这么感谢你，难不成你们暗中早有勾连？否则尚结赞为什么单单释放你的侄子？

哎，他这么想就对了，尚结赞就是要让他这么想。

尚结赞此人虽然在唐史中昙花一现，但却是吐蕃杰出的政治家，其谋略手腕丝毫不逊于禄东赞。汧城之战后，他精心酝酿了一个连环计，以除掉德宗朝三大帅——浑瑊、马燧和李晟。

整个计划历时小半年，共分三步：第一步针对李晟，通过在凤翔城下喊话"李令公召我来，何不出犒我"，使德宗怀疑主战派李晟的决心和立场。这一步办到了，而且托张延赏"帮忙"，效果出奇地好。德宗不仅不再相信李晟，还褫夺了他的兵权。第二步针对马燧，通过送礼说软话，让马燧转达合盟的愿望。如此将来一旦劫盟，德宗势必会怀疑、责怪马燧。这一步也办到了！第三步针对浑瑊，通过劫盟，生擒浑瑊。三大帅尽数被剪除，吐蕃就可以长驱直入长安了。

德宗果然中计！张延赏又羞又怕，不久病死，躲过了清算。马燧身体好，就躲不过了。德宗名义上升马燧为司徒，实际却拿掉了他的一切权力。在李晟去世两年后，这位传奇名师也去世了，终年70岁。

尚结赞的连环计真的很棒，唯一美中不足的是让浑瑊给逃脱了。

[①] 弇，音掩。

他见好就收，放火烧毁盐州和夏州城池，将两城百姓全部掳走。

平凉会盟是唐蕃八次会盟中的第七次，也是唯一一次诈盟，所以又被称为"平凉劫盟"。国与国缔约，怎么能干出欺诈袭杀这种下三烂的事呢？但尚结赞就是干了，你能拿他怎么办？要怪就怪德宗急于和谈，利令智昏，本想安排个大保健，却中了尚结赞的大宝剑。

坦率地讲，在政治上或是战场上被人打败，虽然也是耻辱，但并不是奇耻大辱，起码不憋屈，败了就是败了，技不如人，得认；但被人耍得团团转，这真是奇耻大辱！

03. 媾和回纥

平凉劫盟对唐蕃关系的影响极为恶劣。安史之乱后，唐蕃攻守易势，唐廷扛不住吐蕃人的持续进攻，一直想合盟。但自从上了这么一个大当，此后三十多年里，唐廷都不敢再相信吐蕃人了。

经过这次血淋淋的教训，德宗算是彻底清醒了，吐蕃人真不能信啊！既然和平是不可能的了，那就得思考下游问题了：该如何对付这个可恶的西戎？

算是天不绝大唐吧，德宗总算做了一项对的决策，于八年（787年）六月重用李泌为宰相。这是李泌第一次也是唯一一次接受相职。

德宗没思路没办法，但李泌有，很快就研究出一个大战略：西交大食、天竺，北结回纥，南联南诏，四面包抄吐蕃。之前唐廷所有的对蕃政策都是立足于靠自己，现在李泌告诉大家，虽然咱没当年那种双拳打天下的实力了，但我们可以借力呀！此等大眼光、大手笔，唐廷内部无一人可及！

当然，规划要落地落实，还有很多的堵点、难点、卡点要解决。大食、天竺，李泌觉得问题不大。关键的堵点在于德宗非常仇视回纥，说服他改敌纥为友纥是极其困难的。

巧了，日前有边将反映战马匮乏，请求再从回纥购买一批军马。李泌借机勾引德宗："陛下如果肯用我的办法，我保证几年后回纥卖给我们的马匹价格只有现在的十分之一。"

购马的事情让德宗极为头疼，不买吧，军队战斗力上不去；买吧，回纥人要价奇高，让德宗十分肉疼。一听李泌有办法把马价降下来，他来劲了，马上问啥办法。

李泌故意卖关子："除非陛下舍私为公，确实从江山社稷出发考虑问题，我才敢说。"

德宗都急了："卿何自疑若是！"

李泌这才将自己的大战略和盘托出："臣愿陛下北和回纥，南通云南，西结大食、天竺，如此，则吐蕃自困，马亦易致矣！"

是不是好办法？当然是！别的德宗都认，果然就是不认"北和回纥"这条："交好南诏、大食、天竺三国，就按爱卿你说的办！但与回纥结盟，绝对不行！"

李泌说："我早知道陛下会这么说，所以一直没敢说。我认为，最紧要的是先和回纥结盟，至于其余三国，晚一点儿没关系。"

德宗态度很坚决："行了，结盟回纥这事爱卿你就不要再说了。"

李泌这次就是想摊牌："为国家建言献策是臣职责所系，听不听是陛下您的事，为啥连话都不让我说？"

德宗很无奈："哎呀呀，你的话我都听！只是结盟回纥这事，只要我活着，你就不要再提了。等我千秋百年之后，后世子孙爱咋办咋办。"

李泌直戳要害："陛下是忘不了当年陕州受辱的旧账吧？"

德宗也就不回避了："是！韦少华、魏琚受辱而死，朕没齿难忘，只不过国家多灾多难，朕实在没有力量报仇而已！至于和谈，绝对不行！"

李泌开始讲道理："杀害魏少华等人的是牟羽。武义杀了牟羽，其实是为陛下报了仇，应该受到封赏，怎么能怨恨他呢？再说了，当初张光晟杀害回纥使团，人家武义也没报复咱啊！"

德宗有些不高兴了："你觉得回纥做得对，朕做得不对？"

李泌说："臣为社稷而言，若苟合取容，何以见肃宗、代宗于天上！"

搬出先帝也没用，德宗马上终结话题："容朕徐思之。"

但李泌没有放弃，此后每次进言都要重提此事。德宗很轴，就是不松口。终于，李泌急了："陛下既然不许和亲回纥，那就让我退休吧！"

别人说撂挑子是套路，但李泌说撂挑子那可是真撂。德宗急了："哎呀，朕不是拒绝纳谏，只不过是和你讲道理嘛，你何至于要离开朕呢？"

李泌就说了："好啊，您要和我讲道理是吧，太好了！"

德宗叹了一口气："个人的荣辱，其实我是不在乎的，但我不想辜负韦少华等人。"

德宗铭记耻辱，尤其是惦念韦少华等人，这点是值得肯定的，说明他重情义。但一国之君要有大局观，确实不该感情用事。

李泌语出惊人："臣以为，不是陛下辜负了韦少华他们，而是韦少华他们辜负了陛下。"

"何故？"德宗很诧异。

李泌解释道："当初叶护帮助我们征讨安庆绪，您爷爷只是让我在元帅府请他吃了一顿饭，并未亲自露面。后来，叶护请我到他军营里做客，您爷爷也没答应。一直到大军要出发了，您爷爷才见了叶护一面。您知道为什么吗？因为戎狄都是豺狼之性，反复无常，君王和宰相身系天下安危，不能轻身犯险。可陛下当年听了韦少华等人的话，冒冒失失跑去见牟羽，才有了后面受辱的事情。如此来看，岂不是韦少华等人让您置身险境，有负于您吗？"

这话没错，当年谁也没让德宗去见牟羽，是他自己跑去的。德宗好不尴尬，对一旁的李晟和马燧说："朕一直怨恨回纥，但听了李泌刚才的话，觉得朕好像的确不占理，你们觉得呢？"这是自己给自己找台阶下呢！李晟、马燧赶紧递梯子："如果真像李泌说的那样，那回纥好像是可以被宽恕的。"

李泌趁热打铁，建议德宗答应武义可汗的和亲请求，但这亲不白和，我们这边要提五个条件：第一，回纥要重新对大唐称臣；第二，武义要娶您的闺女，称呼您为岳父；第三，从今往后，回纥使团不得超过二百人；第四，回纥每次售马不得超过一千匹；第五，不许回纥人携带中国人和胡商离开唐境。这五个条件相当于把两国关系定位、使团过大、超额卖马等问题一揽子全解决了。

德宗的态度也转过来了，但对两国关系定位问题还有顾虑，自肃宗朝以来，两国一直是兄弟之国，如今忽然让回纥称臣，只怕武义不答应啊！

李泌很自信："回纥想与大唐和亲好久了！他们的可汗、国相都很信任我，我只要修书一封就可以了。"

德宗终于点了头。

04. 和亲回鹘

其实，唐纥关系的症结完全在德宗，只要他态度转变了，事儿就好办了。

果如李泌所料，武义收到李泌的书信后高兴坏了，马上遣使入贡。在表奏中，他迫不及待地自称"儿臣"，说只要两国能和亲，大唐的要求他都满足。

德宗惊喜地对李泌说："回纥何畏服卿如此?!"李泌也会拍马屁："此乃陛下威灵，臣何力焉！"德宗现在是真服了李泌了，马上问："回纥则既和矣，所以招云南、大食、天竺奈何！"李泌自信满满："只要先和了回纥，吐蕃人就已经不敢进犯我们了。接下来，我们招徕南诏，断了吐蕃的左膀右臂。大食、天竺世代与吐蕃为仇，也好办！"

八年（787年）九月，德宗诏令第八女咸安公主下嫁武义可汗。

十月，回纥迎亲使团抵达长安，奉上国书。在国书中，武义谦卑地说道："昔为兄弟，今为子婿，半子也。若吐蕃为患，子当为父除之！"在说这话以前，武义已经以辱骂吐蕃使者的实际行动，断绝了与吐蕃的关系。

回纥与吐蕃断交，虽然在唐史上只是小小的一笔，但在亚洲地区史上却是非常大的一件事情。吐蕃和回纥原本是竞争对手，但仆固怀恩成功协调了两国的立场，使吐蕃和回纥的关系进入蜜月期。这些年吐蕃之所以频频对唐朝下手，就是因为不用担心回纥掣肘。但从这一刻起，两国关系破裂了。这一变化深刻影响了当时东半拉亚洲的政治军事格局。

武义在国书中还提了一个请求，要将国号由"回纥"改为"回鹘"，希望得到朝廷批准。这点小事儿算什么，管你叫啥呢，德宗大笔一挥，同意。

武义改国名完全是为了讨彩头，两国和亲是大事儿，回纥应该换个新面貌。他觉得回纥人行动迅捷，像草原上的鹘隼一样快，所以取"迅捷如鹘然"之意，将新国号定为"回鹘"。这名字听着不错，但改得并不好。因为武义这一改，不仅改走了自己的性命，也改走了回纥的国运。

德宗十年（789年）七月，咸安公主抵达回鹘可汗金帐，与武义完婚。

此前三月，李泌病逝，享年68岁。德宗悲痛万分，追赠他为太子太傅。

同时代的大臣普遍对李泌评价不高，这是有原因的。他们当官的目的，哪怕说得再好听，终究不脱"名利"二字，而李泌当官为的是造福社稷、泽被苍生。李泌的无私放大了他们的庸俗，李泌的伟岸反衬出他们的渺小，他们当然不会自我否定，就一致说李泌不好。

但李泌到底哪里不好？人家不专权、不结党，忠君爱国，政治没有问题；不贪腐、不聚敛，两袖清风，经济没有问题；不好色、不乱搞，谦谦君子，生活也没有问题。总得攻击点儿什么吧，那就只能攻击他的爱好了，抨击李泌"好谈神仙诡诞"，神神道道的，没个大臣的样子。

李泌确实也神神道道的。唐人李肇的《唐国史补》中记载了这样一件事：有一次，李泌在家中请客，当着客人的面吩咐家人赶紧洒扫，说今晚上洪崖先生①要来。还有一次，有人送来一榼②美酒。刚好

---

① 洪崖先生，中国古代神话传说中的仙人。
② 榼，古代盛酒或贮水的器具。

有客人来到，李泌居然对客人说："这是麻姑①送来的酒，来，咱们一起喝了它！"刚喝了一会儿，看大门的跑来禀报，说某某侍郎派人来取榼子了。原来这酒是这个侍郎送的，跟麻姑没啥关系。虽然当着客人的面儿被揭穿了，但李泌毫无愧色，照常饮酒。

这事儿其实特别扭！因为从李泌的学养以及对很多国家大事的高明处置来看，他实在不该这样。事出反常必有妖。对此，《新唐书》给出的解释是："德宗晚好神鬼事，乃获用，盖以怪自置而为之助也。"意思就是说，是因为德宗喜好鬼神，所以李泌才往领导的爱好上靠。

但这显然不成立，以李泌的傲骄，他才不屑于讨好领导呢！我的分析，李泌之所以这样，其实是为了自保，故意暴露一个无关宏旨的缺点吸引视线，以免别人给他安上那些要命的罪名。官道险恶，很多时候吃人都不吐骨头，李泌既想维持独立的人格，又想为国家和皇帝办实事，还不想卷入政治斗争的旋涡，既要又要还要，你们说他难不难？

肃、代、德三帝其实都很平庸，得亏在关键节点上起用李泌，在关键事项上听从李泌，才使得大唐的基本盘没有崩。三朝有李泌，乃是不幸中的大幸！

从古至今，肯定李泌功绩的大有人在。但我最喜欢范文澜在《中国通史》里对他的评价："李泌是唐中期特殊环境中产生出来的特殊人物。他经历唐肃宗、唐代宗、唐德宗三朝，君主尽管猜忌昏庸，他都有所补救和贡献，奸佞尽管妒嫉加害，他总用智术避免祸患。统治阶级争夺的焦点所在，不外名与利二事，李泌自觉地避开祸端来扶助唐朝，可称为封建时代表现非常特殊的忠臣和智士。"

咸安公主刚到回鹘，当年底武义突然去世，回鹘当家人换成了他

---

① 麻姑，中国古代神话传说中的仙人。

儿子忠贞可汗。根据草原民族的"收继婚"制度，咸安公主只得又嫁给忠贞可汗。

吐蕃恼怒回鹘和唐朝友好，联合葛逻禄和原西突厥的一个分支——白服突厥，联军三十万攻打北庭。忠贞可汗派大相颉干迦斯率军相救。此时，曹令忠已经病故，北庭军新的当家人杨袭古和颉干迦斯联手对付联军。

德宗十一年（790年）三月，回鹘的叶公主——前可汗牟羽和仆固怀恩之女崇徽公主的女儿——趁颉干迦斯出征，伙同忠贞可汗的弟弟将忠贞可汗毒死。但这位弟弟仅仅一个月后就被忠于忠贞可汗的势力干掉了。紧接着，忠贞可汗年仅15岁的儿子阿啜被推上可汗宝座。

北庭的战事进展得不太顺利，面对来势汹汹的吐蕃人，杨袭古和颉干迦斯接连失败。兵力损耗过大，颉干迦斯只得回国增补军队。他这一走，孤立无援的北庭几乎全部沦陷，杨袭古率残部两千人退守最后的据点——西州。

北庭地区除葛逻禄、白服突厥外，还生活着一个西突厥部落，就是唐初的处月部。

处月部最早活动在今新疆博格多山以南、准噶尔盆地西南巴里坤湖以东名为"沙陀"的沙漠地带。西突厥灭亡后，初月部以沙陀做了部落名，自号沙陀突厥。唐廷在当地设置金满洲，以酋长朱邪氏家族世袭都督。玄宗先天元年（712年），沙陀酋长朱邪辅国为了躲避吐蕃人，带着全部落搬迁到了北庭地区。沙陀一直忠于唐廷，但现在他们撑不下去了，也投降了吐蕃。

颉干迦斯率军回到回鹘本部，依旧推尊阿啜，并调发全国军马，召集西州的杨袭古，再次进军北庭。

可惜这次吐蕃人太猛了，几场硬仗下来，颉干迦斯所部折损大半，杨袭古的北庭军也只剩几百人了。杨袭古想撤回西州。当此时刻，颉干迦斯居然将杨袭古骗到军中杀害了。可叹杨袭古一腔孤勇，为国捐躯。现新疆昌吉州奇台县的将军庙，正是后人为了纪念这位忠勇的将军所建。

一贯擅长趁火打劫的葛逻禄人趁机攻取回鹘西部要塞——浮图川①。这可把回鹘人吓坏了，将西北地区的部落迁徙到了可汗金帐以南靠近唐朝的地方。

颉干迦斯为了稳定人心，遣使入唐，报告了忠贞可汗的死讯，并请求唐廷册封阿啜。德宗十二年（791年）二月，唐廷册封阿啜为奉诚可汗。咸安公主又嫁给了奉诚。

然后，颉干迦斯发起了对吐蕃人的反击。这次进展比较顺利，回鹘军大败吐蕃、葛逻禄、白服突厥、沙陀突厥联军，夺走除西州外的所有北庭地区。奉诚可汗还派人向德宗献上了被俘的吐蕃人和葛逻禄人。

德宗十六年（795年），奉诚去世，因其无子，宰相骨咄禄被大唐册立为怀信可汗。回鹘汗系从此由药罗葛氏变成了跌氏，相当于换了天了。怀信可汗比较厉害，在他当可汗的十年间，回鹘在西域屡败吐蕃，取代唐朝成为漠北和西域的"天可汗"。

顺宗永贞元年（805年），怀信可汗病死，其子滕里即位。

可怜的咸安公主继嫁给武义、忠贞、奉诚爷孙三代后，又先后嫁给了怀信、滕里父子。宪宗元和三年（808年）二月，这位可怜的女子病死了。大唐和亲回纥的四位真公主，只有她一缕香魂留在了异国他乡。宪宗为姑姑废朝三日，追封为燕国大长公主，赐谥号"襄穆"。

咸安公主的伟大牺牲的确也帮助到了母国。唐朝重新把回鹘争取

---

① 具体地点存疑，一说为今新疆乌鲁木齐市以东之平原，一说指今吉木萨尔县北庭故址附近河流。

了过来，并使回鹘、吐蕃陷入长期敌对的消耗当中，从而得到了一个比较安全的外部环境。

咸安公主去世一月后，滕里可汗也死了，他的哥哥被册封为天亲可汗①。回鹘的动荡才总算平息。

天亲可汗是回鹘汗国最后一位强有力的可汗。他上台后，北攻新崛起的黠戛②斯人，遏制其进攻；西击吐蕃，连败葛逻禄、突骑施，将回鹘汗国的西境拓展至拔汗那地区，不仅成功遏制了黑衣大食的东扩势头，而且奠定了未来回鹘西迁的政治军事基础。说句实在话，维吾尔人能在新疆安家，都是天亲可汗的功劳。

05. 最后的安西

吐蕃人最终拿下西州。北庭完全沦陷！

那么，安西的情况如何呢？

德宗十年（789年），大唐高僧悟空③赴天竺取经归来，在安西滞留了一年。这一年的经历后来被他完整地写入游记《悟空入竺记》中。根据这本书的记载，悟空在疏勒镇见到了镇守使鲁阳，在于阗镇见到了镇守使郑据，在龟兹镇见到了安西大都护郭昕，在焉耆镇会见了镇守使杨日佑。可见，当时四镇仍在安西军手上。但随着北

---

① 后又改册封为保义可汗。
② 黠戛，音霞夹。
③ 悟空，俗名车奉朝，今陕西咸阳市泾阳县云阳镇人，鲜卑族，祖上是北魏拓跋氏，系《西游记》中孙悟空的原型之一。

庭沦陷，安西的安全形势急转直下，悟空只得作别郭昕等人，踏上了归途。

根据新疆社科院历史研究所薛宗正先生在《安西与北庭——唐代西陲边政研究》一书中的考证，在这种艰苦卓绝的情况下，安西军居然坚持斗争了近二十年，直到宪宗元和三年（808年）的一个夜晚。

得出这一结论的证据有两条：一个是大诗人元稹和白居易写的同名叙事诗——《缚戎人》，一个是19世纪末在蒙古国杭爱省哈拉巴勒嘎斯城址内发掘出的《九姓回鹘爱登里罗汨没蜜施合毗伽可汗圣文神武碑》。

宪宗时代，常有边将捕获从西域来投的汉人，充作吐蕃俘虏邀功请赏。元稹在内地无意中撞见一位被当作吐蕃俘虏的会讲汉话的老人，两人聊了一路。听完老人口述的故事，元稹这才知道老人原来就是安西军的兵，是郭昕的部下。他的心情久久不能平静，特意创作了叙事诗《缚戎人》，记录了这位安西老兵的"口述历史"。

薛教授注意到其中的一句：

半夜城摧鹅雁鸣，妻啼子叫曾不歇。
阴森神庙未敢依，脆薄河冰安可越。

夜半时分遭到吐蕃人的突袭，城破了。败军撤退途中经过一座"阴森神庙"，不敢停留。想要渡河，可是河冰"脆薄"，无法行人，只得被俘。

时间上，首先肯定是一个夜晚，其次脆薄的河冰只在初冬才会出现。地点上，薛教授推测，"阴森神庙"应该是今新疆阿克苏库车县西南渭干河山口东岸的库木土拉千佛洞，"脆薄河冰"里的河则是渭干河，这两个地方正在大唐安西都护府境内。

但是，史书没有记载元稹《缚戎人》的具体写作时间。不过，《全唐诗》倒是记载了白居易于宪宗元和四年（809年）所写的同名诗。文史学家考证，白居易应是受到元稹启发进行了再创作。既然白诗是元和四年创作的，那元诗当在白诗之前。

为什么推断安西府治龟兹城陷落于元和三年（808年）呢？另一个有力证据就是上面提到的九姓回鹘可汗碑。

该碑碑文是用汉文、突厥文和古回鹘文三种文字书写的。汉文中提到滕里野合可汗曾救援安西都护府："□□□遗弃（疑为'自西州遗弃'），复吐蕃大军，攻围龟兹，天可汗领兵救援，一时扑灭，尸骸臭秽，非人所堪，遂筑京观，则没余烬。"

唐史记载，回鹘滕里可汗死于元和三年。所以，薛教授推断龟兹陷落的时间应该是在元和三年的一个冬夜。

但我对具体时间存疑，因为《资治通鉴》记载，"（元和三年）三月，回鹘滕里可汗卒。"滕里可汗是三月没的，入冬后回鹘的当家人已经是保义可汗了，所以龟兹破城的时间不是元和三年的冬天，应该是元和三年的春天或者元和二年（807年）的冬天。"脆薄河冰"不一定是在初冬，也有可能是刚开春的时节。

以龟兹城陷落为标志，唐朝永远地退出了中亚。一起退出的，还有帝国曾经的荣光。太宗李世民击灭高昌、焉耆、龟兹三国，裴行俭假途灭虢生擒阿史那都支，几代人百余年的努力全部化为梦幻泡影。

虽然郭昕有可能在城陷前就已经去世了，但我不知哪里生出来的一种执拗，就想让他牺牲在这个寒冷无助的夜晚。

那一夜，郭昕和他的将士们奋力拼杀至最后一刻，英勇为国捐躯。从代宗五年（766年）来到安西，直到宪宗元和三年的这一夜，郭昕牢记叔叔的嘱托，坚持斗争了42年，他和他的将士们早已满头白发。他们累了，终于可以好好休息了！龟兹城中的大火是为他们壮行的烟火。这烟火中不仅有郭昕的身影，也有袁光庭、曹令忠、杨袭古的身影，还有成千上万个安西、北庭老兵的身影。

万里一孤城，尽是白发兵。让我们记住这些有名的和无名的英雄，他们不仅是大唐的荣耀，也是中华民族不屈的脊梁。我们的民族之所以能在历史的洗礼和磨难中走到今天，正因为有无数像他们这样的人前赴后继。

郭昕，永垂不朽！

袁光庭，永垂不朽！

曹令忠，永垂不朽！

杨袭古，永垂不朽！

安西、北庭老兵，永垂不朽！

06. 招徕南诏

回鹘已经媾和，大食和天竺果然也不在话下，接下来的难点是南诏。

从玄宗天宝十四载（755年）的西洱河之战到现在，两国已经敌对了35年，不是说和就能和的。李泌虽然死了，但招抚南诏的事业后继有人，此人便是西川节度使韦皋。

韦皋，京兆韦氏的又一个杰出代表，他的伯乐是前宰相、凤翔陇右节度使张镒。张镒任节度使时，他是留后。

韦皋仕途上的大转机是泾师之变。当时，凤翔兵马使李楚琳杀害张镒，响应朱泚。驻守陇州（今陕西宝鸡陇县）的韦皋坚定追随朝廷，不仅拒绝了朱泚的拉拢，还铲除了军中的朱泚旧部。

疾风知劲草，板荡识诚臣。德宗返回长安后，即召韦皋入朝为官。六年（785年）六月，原西川节度使张延赏入朝，德宗就调韦皋任了西川节度使。

韦皋上任后，即致信西川边儿上各路小蛮，要求他们重归天朝怀抱。没想到这个举动却意外引来了南诏这条大鱼。南诏王异牟寻偷偷派人跟着其他小蛮的使者抵达成都，主动示好。

南诏转变态度了，却是为何？这跟南诏国相郑回有直接关系。

很多人可能想不到，这位国相居然不是南诏人，而是汉人，并且还是一个河南人①。

郑回是被迫当了"诏漂"的。玄宗天宝年间，时任巂②州西泸（今四川西昌）县令的郑回被当时的南诏王阁罗凤俘虏了。两人一交谈，阁罗凤发现，哟，这是个儒学教授啊！这些年来南诏各项事业大发展，小日子过得不错，唯独缺文化。阁罗凤对大唐文教特别是儒家文化向往已久，就让郑回当了宫廷教师。

说句实在的，郑回的儒学水平搁在大唐都排不上个儿，比他能的人海了去了。但放在南诏，他就是学科带头人了。

郑回教得不错，并且规矩立得特别到位，一根小教鞭使得虎虎生风，王室子孙只要不好好学习，教鞭伺候。南诏人也知道好赖，从阁罗凤开始，历代南诏王对郑回都极为尊重。

等异牟寻上来后，郑回已经不只是宫廷教师了，而是南诏国相——清平官了。和大唐一样，南诏也是群相制，设有六个清平官。但郑回是清平官中的清平官，其余五人见了他，就跟小弟见了大哥似

---

① 郑回籍贯河南安阳。
② 巂，音西。

的。郑回也是，把带学生那套用到了带同事上，谁不听话、事儿没办好，教鞭伺候。

有人问了，郑回主张对唐友好，是不是因为他心系母国呀？想多了啊，他现在是南诏的国相，首要考虑的是南诏的利益，之所以主张解除敌对关系，其实是在顺应民心，因为南诏上下苦吐蕃久矣！

说是兄弟之邦，其实吐蕃完全拿南诏当附庸国。每次打仗，吐蕃都要从南诏征兵，而且从来都让南诏兵打前阵。多少南诏子弟，为了吐蕃的战略利益白白丢掉了性命。吐蕃还对南诏课以重税。

有人又说了，既然受不了，就反了呗？反是能反，问题是没新大哥罩着，不敢和旧大哥翻脸。放眼周边，最有实力、最理想的大哥当然是大唐。可两国断断续续打了三十多年，说和谈哪有那么容易？！

恰在这时，韦皋招抚西川境外诸蛮。虽然没点南诏的名，但异牟寻和郑回却看到了唐廷态度的变化，觉得这是一个破冰的好机会。不过，他们仍然非常忌惮吐蕃，不敢明着来，只能偷偷派人。

韦皋高兴坏了。哎，这可是个意外收获啊，马上奏请德宗招抚南诏及西南诸蛮，"以离吐蕃之党，分其势"。当时还是德宗七年（786年），平凉劫盟尚未发生，李泌还未入朝为相，包抄吐蕃的大战略还没提出呢！可见，韦皋在行动方面先于李泌且不谋而合。

朝廷经过研究，让韦皋暂不出面，先由西川边将致信南诏招抚。但韦皋觉得边将出面级别有点儿低，没有从命，自己起草了一封非官方书信给异牟寻，建议南诏派使者入京朝拜。在外交层面，形式其实很有必要，你说要和我好，那就别偷偷摸摸的，光明正大地派人来。

看了韦皋的书信，异牟寻和郑回有喜有愁，一旦公开遣使入唐，吐蕃人很快就能知道。思来想去，他们没敢应这事儿，只派了三个边境小酋长赴长安朝见德宗。

这时已经是德宗九年（788年）了，平凉劫盟后的第二年，唐廷拉拢南诏的心思相当急迫。所以，尽管来的不过是三个小酋长，但唐廷这边儿戏做得很足很到位。德宗纡尊降贵亲自接见，又是盛宴款待又是赏赐甚厚的，还封三个酋长为王。

这个信息传递得足够清晰有力了，南诏小老弟，只要你靠过来，大哥就接着你！

当年十月，咸安公主出嫁回鹘。赤松德赞气坏了，立即发兵十万攻打西川，同时征发南诏兵马。异牟寻不敢不从，也率兵出征。

韦皋使了个阴招儿，写了一封给异牟寻的信。在信中，他充分肯定了异牟寻抛弃无道吐蕃、重归有道大唐的明智之举，然后通过南诏内线将信送到了吐蕃人手上。

吐蕃人大吃一惊，马上分兵两万，挡住了南诏军北上入川的道路。

异牟寻气坏了，我是来帮你们的，你们这么防我，是可忍孰不可忍！干脆拨转马头，不去了，回国！

剩下吐蕃人继续进攻西川，结果被韦皋打得连吃败仗。吐蕃人急了，又催促异牟寻出兵。你说你求人就有个求人的姿态呗，哎，他们不是，说话还特别横，"语多威胁"。异牟寻还在气头上，没有理会。

但即便如此，他还是犹豫不决，又拖了三年多。这三年间，韦皋在把吐蕃人揍得满地找牙的同时，不断致信招抚异牟寻。异牟寻虽然没有回应，但每次吐蕃来征兵，他给的兵马都越来越少。

德宗十二年（791年）六月，韦皋公然向南诏派出了使节。其实，他早有此意，只是南诏方面一直不同意。但这次韦皋派去的这个人，异牟寻没法拒绝。此人是当年南诏派往西川的使者，现在是韦皋麾下的讨击副使。

果然，这边一派使节，那边吐蕃人马上就知道了。赤松德赞派人责问异牟寻。异牟寻只得强行解释："唐使其实是南诏人，韦皋只是把他放回来，没有别的意思。"赤松德赞不信，先是逼迫异牟寻将唐使执送吐蕃，继而勒令南诏高官都得向吐蕃送质子，最后甚至还让勿邓酋长苴梦冲切断了南诏和西川的通道。

好啊，太好了！韦皋马上出兵，于德宗十三年（792年）二月一战擒杀苴梦冲，重新打通了云南之路。

事到如今，任异牟寻说破了嘴，赤松德赞也是不信了。异牟寻无奈，终于决定归附大唐了。经过一年多的准备，德宗十四年（793年）六月，他派使者分三个方向抵达成都，上表唐廷，请求内附。德宗欣然接受。

这是历史性的一刻，为了达成这一历史成就，韦皋足足谋划了八年。

转年正月，唐廷遣使入南诏，与异牟寻在点苍山会盟，史称"点苍会盟"。当月，不知情的吐蕃人又来征兵。异牟寻将计就计，发兵数万突袭，在金沙江丽江段一战中大破吐蕃军，"取铁桥等十六城，虏其五王，降其众十余万"。

这下南诏和吐蕃是彻底掰了，掰得透透的。

07. 吐蕃衰落

回鹘、大食、南诏纷纷反水，再加上大唐保持高压，吐蕃就受不了了，开始走向衰落。

我们先说外部的原因。

从太宗贞观七年（633年）松赞干布建立吐蕃王朝到现在，这一百六十多年间吐蕃一直在打仗，像天竺那种弱鸡就不提了，单说两个最大的对手——大食和大唐，哪个不比它大、不比它人口多、不比它富裕？说句实在的，吐蕃能撑到现在，打下那么大的国土，已经创造了奇迹。

唐史三大典中只能看到吐蕃和唐朝的战争。其实，吐蕃在西线和东扩的黑衣大食也长期争锋。《新唐书·大食传》记载："贞元中，（黑衣大食）与吐蕃为劲敌，蕃兵大半西御大食，故鲜为边患，其力不足也。"在阿拉伯史料中，"吐蕃可汗""吐蕃国王"也是令其非常头疼的存在。

赤松德赞相当于唐朝的玄宗，他在位期间是吐蕃的极盛期。赶上唐朝爆发了安史之乱，吐蕃趁火打了好大好大的一个劫。

经过与大唐、大食、回鹘的一系列战争，吐蕃成为东起今甘肃陇山、四川盆地西缘，西至帕米尔高原，北接天山山脉以南、居延海（内蒙古阿拉善盟额济纳旗达来呼布镇北四十公里处），南抵印度恒河一带的强大帝国。

但土地贫瘠和人口偏少的先天不足，终究还是撑不起这个奇迹。吐蕃打到现在已是强弩之末。李泌的大包抄战略实施以后，不用大唐、回鹘、南诏都能打得吐蕃节节败退，这就是一个鲜明的例证。

再说内部的原因。

吐蕃是一个宗教社会，原本只有一个本土宗教——苯教。佛教由天竺传入吐蕃后，两教的漫长斗争就开始了，一直维持着一个大体的均势。到赤松德赞在位时，形势发生了逆转，因为赤松德赞是一个虔诚的佛教信徒。

他亲政后，邀请天竺密宗大师寂护和莲花生赴吐蕃弘法。莲花生同支持苯教的吐蕃重臣马重英展开激烈的辩论并最终获胜。赤松德赞遂宣布在全国废除苯教信仰，改宗佛教。这样，佛教在传入吐蕃一百多年以后，终于取得了国教的地位。赤松德赞甚至还创设了僧相制度，让僧人当了国相。

这些举措虽然为赤松德赞赢得了藏传佛教"护教三法王"①之一的美誉，但却严重地割裂了吐蕃社会。再加上大庄园主对奴隶的压迫，统治阶级内部不同派别的倾轧，内忧外患之下，吐蕃王朝盛极而衰。

德宗十八年（797年）正月，赤松德赞遣使求亲，遭到德宗拒绝。当年夏天，赤松德赞传位于次子牟尼赞普②，随后去世。牟尼为了缓和阶级矛盾，一年之内居然三次均贫富。第二年，他的母后哲蚌氏③将其毒杀，遥尊远在羌塘的牟尼之弟牟如为赞普。可牟如在回逻些途中，遭到哲蚌氏敌对豪门——那囊氏的伏击，坐骑受惊，坠马而亡。那囊氏随即拥立赤松德赞幼子为赤德松赞。赤松德赞和赤德松赞一定要分开，"松"字在前的是爸爸，"德"字在前的是儿子。

赞普频繁更替，吐蕃中枢虚弱，外事越发不利。

关陇方向尚且比较稳定，但在西川方向吐蕃遭受了巨大打击。在南诏的支持配合下，韦皋"破吐蕃，转战千里，凡拔城七，军镇五，焚堡百五十，斩首万余级，捕虏六千，降户三千"。特别是在德宗二十二年到二十三年正月的会战中，韦皋先是取得了"渡泸之役"的大捷，"获甲二万首"，继而又击败吐蕃援军，生擒大相论莽热。论莽热是两百年唐蕃战争中品级最高的吐蕃俘虏。当年皇甫惟明打死了吐蕃王子琅支都，现在韦皋又生擒了吐蕃大相。咱别光说吐蕃人怎么欺负唐朝，其实唐朝也把吐蕃摩擦得很厉害！

安史之乱后，吐蕃发起过两次大规模的侵唐浪潮：第一次是在代宗朝，马重英进占长安；第二次是在德宗朝，尚结赞平凉劫盟。通过

---

① 另两位是松赞干布和彝泰赞普。
② 牟尼赞普，又译木奈赞普，名足之煎。
③ 哲蚌氏，又译蔡邦氏。

这两次的入侵，吐蕃人的确予唐朝以沉重打击。代、德两朝其实是中唐最艰难的时期，内有藩镇，外有吐蕃，受吐蕃牵制，又无力彻底削藩，遂使藩镇呈尾大不掉之势。

第八章

永贞革新

01. 四个蜕变

罪己诏都下了，德宗肯定痛改前非了吧？哎，大家想多了，那不过是个套路。从后事来看，德宗非但没有真正认识错误，反而头也不回地在错误的道路上撒丫子狂奔。

第一，变遏制宦官为重用宦官。

德宗刚即位时还挺注意遏制宦官的，所以连着两任神策军使张巨济、白志贞都是武将。可泾师之变他危在旦夕，文武百官连同神策军竟无一人护驾，反倒是亲信宦官窦文场带着一百多名宦官来保护他。这种鲜明的对比深深地刺激了德宗，事实证明：作为皇帝的奴仆，宦官是可以依靠和信赖的。

所以，在重返长安的次年，德宗将神策军由原先的一军两厢扩编成左右两军，虽然统帅还是武将，但却让窦文场当了监军。窦文场不是个跋扈的人，所以他在君王和大臣口中的风评都比较好，以致德宗更加认定让宦官管理神策军是对的。十年后，他干脆废除神策军使，给左右两军各设了一名最高指挥官——护军中尉，首任左右中尉即是窦文场和霍仙鸣。护军中尉是古今中外权力最大、最牛气的中尉。

从这一刻起，宦官在法理和制度上就成了这支军队的最高统帅。但这次不同于当年鱼朝恩短暂执掌神策军，宦官们再也没撒手兵权，直到唐末。神策军——这支天子的直属部队，事实上沦为宦官把控朝廷、操纵皇帝的暴力工具。中晚唐宦祸深重之根由，就在于宦官掌握了禁军的兵权。

另外，代宗创设的枢密使也被德宗分作了左右两枢密。左右中尉加左右枢密使成为宦官集团最有权力的四个人，被中外称为"四贵"。

在设置护军中尉前一年，德宗还将宦官任各地藩镇监军的办法固定了下来，使之制度化。以前的地方监军是现象化的，有时候派，有时候不派；有的地方派，有的地方又不派。现在好了，每个藩镇都设置了监军，包括河朔三镇。监军成了藩镇中一个特殊又重要的角色。在以后的故事中，我们经常能看到监军的影子。

通过这一系列举措，德宗事实上将宦官专权制度化了。肃、代两朝虽然也有宦官专权，但那都是特殊历史条件下的特殊现象。现在可不一样了，宦官不仅得到了制度保障，还得到了武力保障，皇帝强，还能压制他们；皇帝如果不强，那就是他们说了算。

我们研读历史会发现一个很奇特的现象：汉人历史上最强大的三个王朝——汉、唐、明——都有非常严重的宦官专权。汉皇信不过外戚，唐皇信不过藩镇，明皇信不过朝臣，但都信任宦官。三朝中，又以唐朝的宦官专权程度最严重，危害最大，持续时间也最长。应该负主要责任的正是德宗，他非但没能解决藩镇割据，还让大唐多了宦官专权这个大祸患。

第二，变淡泊钱财为聚敛钱财。

"非常6+4"之前，经过刘晏和杨炎的改革，朝廷的钱还是够用的。所以，那时的德宗也没什么钱的概念，各种恩诏减免税赋。但一个国家到底有没有钱，打一场战争就知道了，就好比一个家庭有钱没钱，生场大病就知道了。削藩战争的号角一响，那钱就跟开闸放水似的，哗哗往出流，朝廷的口袋秒空。德宗终于意识到：在这个世界上，钱真的太重要了！所以，战乱平息后，他就开始翻着花样儿地聚敛钱财。

他建立了"进奉"制度，要求各地藩镇给他送钱，可以"月进"，可以"日进"，反正得进。节度使们也不可能掏自己腰包啊，就巧立名目盘剥百姓。仅靠"进奉"这一项，德宗每年能聚敛五十万缗的钱财。

除了固定的"进奉"，还有临时的"宣索"，说白了就是明要，来，给朕拿点儿钱！可不可以不给呢？可以，但你的官位就不一定稳了。"宣索"最夸张之处，在于其对象不仅包括地方藩镇，居然还包括中央政府各部门。大家可以脑补一下皇帝跟宰相、御史大夫要钱的画面：爱卿，你们部门得给朕凑点儿份子啊……

但德宗搜刮来的钱并没有放进国库，而是全部存入了他的内库。换言之，他是给自己捞钱，不是给国家捞钱。

有一年"进奉"只收上来三十万缗，德宗对李泌发牢骚："每岁诸道贡献，共直钱五十万缗，今岁仅得三十万缗。言此诚知失体，然宫中用度殊不足。"李爱卿，今年少了二十万缗，朕不够用啊！

李泌劝他不要这么干。陛下，这天下都是你的，你怎么就惦记着自己的小金库呢？！这样吧，从今往后我们政府每年给宫中一百万缗，绝对够您用了。但有个条件，您不要再搞"进奉"和"宣索"了。如果确实迫不得已，那就允许各地将"进奉"和"宣索"的钱抵扣税款，这样贪官污吏起码能少盘剥一些百姓。只要有钱就行，德宗忙不迭地答应了。

不久，淮南运来钱帛二十万缗。李泌命有司把这些钱都存到了德宗的内库里。没想到，得了好处的德宗仍不放弃"进奉"和"宣索"，还敕命各地藩镇："进奉"和"宣索"的事儿可不能让李泌知道呀！李泌得知后，"惆怅而不敢言"。

德宗还首创了臭名昭著的"宫市"。

所谓宫市，就是由宦官外出采买皇宫需用的东西。宫市一开，肥了宦官，却苦了百姓。谁敢跟宫里的人讨价还价啊？本来值一缗，宦官出二百钱，谁敢还价？皇帝未必不知内情，但一来宦官们有人养了，二来皇宫的开支也节省了，乐得睁一只眼、闭一只眼。

苦的只有老百姓。大家远远看见宫使来了，马上收摊儿。但道高一尺，魔高一丈，宦官雇了好几百名眼线，散落在长安城中各大市场，称为"白望"。发现什么地方有什么人卖什么好东西，"白望"招呼一声，宫使循着声音就来了。商贩根本没法躲，谁撞上算谁倒霉！

白居易的《卖炭翁》描述的就是这种情况。

> 翩翩两骑来是谁？黄衣使者白衫儿。
> 手把文书口称敕，回车叱牛牵向北。

这就是宫使的装扮和做派。"一车炭，千余斤"，结果只给了"半匹红纱一丈绫"，跟明抢几乎没有分别。

至于什么两税法早成老皇历了，现在连茶都开始收税了。德宗的由头是遇到水灾了急需用钱，还说茶税可以冲抵田税。可茶税每年收入四十万缗，没有一个子儿用到救灾上。类似的苛捐杂税还有很多，极大地加重了百姓负担，"愁怨之声，盈于远近"。

偏偏有个不开眼的监察御史，接连上书要求减税。此人便是一代文宗韩愈。

韩愈出身贫寒，幼时父母双亡，成年后又没了哥哥，是嫂嫂将他抚养成人的。他从小便刻苦读书，长大后连考了四次，终于考中进士，辗转在藩镇幕府任职。德宗二十二年（801年），韩愈通过了吏部的铨选，入朝为官。

适逢关中大旱，饿殍遍野，京兆尹李实却谎称丰年大收。耿直的韩愈气坏了，给德宗写了一道《御史台上论天旱人饥状疏》，说："京畿百姓穷困，今年应停止征税，等明年蚕丝、麦子收获以后，老百姓收获完毕还有节余再征收。"

结果呢，他却被贬为连州阳山（今广东清远阳山县）县令。官方记载是李实陷害。照我说呀，李实陷害是次要的，主要是韩愈的建议动了德宗的利益，德宗不能容他。

通过各式各样的"大胆创新"，德宗聚敛了不少财富。有钱了是不是就要挥霍呀？哎，可不是，阔起来的德宗相当之抠。

某年某月的某一天，德宗出宫狩猎，途经一个叫辛店的村子，顺带脚去农民赵光奇家中走基层。

德宗问："百姓生活得高兴吗？"

赵光奇不知道他是皇帝啊，实话实说："不高兴。"

德宗很惊诧："今年大丰收，百姓怎么反而不高兴呢？"

赵光奇索性打开了话匣子："朝廷言而无信，先前说只收两税。现在杂七杂八的税可海了去了！以前官府都是到百姓家里收粮，现在却让我们自行把粮食运送到几百里外的京西行营，盘缠、路费、损耗什么的都要我们自己承担。很多人家的牲口累死了，车也颠簸坏了，生活陷入绝境。这位客官你说，丰不丰收和我们有啥关系，有什么可值得高兴的呢？"

德宗脸红脖子粗："朝廷不是发了很多抚恤政策吗？"

赵光奇叹口气说："上有政策，下有对策。政策虽好，到我们这里就只剩一纸空文了。皇帝老儿住在深宫里头，他怎么会知道这些?!"

句句实嗑，好像一把把铁锤砸到德宗的脑门上，砸得他脑瓜子嗡嗡的。

大家肯定很想知道这个故事的下文，但我特别不想说！德宗回去后下令免除赵光奇家当年的赋税和徭役。百姓代表赵光奇为百姓发声，德宗居然只照顾了他这个百姓代表。

司马光在写到这一段时喟然长叹："甚矣，唐德宗之难寤也！"哎呀，这个唐德宗也太难开窍了。铁树都能开花，就他不开窍！是德宗真不懂吗？非也，只是在百姓的利益和他自己的利益之间，他还是选择了自己的利益。

德宗的第三个蜕变是世界观变了，由无神论者变成了佛门信徒。

当年他即位时，那是妥妥的无神论青年啊！代宗要下葬，下葬日期是要求神问卜的。但德宗指示有司，诸事准备停当便出殡下葬，不再另择日期。

可是德宗面临的困难实在太大了，且他本人的确才智泛泛，无力解决这些问题。重压之下总得找个出口，要不然得憋死。于是，德宗就信了佛，并且他在这条路上走得要比父亲代宗远得多得多。

代宗顶多就是养点儿僧侣，没事儿讲讲《仁王经》。德宗却在十一年（790年）正月下诏举办了规模空前的迎奉佛骨仪式。

此前，迎奉佛骨的盛典已经搞过三次了，分别是高宗、武则天和肃宗。现在德宗为了显摆他的治世，也要行此盛典了。

大典当月，长安百姓倾巢而出，德宗亲自顶礼膜拜，盛况空前。如此规模的盛典势必要花费巨额钱财。德宗那么抠搜的一个人，崇起佛来却如此大方。

安史之乱后，大唐王朝日薄西山，气息奄奄，从上到下整个社会都变得很不自信，大家都需要一种精神上的慰藉。佛教教义很好地迎合了这种社会需要。因此，在唐朝衰退的大背景下，佛教非但没有跟着衰落，反而更加野蛮地生长。肃、代、德三代皇帝带头崇佛，尤其德宗这次迎奉佛骨的盛典，更是将佛教的影响力推上一个前所未有的高峰。"上有所好，下必甚焉！"下面各阶层有样学样，整个社会都充斥着浓郁的崇佛气息。

德宗的第四个蜕变是变削除藩镇为姑息藩镇。

当年他削藩的那股子精神头，大家是见识过的，结果"非常6+4"一出，德宗秒尿，并立即回到父亲代宗的老路上了，只要你们不造反不扩张，按时"进奉""宣索"，别的朕一概不管！

代宗在位期间好歹还管过三个藩镇，德宗后期只管过淮西的吴少诚。

自从当上淮西一哥的那天起，吴少诚就没把朝廷和皇帝放在眼里。德宗二十年（799年），陈许节度使①曲环病死，吴少诚趁机兵围许州（今河南许昌）。淮西要扩张，这德宗就不能忍了，削去吴少诚的节度使职务，调集十七道兵马讨伐他。

结果，战争打了将近一年，在河朔三镇并未掺和的情况下，淮西仅凭一镇之力就扛住了十七道大军的围攻。为什么会出现这种结果呢？一方面，德宗朝三大帅——李晟、马燧、浑瑊均已谢世，军中没有能独当一面的帅才，而吴少诚虽然为人狠辣，却是能征惯战之辈；另一方面，淮西军的战斗力实在惊人。

德宗只能认尿，赦免了吴少诚。

02. 德宗驾崩

明明有干事儿的心思，却偏偏干不好事儿，我们不禁要问：德宗的问题出在哪里？

---

① 陈许节度使下辖许州（今河南许昌）和陈州（今河南周口淮阳区），治所许州，大致相当于今河南许昌、周口、漯河三市地，后期更名为忠武军。

"德薄而位尊，知小而谋大，力小而任重，鲜不及矣。"《周易》里的这句话用在德宗身上很贴切，他的确德薄、智小、力小。但我觉得这些都不是主要问题，作为一个领导，特别是作为一个帝王，最重要的本事是识人用人。自己可以德薄、智小、力小，但完全可以学着用德厚、智大、力大的人。德宗的致命缺陷就在于他不会识人，更不会用人。

建中年间，他内用卢杞、外用李希烈，致使削藩战争越削越大，几乎失控。尤其让人费解的是，直到去世前夕他仍对卢杞心心念念。贞元初期，他错用张延赏，疏斥李晟，结果酿成了"平凉劫盟"。

朝廷那么多能臣、忠臣，他愣是不用。忠心耿耿的段秀实死在了朱泚手上，忠心耿耿的颜真卿死在了李希烈手上。因为卢杞的陷害，他害死了人品虽不咋地但能力很咋地的杨炎。因为尚结赞的搬弄，他将李晟和马燧闲置了起来。

进入统治后期，德宗在用人问题上越发昏聩。

李泌死后，后期能堪大用的只有一个陆贽。德宗也知道陆贽完全具备宰相的才干，却总是拖着不大用。为啥呢？就是因为陆贽总说卢杞不好。

一直到德宗十三年（792年），他才任用陆贽为相，但同时又重用了善于谄媚的户部侍郎、判度支裴延龄。全天下的人都知道裴延龄是个奸臣，唯有德宗觉得他是个香饽饽。陆贽多次弹劾裴延龄，德宗不仅在一年后罢免了陆贽的宰相，甚至还想杀了陆贽。多亏谏官阳城等人极力求情，陆贽才得以免死贬官。

此等识人用人眼光，能中兴大唐才活见鬼呢？！

偏偏德宗寿命还很长，如果让他向天再借三五十年，唐朝估计都撑不到昭宗了。好在老天爷没给他借，进入德宗二十六年（805年），已经64岁的他终于不行了。

德宗能接受大限将至，但现在就让他死，他死不瞑目。因为，太子李诵也病倒了。

在恪守嫡长子继承制的原则上，肃、代、德三代是做得最好的。德宗即位当年底，即册拜长子宣王李诵为皇太子。彼时李诵年仅19岁，此前一年他刚有了长子李淳，也就是后来的宪宗。但由于父亲的身体实在太好，李诵足足当了25年的太子，是唐朝时间最长的储君。

这25年间，他只在史书上露过三次脸。

第一次"露"了大脸。泾师之变时，他仗剑殿后，护送老父撤离，体现了一个儿子的孝道。奉天保卫战中，他身先禁旅，乘城拒敌，为受伤将士裹疮，又展现了一个储君的担当。

第二次"漏"了大脸。德宗八年（797年），他岳母郜国公主出事了。

郜国公主是代宗的妹妹、德宗的姑姑。简单地说，这位姑奶奶就是第二个高阳公主。她青年丧夫，难耐寂寞，竟与多人私通，其中一人居然还是同宗的李家人。这李家的伦理观确实够乱的！也不知道她得罪谁了，这一年被人把丑事抖搂了出来。

其实，皇帝的女儿普遍惯得没个人样儿，这里面的浪荡货多了去了，本不是什么大事儿。况且，郜国公主是德宗的长辈，德宗本不稀得管，可谁让郜国公主的罪状除"通奸"外，还有一个"厌胜"。通奸罪不至死，但厌胜和谋反一样，是封建皇权的高压线，触之必死。

盛怒的德宗将李诵提溜过来一顿骂，岳母行厌胜巫蛊，你这个女婿知不知情？你们是不是有所勾连？李诵很聪明，学太爷爷肃宗，马上和太子妃萧氏离了婚。但德宗怒气不解，甚至找李泌商量，想废了李诵，改立侄子舒王李谊。

李泌很不解，陛下你还有那么多儿子，即便要换太子，也不至于换侄子吧？！他一顿掉书袋，历数自贞观朝以来废立太子的惨痛教训，说得德宗沉默不言。最终，李诵的太子之位有惊无险地保住了。

但其他人就很惨了，郜国公主被幽禁致死，她的儿子和情人们被流放岭表，其女太子妃萧氏被处死。

经此一难，李诵就更小心了，对国家大事不发一言，专注于提高自身文化修养，闲时练练书法，一个不小心练成了隶书达人。德宗喜欢作诗，被群臣起了个外号叫"排公"①，每次赐诗给大臣，他都要李诵来执笔。

十四年（793年），德宗还安排了李诵长子广陵王李淳的婚事。女方来头很大，爸爸是郭子仪之子代国公郭暧，妈妈是德宗的妹妹升平公主。

两年后，李诵第三次露脸，这次露了"大"脸。德宗想加罪于替陆贽求情的阳城等人。李诵实在看不下去，破天荒地出面求情，保下了阳城等人。

可见，李诵并非没思想没见解，他只是将喜怒哀乐深深埋在了心底。唐朝的太子太难当，不怪他如此谨慎。但这样的生活状态，隐忍个三年五载还行，他隐忍二十多年，终于憋出病来了。

德宗二十五年（804年）九月，身体一向不怎么好的李诵又中了风，很严重，说不了话了。德宗数次亲临探视，遍访名医诊治，却毫无效果，自己也急得病倒了。国君和储君同时病重，这可是前所未有的事情，整个国家的政治空气都凝滞了。

新春朝会，德宗好歹强撑着参加了，但李诵已经病得连路都走不动了。德宗想去看看儿子，却被别有用心的舒王和忠于舒王的宦官们拦住了。德宗难受，一直哭一直哭，哭到正月二十三日，两腿一蹬，嘎嘣了。

---

① 排公，本指一种投石游戏，后借指擅长诗律的人。

他这辈子和"三"这个数字特别有缘。他是唐朝寿命第三长的皇帝，仅次于高祖和玄宗；在位时间也是第三长，26年，仅次于玄宗和高宗。他最想干的事有三：找妈妈，灭回纥，削藩镇，一件都没办成。

不过，我们评价一个人首先要看大势，也就是时代背景。肃、代、德三朝正是唐朝最艰难的时期，经过安史之乱的涤荡，国内藩镇割据，国外吐蕃入寇，国力几乎触底。经过爷孙三代半个多世纪的努力，总算避免了亡国的厄运，勉强又把场子撑起来了。

德宗还是有一些亮点的：

外事上，虽然有"平凉劫盟"这样的奇耻大辱，但他听从李泌的建议，构建起对吐蕃的环形战略包围圈，不仅遏制了吐蕃的入侵势头，也间接使吐蕃王朝走向了衰落。这是李泌的贡献，也是德宗鲜有的政绩，我们应当予以承认。

内政上，藩镇确实没有彻底剪除，但梁崇义、李惟岳、朱泚、李怀光、李希烈先后授首，也极大震慑了藩镇。如果德宗有百折不挠的精神，积蓄力量接着再削、聪明地削，我相信是会见效果的。只可惜他性格太软弱了。

总之，德宗的能力水平虽然泛泛，但他起码有做事的心思，比起后来那几个不成器的子孙，已经算不错了。

03. 永贞革新

这边儿德宗刚刚咽气，那边儿宦官们已经合计好立舒王了。

宦官头子是谁呢？正是"平凉劫盟"时被尚结赞擒获又放归的俱

文珍。德宗二十年（799年），窦文场、霍仙鸣退休，杨志廉、孙荣义接任左右神策中尉。但这时的宦官一哥不是俩中尉，居然是由宣武军监军调回长安的俱文珍，这委实是一个了不起的成就！

紧急关头，亏得左补阙兼翰林学士卫次公说了一句话："皇太子虽然有病，但他是嫡长子，中外归心。即便不拥立他，也该立广陵王啊，立他人必生大乱！"其他大臣跟着呼应。这时的宦官还没有后来胆子那么大，只得作罢。

三天后，太子李诵于重病中即位，是为唐顺宗。我一直搞不明白为啥官方给他的庙号是顺宗，明明不顺嘛！

顺宗无法上朝，只能躺在病榻上，隔着一道纱帘召见骨干大臣。伺候左右的是他的亲信宦官李忠言和爱妃牛昭容。大臣们将奏议转给李忠言，再由李忠言递入帘中供顺宗阅示。

看皇帝病成这个模样，大臣们不禁暗自嘀咕：他还能行吗？

能行吗？能行！

事实上，顺宗对德宗朝的政治弊端看得很透，酝酿改革也不是一天两天甚至一年两年的事儿了。顺宗并不冷漠，恰恰相反，他对天下大事、朝政得失十分关心也十分介意。当太子时，他的确不和父皇、朝臣议论这些。但回到东宫，他和身边人却谈得很热乎。

顺宗的身边早就形成了一个政治集团，其中的骨干成员正是后来大名鼎鼎的"二王八司马"。

"二王"是他的谋主，一个是杭州人王伾①，一个是绍兴人王叔文，前者是李诵的书法老师，后者是他的围棋老师。所谓"八司马"，即后来被贬官为州司马的柳宗元、刘禹锡、韩泰、陈谏、韩晔、凌准、程异和韦执谊八人。

---

① 伾，音丕。

八人中，如今知名度最大的当数柳宗元和刘禹锡。柳宗元出自河东柳氏，山西运城人，他的堂高伯祖就是高宗王皇后的舅舅柳奭。到柳宗元这代，柳家已经败落了，他父亲不过就是个乡镇公务员而已。但柳宗元何许人也，一代文宗啊，靠真本事考上了进士。河南郑州人刘禹锡与柳宗元同榜及第、情谊甚笃。上述八人除韦执谊位居宰相外，其余都是朝廷中下级官员。

重病中的顺宗改造国家的心思很迫切，刚一即位就紧锣密鼓地发布了一系列雷霆举措。外面的人都以为这是新皇帝亲自决策的部署，其实真实的运行机制是这样式儿的：坐镇翰林院的王叔文拿出政策；然后由王伾送到宫中柿林院，转交给内廷的李忠言和牛昭容；经顺宗拍板儿后，交由中书省韦执谊落实。

改革的内容相当亲民，包括减免税赋、降低盐价、罢诸道进奉、废止宫市、取缔五坊等，条条针砭时弊，一经公布就赢得了百姓的高度赞誉，"市里欢呼"，"人情大悦"。

应该说，改革的方向是对的，举措也是对的，但错就错在推得太急。顺宗担心自己时日无多，一上来就火力全开，想一揽子把所有问题都解决了。他和他的团队不仅高估了自己的力量，也低估了保守派保卫既得利益的决心和力量。

他们得罪了好多人。

首先，重用二王、刘、柳这些中下层官员，剥夺了外朝的政务权，这就引起了朝臣们的强烈不满。我们这些人计算、算计了几十年，才有了今天的权力和地位，你们几个小子说上来就上来了，那怎么行?!

朝臣的代表主要是左补阙兼翰林学士卫次公、司勋员外郎知制诰郑絪、翰林学士李程以及起居舍人王涯，都是通过科举上来的进士。除了卫次公，其余三人都是豪门子弟。郑絪，荥阳郑氏。王涯，太原王氏。李程则是李唐宗室，高祖李渊堂弟襄邑恭王李神符的五世孙。这些人对寒门出身的二王、刘、柳本就怀有天然的蔑视和敌意。

其次，重用李忠言显然是为了踢开俱文珍，但大权在握又老谋深算的俱文珍会拱手相让吗？当然不可能！罢黜宫市、取缔五坊又断了整个宦官群体的灰色收入来源，宦官们能答应吗？绝对不能！

宫市我在前面介绍过了，这里展开介绍一下五坊。五坊是武则天时设立的主供皇帝狩猎所需禽兽的机构，因分为雕坊、鹘坊、鹞坊、鹰坊和犬坊，故称五坊。五坊使由宦官充任，工作人员称"五坊小儿"，皆是从社会上招募的无赖子弟。这些人非常坏，借着为皇帝充实鸟兽的名义，以极其卑鄙的手段压榨盘剥长安百姓。

朝臣执掌的南衙和宦官执掌的北司①这些年来明争暗斗，从没尿到过一个壶里。唉，这次不同了，出于共同的利益诉求，他们破天荒地站到了一条船上，拧成一股绳，要和顺宗他们对着干。

紧接着，顺宗团队又得罪了藩镇。

韦皋派副使刘辟入京，求王叔文出面做顺宗的工作，让他兼领剑南三川。刘辟话说得很露骨："韦太尉派我向足下表示诚意，如能让太尉总管剑南三川，必有重谢；即便办不成，也有重谢！"顺宗改革其实还有一个没公布的重要内容——削藩。王叔文当然不答应，而且准备杀了刘辟震慑韦皋。亏得有韦执谊说和，刘辟才灰溜溜地逃出了长安。

---

① 狭义的北司指宦官掌管的内侍省，因设在皇宫之北，故名。广义的北司代指整个宦官集团。与北司相对的是"南衙"。狭义的南衙代指宰相官署，因三省均在皇宫之南，故称。广义的南衙代指以宰相为首的朝臣集团。

04. 二王八司马

这些势力中，态度最强硬、冲在最前头、斗争最坚决的便是以俱文珍为首的宦官集团。

皇帝怎么了？不听话，我们就和你对着干。你不是不能出来吗？没关系，我们进去！三月，俱文珍伙同卫次公、郑絪、李程、王涯等人径直闯入宫中，向顺宗当面押注。他们说，圣人疾久不愈，无法视朝，中外危惧，为江山社稷计，他们代表内外臣民敦请圣人册拜广陵王为太子，制书已经起草好了，圣人点头用印即可。

顺宗身边就一个女人和一个阉人，根本说不过这些人，最终只能点头答应。

二十四日，顺宗宣布册拜李淳为太子，同步更名为李纯。四月初六，他又拖着病体到宣政殿，为李纯举办了建储仪式。

这一步很关键，既然已有接班人，只要找到合适的借口，随时可以接班。保守派心情大悦，"皆相贺，至有感泣者，中外大喜"。

王叔文"独有忧色，口不敢言"，只是黯然吟诵杜甫的诗："出师未捷身先死，长使英雄泪满襟！"

甘心吗？当然不！经过酝酿，他于五月说服顺宗下诏给神策军京西诸镇将领，任命右金吾大将军范希朝为京西行营节度使、韩泰为行军司马。这里需要说明一下，神策两军分布在以长安为中心的关中地区，其中以京西地区分布最广、兵力最重。显然，王叔文抓到了改革能否推得下去的关键要害——神策军听谁的？

同月稍晚，顺宗又提拔王叔文为户部侍郎。万万没想到，胆大包天的俱文珍居然背着顺宗，在制书上削去了王叔文的翰林学士头衔。

王伾立即上疏反驳，却遭到顺宗拒绝。王伾不甘心，二次上疏。顺宗这才准许王叔文每三五天到翰林院一次，但翰林学士的头衔暂不恢复。

俱文珍矫诏事同谋逆，完全可以逮捕并处死他。顺宗为什么不这么做？非不愿也，实不敢尔，人家手上可有军队啊！

俱文珍的矫诏之举给改革造成了很大的困难。因为，翰林学士这个职务对王叔文太重要了！翰林学士虽然不是公务员，不计官阶品秩，也无官署，但实际地位相当于皇帝的秘书，负责替皇帝批改奏章、草拟文稿。既然是秘书，那就必然有一个朝臣们无法企及的绝大优势：朝臣只能定时在朝堂上见皇帝，翰林学士却可以随时应召问对，天天在皇帝眼前晃悠，能跟皇帝说上话，有时甚至能左右皇帝的意志。这个岗位始设于玄宗朝，发展到德宗朝已经被圈里人称为"内相"了，可见其重要性。王叔文的思想只有经过顺宗背书，才能变成政策。原先他是翰林学士，可以天天见顺宗，所有改革想法几乎都能迅速落地。但现在他不是翰林学士了，虽然每隔三五天还能去一次翰林院，但守门宦官是要查验工作证的，有的是机会和理由拦他。六月，地方藩镇也开始发难，而且目标直指顺宗。

西川韦皋开了当头炮，奏请太子监国，其实就是逼顺宗交权。其他藩镇蜂拥而上，荆南节度使裴均、河东节度使严绶接连上表附议。以俱文珍为首的宦官和以卫次公为首的朝臣更是纷纷鼓噪。

这时，京西神策军各营将领纷纷上书俩中尉，说他们怎么突然换领导了，怎么要听范希朝的号令了？俱文珍这才意识到自己被摆了一道，大骂道："从其谋，吾属必死其手。"直接密令神策军诸将："无以兵属人。"

皇帝的诏命和俱文珍的手书，神策军怎么选？开玩笑，皇帝的诏命算个屁啊，当然得听我们老大的呀！结果，范希朝、韩泰跑到奉天上任，居然没有一个神策军将领迎接拜会。

韩泰报告王叔文。王叔文登时就跟泄了气的皮球似的："奈何！奈何！"

适逢母亲病重、丁忧在即，王叔文准备给自己求个平安符，特地在翰林院摆下一场大酒，请俱文珍等人出席。

俱文珍带着胜利者的傲娇姿态出席。王叔文在酒席上说软话："叔文母病，以身任国事之故，不得亲医药，今将求假归侍。叔文比竭心力，不避危难，皆为朝廷之恩。一旦去归，百谤交至，谁肯见察以一言相助乎？"其实就是说，哥们儿认输了，希望我退了以后你们不要搞我！俱文珍完全不给面子，当场折辱王叔文。王叔文"不能对，但引满相劝，酒数行而罢"。

吃着你的饭，喝着你的酒，还当场让你难堪，这就是实力！

二十日，王叔文以母丧去位。

王伾先后三次奏请夺情起用王叔文，均遭到顺宗拒绝。我分析，这时改革派和顺宗的交通已经被俱文珍完全切断了，王伾的奏疏根本就到不了李忠言手上，更不可能放到顺宗眼前。王伾自己想了个脱身的法子，七月的一天，他在翰林院中深坐至晚上，忽然大叫："伾中风矣！"第二天便称病不出了。

二王一去，顺宗于七月二十八日颁下制书，"积疢未复，其军国政事，权令皇太子纯句当"，让太子李纯监了国。这一监国，顺宗就彻底没权了。

监国只是走个过场。八月初四，顺宗宣布："令太子即皇帝位，朕称太上皇，制敕称诰。"但颇为吊诡的是，第二天他又下诰改贞元二十一年为永贞元年。太上皇改元，这在中国历史上可是独一份儿！退休的老皇帝还有必要改元吗？完全没有！所以，我认为初四的逊位诏书是保守派的矫诏之举。顺宗不甘心，在得知这一情况后较劲似的改了元。就算你们逼我退休，我也要在历史上留下印记！

但大局已定，初九，李纯登基，是为唐宪宗。

顺宗和宪宗的权力交接，在历史上被称作"永贞内禅"。说是禅让，其实就是一场不流血的政变。

顺宗这一退，他发起的改革就夭折了。这次改革在历史上被称为"永贞革新"，前后仅持续了146天，堪称唐版"百日维新"。

虽然正史中对二王极尽鄙薄贬低之能事，但在我看来，他们也是康有为、梁启超之流亚，都是想做大事、做实事的理想主义者。他们的出发点是好的，想改革大唐长久以来特别是德宗朝积累的各种弊端。但世间所有理想主义者的通病就是只考虑理想，却对实现理想所需的实力认识和准备不足。

二王犯了在力量不足时求速决的错误，以为一朝权在手，可把令来行，忽视了保守派的力量，步子迈得太大，摔跤了。

这个错误足以致命。宪宗一上台，二王一党马上就倒霉了。王叔文被贬为渝州（今重庆巴南区）司户，并被赐死。王伾被贬为开州（今重庆开州区）司马，不久病死。柳宗元、刘禹锡等八人被贬为边远八州司马。这就是历史上著名的"二王八司马"事件。这些人遭到残酷的政治打压，除程异外，其余七人的政治生命被实质性剥夺。

我们就以柳宗元和刘禹锡为例。

刘禹锡被按在朗州（今湖南常德），柳宗元被按在永州（今湖南永州），长达九年。柳宗元的《捕蛇者说》《江雪》都是在永州时写的，荒凉啊，四周都是蛇，孤独啊，"千山鸟飞绝，万径人踪灭。孤舟蓑笠翁，独钓寒江雪"。这首《江雪》仅用短短二十个字，就将天地万物都裹进了冰雪里，而柳宗元这个孤独的渔翁如同宇宙中的一粒尘埃，要多渺小有多渺小。大家看最后两句首字，连起来便是"孤独"。

元和九年（814年），宪宗召他们回京，但朝臣、宦官、藩镇坚决反对任用他们。于是，二人回京不到一月，又被贬到了更远的地方。

柳宗元被贬黜广西柳州，并于五年后死在当地，年仅47岁。

刘禹锡一直被按在南方，先后换了三个省，直到敬宗时才得以调任和州（今安徽和县）通判。著名的《陋室铭》其实写的是他在贬官地的破烂宿舍。武宗会昌二年（842年），"诗豪"刘禹锡郁郁而终。

至于正主顺宗，死得更早。转年正月，宪宗下诏改元"元和"[①]。十八日，他以诏书的形式公布了顺宗的病情："诏以太上皇旧恙愆和，亲侍药膳。"但第二天，宪宗就宣布太上皇驾崩了。顺宗去世时年仅40岁，他是唐朝在位时间最长的储君、在位时间最短的皇帝。从唐朝开始，就有人猜测顺宗很有可能早被干掉了，只不过拖到这时才公布而已。

[①] 元和元年（806年），元和二年（807年），元和三年（808年），元和四年（809年），元和五年（810年），元和六年（811年），元和七年（812年），元和八年（813年），元和九年（814年），元和十年（815年），元和十一年（816年），元和十二年（817年），元和十三年（818年），元和十四年（819年），元和十五年（820年）。

第九章 元和中兴

01. 平定西川刘辟

大家可能觉得宪宗是个保守派,这是因为参照系是顺宗,但相比较后来的皇帝,宪宗都能算激进派了。当他还只是一个王的时候,就特别喜欢读先帝们的实录,尤其喜欢太宗、玄宗二帝的实录,几乎手不释卷。即位后,他更是把"太宗之创业""玄宗之致理"当作努力目标,誓要中兴大唐,再现贞观、开元时代的辉煌。

如何实现这一目标呢?宪宗觉得,就是要削藩,还政于中央。因此,元和政治的中心线就是:一切为了削藩,一切服从于削藩。

顺宗逊位当月,韦皋病逝,刘辟自立为留后,并让西川将佐联名上书求取节钺。

宪宗不同意,下诏征刘辟入朝为给事中,调宰相袁滋任西川节度使。刘辟调集重兵防卫要塞,向朝廷叫板。袁滋畏葸不前,惹恼宪宗,被贬到江西去了。

那么,问题来了,要不要讨伐刘辟?

朝中主张姑息的人居多,理由是:西川军常年与吐蕃人作战,战斗素养极高,并且蜀道之难难于上青天,讨伐刘辟只怕没那么容易成功,万一失败,西川可就彻底丢了。

宪宗也很犹豫,他的确想削藩,但不是现在,并且目标也不是西川,况且韦皋、刘辟还对他有拥立之功。因此,宪宗最开始想妥协,准备暂且让刘辟知节度事。

但没想到刘辟居然提了一个无比荒唐的要求：让他兼领剑南三川。这下宪宗就不淡定了，好嘛，你野心不小啊，西川都满足不了你，还想要东川和山南西道?！但直到这时，宪宗仍未下定动武的决心。

这一延宕又是小半年，直到元和元年（806年）正月，刘辟送来了"新年礼包"：他悍然攻打东川，将东川节度使李康围困于梓州（今四川绵阳三台县）。

再不管就说不过去了！有两个高官坚决主张讨伐刘辟。

第一个是宰相杜黄裳。此人是郭子仪的幕僚，因为得罪奸相裴延龄，十年未得升迁。顺宗即位后，他才升任太子宾客、太常寺卿。杜黄裳的女婿正是韦执谊，但翁婿两人的路线截然相反，杜黄裳坚决反对永贞革新。宪宗上来后，投桃报李，提拔他为宰相。

第二个是翰林学士李吉甫。李吉甫和李林甫虽然只差了一个字，但相去千里。他是代宗朝御史大夫李栖筠的儿子，虽然以门荫入仕，但确实有真才实学，深受前宰相李泌、窦参等人的器重。宪宗即位后，李吉甫由饶州（今江西鄱阳）刺史入朝任翰林学士。

这两人都力主讨伐刘辟，以震慑其他不听话的藩镇。有杜黄裳和李吉甫支持，宪宗削藩的小宇宙终于爆发了，于元和元年（806年）正月二十三日诏命左神策行营节度使高崇文将步骑五千为前军，神策京西行营兵马使李元奕将步骑两千为后军，会同山南西道节度使严砺讨伐刘辟。俱文珍出任监军，随军出征。

元和削藩战争的序幕就此拉开了……

当时军中老将还有很多，都觉得自己应该是南征主帅，没想到皇帝却用了一个高崇文，大家都很诧异。

这个突然冒出来的高崇文何许人也？此人出自平卢军，在代宗时代屡立军功，崭露头角。但真正让他大放异彩的是德宗十年（789年）

的佛堂原之战。当时，吐蕃军三万人进犯宁州（今甘肃庆阳宁县），高崇文率甲士三千于佛堂原大破吐蕃，获封渤海郡王。

高崇文行吗？行不行，事实说了算！

官军刚刚出发，刘辟就攻陷梓州，活捉了李康。但这是他在这场战争中取得的唯一一次胜利，他终究还是低估了朝廷的力量，虽然现在的朝廷和天宝以前那个没法比，但瘦死的骆驼比马大，起码比他大。

高崇文大军抵达后，刘辟示弱，放归李康。可高崇文尚未表态，俱文珍却抖起了威风，指责李康不能抗击敌人，不由分说就命人将他推出斩首。李康其实挺冤，东川的军力远不及西川，他打不过刘辟很正常。俱文珍擅杀节度使震动了朝廷，很多重臣都指责他专制蛮横。

几路唐军节节胜利，尤其高崇文所部一路势如破竹，于八月二十一日攻克成都，擒获了出逃的刘辟。很快，西川全境平定。

宪宗采纳李吉甫的建议，让高崇文、严砺分别节度西川、东川，相互制衡。

俱文珍也被提拔为右卫大将军，兼知内侍省事，但左神策军中尉却被宪宗给了心腹宦官吐突承璀。

故事讲到这里，相信大家也转过弯来了，这就是宪宗设的一个局。监军谁当不行，为什么非得是俱文珍，摆明了是把他支走，趁机把控神策军。等他回来后，再来一手明升暗降，彻底夺了他的兵权。宪宗这手腕可以的！

俱文珍是宪宗登临大宝的最大功臣，宪宗为什么要对付他？首先，最重要的一条，俱文珍不是宪宗的人，最核心的权力一定要掌握在自己人手上，古今中外的政治都跳不出这个框框；其次，俱文珍权势熏天，不仅掌控着神策军，还和士族官僚、藩镇有千丝万缕的利益关系，皇帝的卧榻之侧不允许有这么厉害的人存在；最后，还是那条老规矩，对于敢逼宫、敢政变的人，皇帝的内心非常忌惮。

"永贞内禅"是俱文珍为宦生涯的绽放期,但撞上英武的宪宗,注定他的"花期"又很短。

在讨伐刘辟期间,杜黄裳还搞定了另一个桀骜不驯的藩镇——夏绥镇①。夏绥前节度使韩全义入朝,将留后宝座给了外甥杨惠琳。杜黄裳不认,逼迫韩全义致仕,另任节度使。杨惠琳大怒,勒兵据守。朝廷征讨大军未到,夏绥内部生变,杨惠琳被杀。

02. 镇海李锜之乱

说也奇怪,元和年间作死的藩镇偏偏还特别多,走了杨惠琳和刘辟,还有浙西李锜。

浙西节度使,又号镇海军,下辖润、杭、常、苏、湖、睦(今浙江杭州淳安县)六州,大致相当于今江苏南部、浙江北部地区,治所润州(今江苏镇江)。

李锜是武德朝淮安王李神通的玄孙,因为特别会钻营,官至浙西观察使、诸道盐铁转运使。他坐镇富庶的鱼米之乡,又把持了漕运大权,到处搜刮珍财异宝献给德宗。德宗都掉钱眼儿里了,谁给他钱他就看谁好。李锜恃宠而骄,在浙西作威作福、横征暴敛。平民崔善贞上书揭露其罪行。德宗却将崔善贞绑送李锜,李锜居然把崔善贞活埋了。

李锜的恶名,朝廷其实早有耳闻。顺宗在位时来了一手明升暗

---

① 夏绥领夏(今陕西榆林横山区)、绥(今陕西榆林绥德县)、银(今陕西榆林米脂县)、宥(今内蒙古鄂尔多斯南部地区)等州。

降，在升李锜为浙西节度使的同时，解除其盐铁转运使一职。李锜大为恼火，暗自招兵买马，已经动了叛乱的心思。

杨惠琳和刘辟伏诛后，李锜害怕了，自请入朝。宪宗同意了。可李锜又反悔了，宪宗先后三次相召，他以各种理由一再拖延。

新晋宰相武元衡力主讨伐李锜。这位武元衡来头也不小，他爷爷叫武平一，他的从曾祖母赫然便是武则天。刘辟之乱平定后，杜黄裳于元和二年（807年）离朝出任河中节度使。武元衡和李吉甫就顶了上来。

李吉甫也主张讨伐李锜。于是，宪宗下定决心解决李锜。

李锜可能收到了情报，于元和二年十月举兵造反。宪宗征调浙西附近藩镇分三路进剿。面对官军，李锜的部队节节败退。他的外甥突然倒戈，将李锜一家执送长安。十一月，李锜被杀于长安。从起兵到被擒，他仅坚持了一个月。

在藩镇如云的中晚唐，论烈度，李锜之乱顶多算一朵小浪花，但论影响可就大了。李锜是个好色之徒，搜集了不少美女。他死后，这些女人大多被籍没掖庭为奴。好巧不巧，其中最漂亮的两个居然成了宪宗的女人。

第一个姓郑，名讳不详。之所以不详，不是因为太贱了，而是因为太贵了，毕竟人家后来可是大唐太后。郑氏入宫之初，给宪宗正妻郭贵妃——郭子仪孙女——当侍女。但这老妹儿长得太带劲儿了，被宪宗发现了，临幸了，怀孕了。元和五年（810年）六月，她给宪宗生了一个儿子李怡，排行十三。这个李十三正是后来的唐宣宗。

第二个姓杜，名仲阳，时人多称呼她为"杜秋娘"。没错，正是杜牧《杜秋娘诗》的主角。

杜秋娘是润州金陵人，金陵即今南京，当时归润州管辖。比起郑氏，杜秋娘的出身可就太差了，是个妓女。她15岁时，李锜逛窑子邂逅了她。杜秋娘唱了自己谱曲填词的《金缕衣》："劝君莫惜金缕衣，劝君须惜少年时。花开堪折直须折，莫待无花空折枝。"今人多以为这首诗是劝勉世人珍惜时间的。但照我看来，杜秋娘歌里歌外是递话给李锜：李大人啊李大人，您不要珍惜黄金缕衣，您要珍惜当下的时光，像我这样的花朵正是堪折的时候，您快来折了我吧，要不然哪天我被人折走了，您想折都折不到了。李锜听罢，当即拍板：折她！

李锜兵败被杀，杜秋娘也被籍没入宫。她可比郑氏会多了，主动出击，用同一曲《金缕衣》拿下了宪宗。宫里通常称呼她为秋妃。

看来，李锜不旺自己，专旺自己的女人。

平定李锜之乱，李吉甫策划有功，获封赞皇（今河北石家庄赞皇县）县侯。

当年底，他又露了一个大脸，向宪宗献上了他牵头编纂的十卷本国家财政报告——《元和国计簿》。《元和国计簿》在中国古代财政管理史上具有很高的地位，其编纂方法为后世所沿用。

但是，后人大多铭记的是李吉甫在这本报告里做的一个小统计：当时天下共有48个藩镇，其中凤翔、鄜坊、邠宁、振武、泾原、银夏、灵盐、河东、义武、魏博、成德、卢龙、横海、淮西、淄青等15个藩镇不向朝廷申报户口、缴纳赋税，朝廷只能从东南的浙东、浙西、宣歙①、淮南、江西、鄂岳、福建、湖南等8个藩镇征收赋税。言下之意，其余25个藩镇收支基本相等，没有盈余，朝廷拿不到一分钱。李吉甫还统计出元和年间的纳税人口只有天宝年间的1/4，但供养的士兵却多了1/3，平均每两户供养一名士兵。总之，元和的国力远不及天宝，负担却重多了。

与《元和国计簿》出台大抵同时，宰相武元衡外放西川节度使，

---

① 歙，音射。乾元元年（758年），肃宗置宣歙观察使，领宣、歙、池三州。

倒不是他失宠了，而是高崇文不想在西川待了。宪宗给高崇文加了宰相衔，改任邠宁节度使。高崇文节制邠宁三年，于元和四年（809年）去世，终年64岁。

可以想见，接下来就是李吉甫的时代了。他利用杨惠琳、刘辟、李锜授首，藩镇恐惧的机会，大规模调换了36个藩镇的节帅，有效打击了藩镇的嚣张气焰。

只可惜，一场科考大案扳倒了他。

03. 元和制举案

我们知道，唐朝科举分常科和制科两种。简单地讲，常科是规定动作，定期搞；制科是非常规动作，不定期搞，是皇帝为选拔非常之人而开的非常之科。制科的科目很多，最常见的有贤良方正科、直言极谏科、博学宏词科等。

宪宗很重视选拔经世致用的实用型人才，所以频频开制科。元和元年（806年），他就开过一次了。当时选拔了几个年轻人，有士子李绅，校书郎元稹、白居易，监察御史独孤郁，前进士萧俛①和沈传师。

人才这东西哪有够的?！这不，元和三年（808年）四月，宪宗又下诏开制举，选拔贤良方正、直言极谏之士。主考官是户部侍郎杨於陵和吏部员外郎韦贯之。

这次考试轰动了朝野。因为有三个年轻人在策文中以大胆辛辣的

---

① 俛，音斧。

文辞指责朝政失当。这三个年轻人，一个是甘肃平凉灵台人牛僧孺，一个是浙江杭州淳安人皇甫湜，一个是甘肃天水秦安人李宗闵。其中，牛僧孺和李宗闵是同年的进士。

韦贯之觉得他们的文章写得不错，针砭时弊，字字见血，便署为上第。复试的翰林学士裴垍和王涯也认可这一结果。于是，宪宗就表态嘉奖了三位敢言的年轻人。

牛僧孺和李宗闵的策文失传了，但皇甫湜的策文却被文献记载了下来。在策文中，皇甫湜明确提出要"去汉末之祸"。汉末的祸乱就是藩镇和宦官。所以，三人的策文大抵是抨击藩镇割据和宦官专权的。当然，后事证明牛僧孺、李宗闵等人其实是投机分子，他们知道皇帝想解决这些问题，就拿这些问题做文章、立人设。

可是，政事失当是宰相之过，首相李吉甫就坐不住了。

偏在这时，荆南节度使裴均也弹劾李吉甫执政失当。裴均是德宗亲信宦官窦文场的养子，在义父的帮助下一路官运亨通。这年初，他由荆南入朝为尚书右仆射、判度支，就等着下一步拜相了。李吉甫挡了他的道，所以裴均借机联合宦官集团内外呼应，要求追究李吉甫的责任。

宦官为啥支持对付李吉甫呢？因为李吉甫取缔了他们一项重要的灰色收入。中唐时期，宗室诸王出阁后，只能集中居住于十六王宅[①]，由宦官提供服务保障，说是服务保障，其实就是管理。宦官也把这份工作当成了生财的门路，宗室诸王的女儿想要出嫁，必须得给他们送礼才行，搞得宗室们苦不堪言。李吉甫奏请宪宗褫夺了宦官对宗室诸女的婚配管理权。宦官们失去了外快来源，当然恨毒了李吉甫。

---

① 为便于管理（或者说是监控），唐朝宗室诸王也是集中住宿的。集中居住地方视人员数量而定名，如五王宅、六王宅、十王宅、十六王宅、百孙院等。

于是，一场简简单单的考试就变成了宦官集团和李吉甫的博弈。这是牛僧孺、李宗闵这几个血气方刚的生瓜蛋子所始料未及的。

巨大的压力落在了李吉甫身上，面对盛怒的宪宗，总得有个解释吧?! 他只能向宪宗哭诉，说这是一场科举舞弊案。理由是：皇甫湜是复试官王涯的外甥，而韦贯之、杨於陵、王涯、裴垍四位考官和他政见不合，故意指使牛僧孺、李宗闵、皇甫湜在策文中诋毁他。

宪宗最终决定：将王涯贬官虢州（今河南三门峡灵宝市）司马，韦贯之贬官巴州（今四川巴中巴州区）刺史，杨於陵外放岭南节度使，裴垍改任户部侍郎。

至于牛僧孺等三人，本来可以留朝当官的，现在只能到藩镇幕府任职了。他们当然恨透了李吉甫，这就为后来的牛李党争埋下了伏笔。

显然，宪宗偏袒了李吉甫，毕竟是自己人嘛！但裴均和宦官集团不依不饶，继续鼓噪。迫于压力，李吉甫不得不申请外放，并推荐裴垍接任。仅从这一条就可以看出，他和裴垍其实并无矛盾。

九月，宪宗下诏加裴均为宰相，但却外放为山南东道节度使，以户部侍郎裴垍为宰相。同月，他又让李吉甫出任淮南节度使，带宰相衔，并亲临通化门为李吉甫饯行。

宪宗的这套操作是典型的以退为进、息事宁人。李吉甫虽然到了淮南，但仍能向宪宗上密奏议论朝政得失。并且，淮南紧邻淮西，宪宗让李吉甫去，是希望他紧盯淮西的吴少诚，为将来对淮西的战争做准备。

宦官集团对这个结果当然不满意。李吉甫到淮南后生了一场病，曾将医生留宿于家中。宦官集团指使御史中丞窦群抓捕医生，弹劾李吉甫结交术士。这下宪宗可不干了，将窦群一伙悉数贬黜。宦官们这才停止迫害李吉甫。

04. 沙陀东归传

元和制举案期间，发生了一件当时看起来不大、但后来非常大的事情：沙陀突厥东归大唐。

沙陀突厥投降吐蕃，被举族迁徙到了甘肃张掖。吐蕃人的目的很明确，用沙陀突厥对付唐朝，有事儿沙陀先上先死。沙陀人十分愤恨，但有气儿也只能憋着。就这，吐蕃人还不满意，又担心沙陀和回鹘有所勾连，计划将沙陀人搬离河西。

说搬就得搬，说搬哪儿就得搬哪儿，这搁谁身上也受不了啊！首长朱邪尽忠和儿子朱邪执宜商量部族的前途。朱邪执宜提了一个极其大胆的建议："爹，咱们东归大唐吧，总比绝种强！"朱邪尽忠经过艰难的思想斗争，最终同意了。

经过精心准备，朱邪父子尽起全部落三万人，沿郁督军山东归。三天后，吐蕃大军就追了上来。沙陀人且战且走，前后数百余战，死伤无数，连朱邪尽忠都战死了。

元和三年（808年）六月，朱邪执宜带领残余的不到一万部众和仅剩的三千骑兵，终于抵达了唐灵州城（今宁夏吴忠东北），向灵盐节度使范希朝奉上降书，恳请唐廷接纳。

范希朝上奏朝廷。宪宗为沙陀突厥英勇东归的事迹所感动，诏命将他们安置于盐州城（今陕西榆林定边县），并特设阴山都督府，以朱邪执宜为兵马使。

小伙伴们肯定已经感觉到了，沙陀东归大唐和清朝时土尔扈特部东归的事迹极为相似。没错，朱邪执宜不啻唐版渥巴锡汗。略有不同的是，沙陀人是投唐，土尔扈特人是回老家。但沙陀人对唐朝政局乃至中国历史进程的影响，则远远超过了土尔扈特人。

第二年六月，范希朝调任河东节度使。朝廷经过多方考虑，决定让他带着沙陀人一起到河东去。为啥呢？一方面，盐州离吐蕃人很近，唐廷怕哪天吐蕃人又把沙陀勾搭回去；另一方面，东归途中被打散的沙陀人陆续赶来盐州，短短一年间沙陀人口增长了不少，害得灵盐当地的粮食都涨价了，这是小小的灵盐军承担不起的，干脆打发到富裕的河东去吧！

就这样，祖籍新疆的沙陀人又跟着范希朝来到了河东，被安置于代北神武川黄花堆，也就是今山西朔州山阴县地区。

当地还有一个部族，就是六州胡。六州胡没少给唐廷添乱。玄宗开元九年（721年），康待宾作乱。开元十年，康愿子作乱。唐廷平定叛乱后，将六州胡五万余口内迁中原。可能六州胡在内地也不服管，所以16年后唐廷又把他们迁回了河套老家。安史之乱期间，六州胡追随同罗酋长阿史那从礼反叛，被唐朝和回纥的联军击败。德宗也头疼啊，就拍板儿把他们迁徙到了代北地区。

沙陀来了以后，凭借更强大的武力，迅速征服了六州胡。两个部族逐渐融合，形成了一个由沙陀、萨葛、安庆三个部落组成的联盟，对外统一称沙陀。三个部落里，萨葛和安庆都是粟特人部落。

从长远看，将沙陀内迁代北是唐廷的重大决策失误，也是留给中国的一笔历史负债。

土尔扈特人被安置于新疆，距离华夏腹地相当遥远。而沙陀人安居的代北距离华夏腹地太近了，这就给了他们影响中国历史进程的便利。沙陀人在代北繁衍生息，力量逐渐壮大。唐末乱世，他们趁机崛起，竟先后建立了三个王朝。朱邪执宜的曾孙李存勖建立后唐，沙陀人石敬瑭建立后晋，沙陀人刘知远建立后汉，史称"沙陀三王朝"。另外，我们熟知的一些中国历史名人，比如"独眼龙"李克用就是沙陀人。

沙陀突厥内附得非常及时，因为元和削藩战争的高潮马上就要到了……

05. 一讨王承宗

元和元年（806年）六月初一，淄青节度使李师古去世。李师古是前节度使李纳的儿子。机灵鬼李纳算得过德宗，却算不过天意，在德宗十三年就去世了，年仅34岁。李师古也是个短命鬼，二十来岁就没了。淄青军拥戴其弟李师道为副使。当时朝廷正在讨伐刘辟，宪宗无力过问，只得任命李师道为平卢留后。

然后，元和四年（809年）三月，成德节度使王士真也去世了。王士真是前节度使王武俊的儿子。王士真死后，他儿子王承宗自领留后。王承宗觉得我们成德和淄青是一样式儿的，既然李师道能接他哥，我当然也可以接我爹。

但这时候形势大不相同了，宪宗已经成功削掉了夏绥杨惠琳、西川刘辟和浙西李锜，信心爆棚，他想由朝廷委任节度使，把成德收归国有。宪宗的盘算是：王承宗如果俯首听命，那自然最好；如若不从，正好以此为由灭了他。

三个主战的宰相，杜黄裳已于元和三年（808年）病逝，李吉甫和武元衡都外放地方了。所以，朝中主和派占了上风，他们的理由是：一来河朔三镇和淄青、淮西向来同气连枝，牵一发容易动全身。二来先前已经认了李师道，此时不认王承宗说不过去！

恰在这时，左神策军中尉吐突承璀却主动请求领兵讨伐王承宗。

吐突承璀这名字一看就不是汉人，没错，吐突是鲜卑姓氏。在本书所写的大宦官中，他是唯一一个少数民族。不过，按户籍来说，吐突承璀却是福建人，属于唐宫福建籍宦官的代表。他从入这行起就跟着宪宗李纯了，性情聪敏，是李纯多年的老心腹了。

宪宗即位，直接提升吐突承璀为内常侍，知内侍省事。在宦官接手神策军以前，做到知内侍省事就是宦官头子了，但现在可不是了。不过没关系，仅仅三个月后，宪宗便借俱文珍出征刘辟之机，提拔吐突承璀为左监门将军、左神策军中尉、左街功德使，赐爵蓟国公。

一看皇帝表现出了宠幸宦官的强劲势头，朝臣们的意见就很汹涌了，其中以翰林学士李绛最看吐突承璀不顺眼，不止一次向宪宗陈述宦官专权的危害。宪宗却不屑一顾："此属安敢为谗！就使为之，朕亦不听。"

不仅朝中的吐突承璀格外积极，地方的一些藩镇，比如昭义节度使卢从史也上蹿下跳地请求讨伐王承宗。卢从史有私心，他父亲前不久去世了，依礼制他得退官守丧三年，这就意味着他的节度使宝座要不保了。卢从史想借征讨王承宗的机会，请宪宗夺情，间接保住节度使宝座。

内有吐突承璀，外有卢从史，这削藩的声势就造起来了。

八月，宪宗遣使成德。王承宗想当正牌节度使的心情很急迫，主动提出以德州（今山东德州陵城区）和棣州（今山东滨州惠民县）换取节钺。

不费一兵一卒就能收回两个州，这买卖很划算啊，宪宗就改主意了，于九月任命王承宗为成德节度使，同时又任命王承宗的女婿德州刺史薛昌朝（薛嵩的儿子）为保信军节度使。

偏在这时，魏博节度使田季安——前节度使田绪的儿子——派人煽呼王承宗："你的宝贝女婿暗中投靠了朝廷，所以才能得到节度使的职位。"王承宗大怒，马上派兵把薛昌朝抓了起来。

田家人特别擅长当搅屎棍。被田季安这么一搅和，成德和朝廷的关系急转直下。宪宗要求释放薛昌朝，遭到王承宗断然拒绝。

好了，这下没得商量了，只能打了！

十月中旬，宪宗下诏削除王承宗一切官爵，任用吐突承璀为左右神策军、河中、河阳、浙西、宣歙等道行营兵马使，行营招讨处置使，其实就是全军主帅。翰林学士白居易、度支使李元素、盐铁使李鄘等一大批官员强烈反对。宪宗只得削去吐突承璀所领的河中、河南、浙西、宣歙四道兵马使，并改封为行营招讨宣慰使。"招讨"不变，但"处置"变"宣慰"了，缩减了吐突承璀的事权范围。

许多人以为，宪宗任用吐突承璀，其原因就是史书上写的"王承宗叛，承璀揣帝锐征讨，因请行。帝见其果敢，自喜，谓可任"。其实，宪宗的真实目的是借征讨王承宗之机，让吐突承璀从俱文珍手上收走全部神策军的兵权。因此，哪怕天反对地反对大家都反对，他都坚持要用吐突承璀。

吐突承璀迅速清除了俱文珍在神策军中的势力。玩了一辈子鹰的俱文珍就这么折了，黯然致仕，退居宅邸。元和八年（813年），俱文珍因病去世。宪宗念及他有拥立之功，追赠了一个开府仪同三司意思了一下。

二十七日，吐突承璀率神策军从长安出发。宪宗亲临通化门为他饯行。

朝廷要打成德，卢龙和魏博的立场就显得至关重要了！是跟着朝廷一起削成德？还是和成德一起抗拒朝廷？这是一道事关生死的必答题。

卢龙节度使刘济想不明白，派部下谭忠去魏州探田季安的口风。谭忠心向朝廷，靠着一张肉嘴，不仅说服田季安按兵不动，还说服刘济出兵讨伐成德。田季安这厮太过狡猾，挑事儿有他，真出事儿了他却坐山观虎斗。

当时的形势，卢龙、魏博都站到朝廷一边，淄青、淮西选择袖手旁观。因此，相当于朝廷是举半壁之力对付一个成德，这本是稳赢的局面，可战争打了大半年，也就卢龙刘济、义武张茂昭和河东朱邪执宜打了一些胜仗。

朱邪执宜虽然只有七百骑兵，却所向无前，屡立战功，充分展现了沙陀人彪悍的战斗力。不过，仗打得最漂亮的还是张茂昭，他是义武军前节度使张孝忠的儿子。在元和五年（810年）三月的木刀沟①一战中，张茂昭联合朱邪执宜，大破成德军两万精骑，打得王承宗仅以身免。

偏师屡屡建功，主力却毫无建树，究其原因，并非神策军不行，而是他们的主帅不谙军事，治军不严，军心涣散。另外还有一个重要原因，卢从史与王承宗暗通款曲，不仅逗留观望、拖延时机，还让昭义军打着成德军的旗号抬高粮草收购价格，以耗费官军资财。

吐突承璀一看获胜拿荣誉拿利益的可能性不大了，为了让自己有个台阶下，居然秘密派人劝说王承宗上疏认罪；作为回报，他会设法说服宪宗罢兵。不过，多少也得给皇帝一个交代呀，所以吐突承璀又说了，他将会检举卢从史与王承宗通联，把卢从史推出去，为王承宗换一个节钺。

王承宗其实撑得也挺费力的，一看不仅能罢兵，还能接任节度使，卢从史算个屁啊，自然乐得答应！

随后，吐突承璀如约检举卢从史。宪宗大怒，授意吐突承璀联合昭义兵马使乌重胤，设计生擒了卢从史。

---

① 木刀沟，系磁河支流。

七月，王承宗的表奏抵达长安。他在表奏中说，都怪他一时糊涂，被卢从史给忽悠了，才走上了错误的道路，希望陛下能给他一个改过自新的机会。随后，淄青李师道、魏博田季安、卢龙刘济也纷纷表请雪免王承宗。说到底，他们几个的根本利益是一致的，成德如果真被削了，他们几个也坐不住。

仗打成这个屌样，宪宗只得就坡下驴，下诏赦免王承宗。

这场历时一年的战争，除了搞掉一个卢从史，几乎是白打了。九月，吐突承璀率军回到长安，复为左卫大将军、左军中尉。

大臣们都惊呆了！宰相裴垍首先建言："承璀首唱用兵，疲弊天下，卒无成功，陛下纵以旧恩不加显戮，岂得全不贬黜以谢天下乎！"翰林学士李绛，给事中段平仲、吕元膺等人则直接要求宪宗处决吐突承璀。

宪宗迫于舆论，在两天后褫夺了吐突承璀的左军中尉一职，降为军器庄宅使。消息传出，"中外相贺"。但没过几天，吐突承璀又被重新起用，不是复任左卫大将军，而是提任左卫上将军，但左军中尉没恢复，改任为知内侍省。

心腹和打工仔哪个重要？宪宗用实际行动做出了响亮的回答！

李绛紧咬吐突承璀不放，继续弹劾。这次宪宗明显不高兴了："卿言太过！"李绛哭着说："陛下置臣于腹心耳目之地，若臣畏避左右，爱身不言，是臣负陛下；言之而陛下恶闻，乃陛下负臣也。"宪宗只得装作不生气："卿所言皆人所不能言，使朕闻所不闻，真忠臣也！他日尽言，皆应如是。"

不过，南衙众臣很快又逮到了新的机会。

元和六年（811年）十一月，宦官弓箭库使刘希光收受羽林大将军孙璹贿赂案发。孙璹想外放节度使，给刘希光送了两万缗钱，被人捅了出来。经调查，实有其事，刘希光、孙璹均被赐死。

但刘希光区区一个弓箭库使,哪儿能活动得了节度使这样的高级领导职务?!调查发现,刘希光就是个中间人,真正办事儿的是吐突承璀。朝臣们逮住吐突承璀又是一顿猛弹。

宪宗顶不住了,只得将吐突承璀外放淮南,给李吉甫当监军去了。事后,他问李绛:"朕出承璀何如?"李绛说:"外人不意陛下遽能如是。"宪宗还装:"此家奴耳,向以其驱使之久,故假以恩私;若有违犯,朕去之轻如一毛耳!"

宪宗外放吐突承璀,其实也不是因为吐突承璀受贿了,朕的人,收点儿钱怎么了?!他主要是想重用李绛为相,怕李绛不肯出全力,所以才外放吐突承璀以取悦李绛。

06. 三镇俯首

对成德王承宗的战事虽告一段落,但河北的变局才刚刚开始。

宪宗雪免王承宗当月,卢龙生变,刘济下线,其子刘总上线。

刘济执掌卢龙二十余年,在内深得军心民心,对外妥善处理和朝廷的关系,所以位置坐得很稳。他以为自己能得享遐龄,孰料祸起萧墙,竟死在了儿子手上。

他有两个儿子,老大刘绲①是节度副使,老二刘总是瀛州(今河北河间)刺史。显然,刘济百年之后,继承他衣钵的将是刘绲。征讨王承宗期间,刘大留守幽州,老刘驻军瀛州,刘二屯兵饶阳(今河北

---

① 绲,音滚。

衡水饶阳县）。可巧老刘生病，刘二就开始了他教科书式的上位表演。

首先，派人伪装成卢龙在长安的内线，跑到瀛州对老刘说："由于您停留不前，无所建树，朝廷已经任命副大使刘缗为节度使了。"刘济听后十分惊诧！

转天，又有一个假内线向老刘报告："朝廷使节已经抵达太原，不日即到幽州。"刘济大惊，朝使怎么来得这么快，逆子肯定早就和朝廷串通好了。

然后，第三个假内线又来了，一进军门，边跑边喊："册拜副大使为节度使的朝使已过代州了！"好嘛，这下全军都知道了。

刘济绷不住了，马上下令将军中的刘缗亲党全部处死，并召刘缗来见。他真是气炸了，从早到晚粒米未进、滴水未喝，这时口渴起来要水喝。近侍递给他一杯水，刘济一饮而尽，卒。

没错，水里有毒，刘二下的。随后，刘总诈称奉父亲之命，在半路将哥哥乱棍打死，完全控制了卢龙。

宪宗哪知道这里面的事儿，还以为刘济寿终正寝了呢，马上授任刘总为卢龙节度使。

时隔仅两个月，九月，木刀沟之战的功臣——义武军节度使张茂昭忽然提出举家入朝。

义武军脱胎于成德军，据有易、定两州之地，同样承袭了河朔藩镇父死子继的传统。所以，张孝忠死后，其子张茂昭继任节度使。

这个张茂昭是河朔藩镇里的一个异类，也可以说是河朔藩镇里的第一个明白人。他算是看清楚了，节度使看似是一镇的土皇帝，其实就是个独坐火山口的大佬，外有朝廷觊觎，内有自己人算计。底下人忠诚与否，完全取决于利益是否给到位了，到位了，他们就拥护你；不到位，他们随时可以干掉你。利益的平衡是一件极其艰难且需要持之以恒的事情，稍有不慎，身死族灭。看透了的张茂昭早就想跳出这个火坑了。

德宗二十五年（804年），他亲身入朝，向德宗详细汇报了河朔藩镇的内情，说得很坦诚、很实在。德宗非常高兴，不仅重赏张茂昭，还把太子（后来的顺宗）之女晋康公主许配给他的三儿子。德宗驾崩后，张茂昭又亲自跑到长安哭吊，赢得了朝臣们的一致好评！讲真，这么多年了，朝廷就没见过这么卑服的河朔藩镇。

宪宗上台后，张茂昭就想离开义武军了。元和二年（807年）十月，他跑到长安朝见宪宗，一赖就是几个月，磨磨蹭蹭不肯回去。宪宗劝他回去。张茂昭干脆摊牌了，说他想留在朝中任个闲职。

宪宗都诧异了，这是个什么人？！但综合考虑一番后，他还是让张茂昭回去了，因为他需要河朔地区有个百分百忠于自己的节度使。

朝廷赦免王承宗后，张茂昭先后四次表请举族归朝。河朔藩镇们都蒙了，节度使多香啊，老张脑子是不是进水了，争先恐后地派人来劝阻。但张茂昭去意已决，这劳什子节度使谁爱当谁当，反正我是不当了，我的子孙们也不能当！

宪宗只得同意，于九月任命任迪简为义武行军司马。张茂昭高兴坏了，打发家属立即离开义武军，还说了一句振聋发聩的话："吾不欲子孙染于污俗。"随后，他毫无留恋地也离开了。

张茂昭入朝震动了朝野。安史之乱以来，河朔藩镇从来都是自任节帅，朝廷只是盖个戳而已，现在张茂昭主动打破了这个不好的传统。宪宗非常感动，任命他为河中节度使。

但张茂昭压根儿就不想当节度使了，当年底又从河中入朝。他和宪宗谈了很久，不管宪宗怎么劝，他就是不肯回河中。宪宗只好让他留在朝中。张茂昭甚至还把祖父和父亲的骸骨迁到京兆府安葬。

似乎就等着尘埃落定呢，转年二月，了却心事的张茂昭因头生毒疮，病逝于长安。宪宗是真的伤心，辍朝五日，追赠张茂昭为太师，赐谥号"献武"。

人这东西真复杂，同样是河北这片土地，出了一个为上位不惜弑父杀兄的刘总，出了一个看破红尘、抛弃名位的张茂昭，还出了一个虽然没看破红尘、但政治上足够清醒的田弘正。

元和七年（812年）八月，魏博节度使田季安去世。

田季安其实年纪不大，但身体不太好，中风后喜怒无常，杀戮无度。像这样的节度使就没用了，他老婆元氏联合诸将将田季安软禁至死，拥立其年仅11岁的儿子田怀谏为副大使，坐等朝廷册封。

又给宪宗出难题了！主战派和主和派争论不休，尤其李吉甫和李绛两位宰相针锋相对。

没错，李吉甫已经回来了，而李绛也当上了宰相。

去年，宪宗从淮南召回李吉甫，任为宰相，封赵国公。不过，宪宗对李吉甫是信任而不专任，所以又提拔李绛为宰相。这两人不仅风格截然不同，李吉甫会逢迎，李绛则十分耿直；而且政治立场也不同，前者是主战派头子，后者是主和派领袖。所以，二人斗得一塌糊涂，基本有事就有分歧。

这次也不例外。李吉甫主张讨伐田怀谏，李绛则建议坐等魏博归附。魏博，快到碗里来？！这事儿宪宗想都不敢想，所以他倾向于李吉甫的意见。

但李绛的一番分析折服了他：第一，田怀谏乳臭小儿，镇不住场子，军中肯定有不服他的，魏博用不了多久就会内部生乱；第二，河朔藩镇同气连枝，其余几镇的当家人不能容忍元氏和将帅们自行拥立节度使，因为那样会起到不好的示范作用。魏博内有隐患、外无援手，只要朝廷施加强大压力，它一定会屈服。

宪宗觉得有道理："善！"

但李吉甫不甘心，几天后上朝时仍极力陈述用兵的好处，还说钱粮布帛都已经准备好了。宪宗有所动摇，又问李绛。李绛说，咱们之前讨伐王承宗，用兵二十多万，耗钱七百万缗，结果徒劳无功，惹天下人耻笑。百姓都不想打仗，如果非逼着他们打仗，只怕非但不能成功，还会滋生其他变故。希望陛下不要迟疑了！

宪宗听了，拍案而起："朕不用兵决矣。"李绛还不忘踩李吉甫一脚："陛下虽有是言，恐退朝之后，复有荧惑圣听者。"宪宗正色道："朕志已决，谁能惑也！"李绛拜贺："此社稷之福也。"求李吉甫的心理阴影面积。

事实很快印证了李绛的判断。

魏博孤儿寡母的，根本当不了家，军政大事沦于田家老仆蒋士则之手。将士们十分不满。

这日，田怀谏叔爷、都知兵马使田兴早起前往军府办公，途中忽然被数千名士兵截住了去路。将士们鼓噪呐喊，罗拜于地，请求他担任留后。田兴惶恐地请求将士们放他走。将士们不干，围着不肯散去。

看来，这个头儿不当也得当了。田兴无奈地叹了口气，问将士们："你们愿意听我的话吗？"大家都说："请下命令吧。"田兴就提了两个接任的条件：第一，不得冒犯副大使田怀谏；第二，重新推尊朝廷，从今往后向朝廷申报版图户籍，在魏博境内行大唐律法，请求朝廷任命官吏。将士们居然都答应了。

这就没招了，田兴只得硬着头皮上了，带着众将士杀了蒋士则等人，将田怀谏和元氏迁移到外地去了。随后，他通过监军将魏博的情况上报朝廷。

宪宗欣喜欲狂，安史之乱后，河朔三镇事实上独立，到现在已有六十多年了。如今田兴主动归诚，也是开了历史的先河。

他采纳李绛的建议，派大笔杆子、知制诰裴度前往魏州，册拜田兴为节度使，并赏赐魏博将士钱一百五十万缗，免除魏博一年的赋税徭役。魏博上下感激涕零、欢欣雀跃。刚好成德、卢龙等几个藩镇的使节都在，叹息着说："对朝廷刚强不屈的藩镇果真有什么好处吗?！"

元和八年（813年）正月，宪宗又赐给田兴一个新的名字：田弘正。嗯，弘扬正气，挺好！

此次魏博历史性地归附，之所以能不动一兵一卒，之所以能平安、顺利、高效，李绛实是首功。

但李绛患有严重的足疾，于元和九年二月屡屡辞位。宪宗当月即将他罢为礼部尚书，并迅速召回吐突承璀，依旧担任弓箭库使、左神策军中尉。

07. 用兵淮西

河北形势一片大好，淮西却突然风起云涌。

朝廷已经白纸黑字地承认了李师道和王承宗，所以淮西的吴元济觉得自己也没问题。

元和四年（809年）底，当了十年节度使的吴少诚病死了，其亲信大将吴少阳自立为留后。当时，朝廷和成德的战争正打得难分难解，宪宗没法同时对付两个强敌，只得于元和六年正月任命吴少阳为节度使。吴少阳干了三年，于元和九年病故。其子吴元济向朝廷谎报父亲患病，自领军务。宪宗不知内情，准备同意。

不承想，淮西判官杨元卿趁入京奏事之机，将吴少阳病故的消息和盘托出。

宪宗早就想削淮西了，一来淮西四周都是朝廷的藩镇，没有外力可供借助，相对要比集中连片的河朔藩镇群容易对付；二来李希烈覆灭后，淮西六州只剩申州（今河南信阳）、光州（今河南信阳潢川县）、蔡州（今河南驻马店汝南县）三个州了，大致相当于今河南驻马店和信阳二市，实力大为削减。

现在，热腾腾的理由送到了眼前，宪宗马上遣使蔡州，说要吊唁吴少阳。

吴元济这才知道走漏了消息，不用查，秃子头上的虱子——明摆着的，肯定是杨元卿报的信。勃然大怒的吴元济将杨元卿一家灭门，随后封锁边境，拒绝朝使入境，并分兵屠掠河南各地。

不打是不成了！

大战前夕，十月初三，两度担任宰相的李吉甫去世了。虽然一度被李绛踩得灰头土脸，但总的来看，李吉甫是元和宰相中作为最大的一个。家教方面，李吉甫也很成功，他有两个儿子，老大李德修历任膳部员外郎、舒湖楚三州刺史；老二更厉害，赫然是一代名相李德裕。

李吉甫虽然死了，但他未竟的削藩事业还有两个继承人，一个是回朝的武元衡，另一个是赴魏州宣慰田弘正的裴度。

元和十年（815年）正月二十七日，宪宗下诏削除吴元济官爵，以山南东道节度使严绶为总指挥，发诸道兵分三个方向讨伐淮西：东路军的主力是淮南镇，由安徽西进；南路军的主力是鄂岳镇，由湖北北上；主攻方向是北路军，由河北、河南两道藩镇组成，最能打的两员大将是忠武军节度使李光颜（稽胡族）和河阳节度使乌重胤。

宪宗完全没想到他这次捅了马蜂窝。吴元济遣使成德和淄青，重申了三家独立的根本利益，协调了三方的立场。王承宗和李师道虽然明着不帮忙，却多次上表施压，要求赦免吴元济。宪宗志在削藩，对淮西必欲除之而后快，断然拒绝了二人的要求。

当前方打得如火如荼之际，后方却接连出事，而且出的都是邪事。

四月的一个傍晚，有几十个强人攻击了官军的屯粮之所——位处河南郑州荥阳北的河阴转运院，砍死砍伤守军十余人，纵火烧掉了院中囤积的钱粮布帛。

紧接着，六月初三的长安，天刚蒙蒙亮，武元衡去上朝，刚从家里出来，就被一伙子刺客给杀害了。几乎同时，御史中丞裴度也遇刺了。刺客砍中了裴度的脑袋，好在他戴的毡帽很厚实，幸无大碍。随从大声呼救，刺客只得作罢。

历朝历代的首都一定是全国治安最好的地方。自大唐开国以来，贼人在长安公然行刺朝廷重臣，这还是头一回。

宪宗暴怒，一面加派金吾卫护卫宰相，一面下令缉拿刺客。你们就说刺客有多豪横吧，居然敢在金吾卫府衙、万年县、长安县留下纸条，上面写着："谁急着捉拿我，我就先杀谁！"

打从这儿起，天不亮百官都不敢出门。有时宪宗都升殿好久了，百官居然还没到齐呢！奇耻大辱啊！许多大臣要求宪宗升裴度为宰相。

但主和派这时也冒头了，领头的是中书舍人李逢吉和翰林学士令狐楚。李逢吉以医术起家，令狐楚以文学起家，都是朝中的大笔杆子；李逢吉诡谲多端，令狐楚却是闻名海内的大孝子。鬼知道这两个人品官品差距极大的人，怎么就站到了同一战壕里?！他们主和的理由主要有两条：一是各军讨伐淮西毫无进展，劳民伤财。二是河阴转运院被烧了，大军没得吃了。

宪宗已经被彻底激怒了，当然不同意。

当务之急是缉拿刺客，查清幕后主使。皇帝催得紧，有司办得也急，很快就锁定了怀疑对象——王承宗。事发前不久，王承宗的使者刚好抵达长安，到处给吴元济做工作。成德使者横惯了，竟对武元衡口出不逊，被武元衡命人赶了出去。王承宗上书弹劾武元衡。二人交恶，他当然有动机刺杀武元衡。

宪宗颁诏全城大索，缉拿住贼人的，赏钱一万缗，赐五品官；如有包庇窝藏的，族灭。于是，李唐开国以来规模最大、最彻底的首都全城大索展开了。凡长安居民，不管你是平民还是公卿，都得任由有司进入搜查。

08. 再讨王承宗

很快，各种线索就指向了王承宗。成德军在长安设有进奏院。有神策军士发现院中日前来了几个成德兵，言行嚣张跋扈，怀疑他们就是刺客，便向有司告发。有司立即逮捕了这几个成德兵，严刑审讯。

成德进奏院可不同于一般藩镇的进奏院，看着是个"驻京办"，其实相当于"使领馆"。朝廷擅闯进奏院，还逮捕了成德士兵，无异于国与国之间断交。成德和朝廷的关系又紧张起来了！

虽然还没有证实，但宪宗已经认准是王承宗干的了，召开朝会商议如何处置王承宗。

没想到李逢吉、令狐楚居然建议罢免裴度的御史中丞一职，以暂时稳住王承宗。宪宗都气坏了："罢免裴度正好遂了王承宗的心愿，他只会越发藐视朝廷藐视朕。朕偏要用裴度，不仅要用，还要让他当宰相！一个裴度足以打败王承宗和李师道二人。"天子一言，重若九鼎。会后，裴度光速拜相。

随后，有司呈上供状，那几个成德兵供认不讳，承认受王承宗指使刺杀武元衡和裴度。人证物证俱在，这就没啥好说的了，宪宗立即下令处决了这些成德兵。

元和十年（815年）七月初五，他昭告天下，历数王承宗的罪恶，禁止王承宗入朝进贡。

眼见朝廷和成德的关系已经进入死胡同，偏在这时，洛阳留守吕元膺上了一道密奏，说他缉拿到了真正的刺客。

哎，这就怪了！

淄青李师道也在洛阳设有"使领馆"——留后院。不久前，淄青留后院中的一个士卒忽然向吕元膺告密：李师道偷偷在院中藏了一百多人，准备火烧洛阳宫，扰乱全城。

吕元膺大惊，调集兵马直扑留后院。小兵说得没错，院中果然藏有强人，和官军一番激战后，突围躲入城外的深山。

几天后，有个猎户在山中偶遇了那伙子强人，被抢走一头鹿。猎户随即召集同伴，领着官军将贼人包围在一处山谷中。经过激战，贼人大部被消灭，其余被活捉。

万万没想到，贼人领头的居然是嵩山少林寺一个八十多岁的和尚，法号圆净。一讯问，更奇了，圆净当年赫然是史思明麾下的骁将，后来辗转投了李师道。他以僧人的身份为掩护，为李师道刺探情报，并暗中从事破坏活动。

告密小兵只知道冰山一角，殊不知圆净不仅想火烧洛阳宫，还想血洗洛阳城呢！他的目的是在大后方制造恐怖，扰乱宪宗君臣的心神。

这厮的确是个狠角色。官兵想把他的腿打断，一连打了几下都没成功。圆净怒目圆睁："鼠辈小子，连人腿都打不断，还敢称作健儿吗？"说罢，自己把腿调整角度放好，让官兵打断。直到受死前，他居然还在叹息："你们耽误了我的大事，不能血洗洛阳城了！"

审讯还有重大发现，原来，不只圆净是李师道的人，火烧河阴转运院以及刺杀武元衡、裴度也都是他的刺客干的。闹了半天，合着王承宗是为李师道背锅了，那几个成德兵是屈打成招的，真正的刺客早已逃之夭夭。

吕元膺是个明白人，公然奏报相当于打皇帝的脸，就偷偷上表告诉宪宗。

宪宗是既尴尬又犯难。尴尬的是搞错了，真不是王承宗，可他已经和王承宗公然决裂了，王承宗还放纵士兵四处掳掠；犯难的是朝廷实在没有力量同时对付淮西、淄青、成德三镇。

为今之计，对淮西的战事决不能停，停则前功尽弃；对淄青的李师道只能暂时隐忍，装作不知；而对成德的王承宗，则应小心避免战争。重臣们也都是这么个意思。

偏偏卢龙刘总和魏博田弘正受不了王承宗的劫掠，尤其田弘正接连十次表请讨伐王承宗。宪宗被架着下不来台，只能于十二月颁诏削除王承宗的官爵，征调河东、卢龙、义武、横海、魏博、昭义六镇讨伐成德。

宪宗两只脚，一只脚踩进淄青这个泥坑，另一只脚又踏入成德这片沼泽。

对成德的二次战争从一开始就很不顺。成德军已经受过朝廷一次征讨了，这次对付起官军来驾轻就熟。六大藩镇各行其是、互不统属，彼此观望、养寇自重，谁也不出死力。

李师道知道朝廷现在没力量管他，索性彻底放飞自我。他的刺客到处搞破坏，烧了高祖李渊献陵的后殿和长巷，折断了肃宗建陵门前的四十七支戟，烧毁了洛阳的柏崖仓，又焚毁了襄州佛寺内的武器装备，逼得朝廷不得不把京城中的干草都搬到城外去。不仅暗着来，李师道明着也干，发兵攻打武宁军治所徐州，但未能成功。

元和十一年（816年）二月，李逢吉成为宰相。在他的指使下，主和派又展开了新一轮的劝谏活动。主战的裴度与主和的李逢吉、令狐楚争得不可开交，另一宰相王涯骑墙折中，不发一言。宪宗顶着巨大压力，贬黜了一大批主和派官员，才把这波反战浪潮给按了下去。

宪宗还想挺一挺，但前线不给力，卢龙刘总按兵不动，义武浑镐（浑瑊的儿子）和横海程权直接被打回了老家。

李逢吉再次进言："陛下，还是先赦免王承宗，专力征讨吴元济吧！等平了吴元济，回过头来再收拾王承宗也不迟。"宪宗犹豫了几番，于元和十二年五月下诏罢河北行营，停止征讨王承宗。

09. 李愬挂帅

在征讨成德王承宗的一年半里，朝廷对淮西的战争依旧进展迟缓。之所以出现这种局面，除淮西军太过强悍外，一个很重要的原因是用人失当。

主帅严绶实际难堪大任，他坐拥九万大军，却"无尺寸功"。元和十年（815年）九月，应裴度的要求，宪宗将严绶调回朝中，改任宣武军节度使韩弘为主帅。

北、东、南三个方向迟迟不见突破，宪宗决定再增加一个西面。十月，他诏命将山南东道八州一分为二，西边的襄（今湖北襄阳襄州区）、复（今湖北仙桃）、郢（今湖北荆门钟祥市）、均（今湖北丹江口均县镇）、房（今湖北十堰房县）五州为一镇，以户部侍郎李逊为节度使；东边紧挨淮西的唐（今河南驻马店泌阳县）、随（今湖北随州市）、邓（今河南南阳邓州市）三州为一镇，以右羽林大将军高霞寓为节度使。宪宗还明确了分工：高霞寓负责打仗，李逊保障粮饷。

北路军方面，任用韩弘又是一个错误决定。这厮养寇自重，朝廷出钱出粮出兵器养着他的军队，他巴不得战争能拖多久就拖多久呢！非但不卖力，还想方设法拖后腿，以致官军屯兵陵云栅（今河南周口商水县西南），直到元和十一年（816年）十月才拿下这一要塞。

再说西路军方面，元和十一年六月，高霞寓在铁城（今河南驻马店遂平县西南）惨败，仅以身免，事后推卸责任说李逊保障不力。宪宗大怒，将高霞寓贬官、李逊降职，另选荆南节度使袁滋负责唐随邓方向。

袁滋是出了名的软蛋，刚上任就向吴元济示弱。宪宗气坏了，这一个个的怎么都这么不靠谱？可扒拉来扒拉去，似乎也没人可用了呀！

这时，太子詹事李愬①突然上疏自荐，愿到前线效力。

李愬，字元直，籍贯洮州临潭（今甘肃甘南临潭县）。44岁以前，人们只记得他是李晟的儿子。没办法，谁让他爹的光环太耀眼了呢！兄弟十五人，李愬行八，加之母亲只是侧室，存在感一直很低。他的成长道路也很中规中矩，典型的高干子弟模式，门荫入仕，无风无浪、顺风顺水地做到了太子詹事。

考察李愬的履历，除了短暂任过两个州的刺史外，大部分时间任的都是京官，并且还是右庶子、左庶子、太子詹事之类的闲散职务。别说单独指挥一个军团了，他连行伍经验都没有，用他坐镇唐随邓，宪宗觉得很不托底！但李逢吉说李愬之才可堪任用。宪宗也实在没人可用了，就抱着试一试的态度，于十二月任命李愬为唐随邓节度使。

元和十二年（817年）初，李愬来到了唐州。

由于先前连连战败，唐随邓的军队患上了恐淮症，士气低落，不

---

① 愬，音速。

敢再战。李愬到任后做的第一件事居然不是强调军纪、整军备战，而是深入军营探望受伤的将士们，该慰问的慰问，该褒奖的褒奖，该抚恤的抚恤。他还笑眯眯地对大家说："天子知愬柔懦，能忍耻，故使来拊循尔曹。至于战攻进取，非吾事也。"

有负责任的将领进言，您这么随和，军政不够严肃啊！李愬说了实话："我不是不清楚。袁尚书（袁滋）专以恩惠安抚敌人，所以敌人轻视他。现在敌人得知我来了，肯定要增设防备。我故意让他们看到我军不够整肃，他们就会认定我是懦弱懒惰的人。只有这样，我才能设法对付他们呀！"

这么做果然起到了效果。淮西军连败高霞寓、袁滋，更不会把这个名不见经传的李什么玩意儿放在眼里。他爹是李晟又如何，那是他爹，又不是他！

然后，李愬就开始悄咪咪地施行他的计划了。

先前，官军俘虏淮西军，不是砍头，就是关押。李愬一来就给改了，愿意归降的，可以留下来为朝廷效力；不想留下的，没问题，放你回去，还给发盘缠路费；家里有父母亲人的，就算想留下来，李愬都不答应："汝曹皆王人，勿弃亲戚。"被俘的淮西军将士都很感动。回去的那些人逢人就说唐随邓节度使李大人是个大好人。结果嘞，一传十、十传百，搞得淮西军隔三岔五就有人跑来投降。

其实，李愬早在上任时就想好了，他要打巧仗，奇袭吴元济的老巢蔡州。这个计划的难点在于如何落实。像进军路线、沿线淮西军布防情况、蔡州城防弱点这些问题，唐军诸将包括李愬都不可能知道。所以，只能从敌方阵营中挖掘能用的、可靠的、有能力的人来助力。

怎么挖掘？抓！

二月初七，官军在一次外出侦察时擒获了淮西骁将丁士良。众将要求将丁士良剜心处死。李愬确实也想处死丁士良，可等见了面，他发现丁士良居然毫无惧色，李愬由衷赞道："真丈夫也！"当即下令松绑。丁士良又惊喜又感动，当场降服。

李愬私底下问计于丁士良，我想搞吴元济，你有什么好办法？丁士良说，我不行，文城栅（今河南遂平西南）守将吴秀琳应该可以，但吴秀琳投降的可能性不大，除非抓住他的谋主陈光洽。李愬说，好，你等着！转头派人生擒了陈光洽。果不其然，吴秀琳不久就举文城栅三千人马投降了。

三月底，北线传来好消息：北路军渡过溵水，击败淮西三万精兵，终于拿下了淮西第二个重镇——郾①城（今河南漯河郾城区）。吴元济慌了，将蔡州城中的精兵悍将都拨给了驻守洄曲（在河南漯河市沙河与澧河汇流处）的大将董重质。

李愬暗喜，天助我也！他问吴秀琳怎样奇袭蔡州城？吴秀琳说他也不行，但淮西军中有个叫李祐的骑兵将领，如果能得此人相助，掩袭蔡州并非不可能。

不用质疑李愬的行动力，他很快又设计生擒了李祐。可问题来了，李祐作为淮西军中的顽固分子，没少打死官军，军中将士都要求杀掉他。李愬却亲自为李祐松绑，以礼相待，经常拉着李祐、李忠义两名降将谈话，一谈就到后半夜，还不让别人听。唐州将领们进言说李祐冥顽不灵，留在军中可能会搞事情。李愬却对李祐更好了。紧接着，普通士兵们也不满了，各军每天都上文书，说李祐是淮西内应。

李愬压力山大，哭着对李祐说："岂天不欲平此贼邪！何吾二人相知之深而不能胜众口也。"他担心军中的非议传到朝中会危及李祐的生命，便做了一个局，还请了一个大佬帮他做戏。这位大佬是谁呢？正是大唐皇帝宪宗。

---

① 郾，音掩。

李愬忽悠唐州将士:"诸君既以祐为疑,请令归死于天子。"这边押送李祐的车队刚离开唐州,长安的宪宗就收到了李愬的密奏:"若杀祐,则无以成功。"

黑猫白猫,能抓住耗子就是好猫。既然有办法,哪怕只有万分之一的可能,宪宗也愿意试一试。所以,他极为配合地赦免了李祐的罪过,命其返回唐州效力。

李祐本以为自己这种死硬分子去了长安必死无疑,孰料从皇帝到节度使都对他既往不咎,感动坏了。回到唐州,李愬还亲热地握着他的手说:"尔之得全,社稷之灵也!"并当场任命他为兵马使,许他佩刀,自由出入帅帐。军中有人晚上跑到李祐帐外偷听,就听见他嗷嗷地哭,那是被感动的哭泣。

在此期间,李愬先后攻取了蔡州以西和西北的一些重要据点,不仅与北路军兵势相接、连成一气,还切断了蔡州与申、光二州的联系。在一连串胜利的刺激下,西路军"气复振,人有欲战之志"。

当然了,也有不顺的时候。比如,五月二十六日,李愬攻打朗山(今河南驻马店确山县)失利。将士们都很"怅恨",唯独李愬不忧反喜:"此吾计也!"

10. 裴度督战

吴元济撑得也很难受,便于六月初四上表认罪,表示愿意束身入朝。宪宗高兴坏了,当即下诏说可免他一死。可董重质等强硬分子坚决不肯投降,吴元济骑虎难下,只得继续对抗。

他这一反一复间，对宪宗的意志可就是一个巨大冲击了。诸军讨伐淮西都四年了，朝廷财力几近枯竭，胜利居然还遥遥无期！主和派的反对之声就一直没有停过。宪宗真是疲了，倦了，想放弃了，就停战之事征求宰相们的意见。

朝中现在是主和派的天下，绝大部分朝臣都主张停战，唯有裴度一言不发。宪宗征求他的意见，裴度只说了一句话："我请求去前线督战。"宪宗同意了，当即改任裴度为淮西宣慰招讨处置使。

李逢吉不乐意了，指使令狐楚在裴度的任职诏书中做了手脚，想挑拨裴度与前线统帅韩弘的关系。裴度看过诏书后冷笑数声，但也没有声张，只是请求宪宗更改诏书中的一些表达方式。宪宗把新旧两道诏书对比着看，终于看出了李逢吉和令狐楚的用心，大为不满。

裴度带了一个小班底，其中一人是韩愈。

德宗不能容韩愈，宪宗却很欣赏他。元和元年（806年），韩愈即被召回长安，任国子博士。可是像他这种有才又耿直的人，终究难容于体制，始终浮浮沉沉，没有大的长进。裴度有心提携韩愈，此次出征点名让他担任行军司马。

元和十二年（817年）八月初三，裴度由长安启程。宪宗亲临通化门为他送行。裴度是决绝的："倘若贼人覆灭了，我就回来见陛下；倘若贼人尚在，我就不回来了。"把个宪宗感动得热泪盈眶。

为了让裴度在前线踏实干工作，宪宗果断解除了令狐楚翰林学士的内职，改任中书舍人，紧接着又将李逢吉外放为东川节度使。

裴度径抵郾城，行元帅事。他亲临前线督战，确实起到了激励作用，各路节度使虽然不服韩弘，但都很服他。可北路军面对的是淮西头号强人董重质，迟迟难有突破。

九月二十八日，李愬进攻吴房（今河南驻马店遂平县城关），外城已经拿下了，只要再加把力，攻破内城不是问题。可李愬又神秘兮兮地说："非吾计也。"居然引兵撤退了。

此时，历经数月研究论证，李祐终于拿出了奇袭蔡州的行动方案。十月初八，李愬派人到郾城，向裴度秘密汇报了这一计划。

这个计划很大胆，大胆到李光颜、乌重胤这样的名将连想都不敢想，开什么玩笑，淮西军如此强悍，想偷他们一座大营都不容易，居然还想偷人家老巢?！主帅裴度能怎么说，将士们用心总是好的，便说了一句场面话："兵非出奇不胜，常侍（指李愬）良图也。"

11. 雪夜破蔡州

十五日，李愬突然升帐下达军令：以李祐、李忠义三千人为前军，他和监军领三千人为中军，大将田进诚领三千人殿后，立即开拔。众将士一头雾水，问大军向何处进发。李愬却说："但东行。"只须向着东方行进！

经过六十里的急行军，当天夜里，大军来到一个叫张柴的村子。李愬一反常态，下令将驻守此处的淮西军全部杀死。随后，他留五百人守张柴，防备朗山（今河南驻马店老乐山）方向之敌，另以五百人切断蔡州通往洄曲等方向的桥梁，全军继续前进。

众将沉不住气了："咱们到底去哪里？"李愬也不装了，摊牌了："入蔡州取吴元济！"此话震惊了所有人，他们想到了所有的攻击目标，就是没敢想李愬会直扑蔡州城。这说怪其实也不怪，因为从始至终只有李愬、李祐、李忠义三人知道这一计划。监军宦官都下哭了："果落李愬奸计！"

适逢天降很大很大的大雪,大到"以后不要打电话来了,我怕夏洛误会"的程度。狂风大作,把旗帜都扯破了。望着漫天飞卷的雪花,将士们的心都沉到了肚子里,完了,这是一次死亡行军啊,小命不保也! 雪越下越大,到处可见冻死的人和马匹。就这么深一脚浅一脚地走着,凌晨四更时分,前方忽然隐约可见一座大城。

李祐派人来报,蔡州到了!

李愬看见城墙附近有一处鸡鸭塘,当即命令将士驱赶鸡鸭,以掩盖大军行进之声。自德宗七年(786年)吴少诚自命留后,到现在已有31年了。这三十来年间,蔡州城下从未出现过朝廷的一兵一卒。因此,城中守军听见鸡鸭聒噪全不当回事儿,殊不知城墙下已经挤满了官军。

李祐、李忠义领着敢死队攀墙而上,进入外城。守门士兵在睡梦中就丢了吃饭的家伙。二李只留下更夫,让他们照常击柝报更。随后,他们打开外城大门,李愬大军悄咪咪地一拥而入。紧接着,官军如法炮制又打开了内城城门。

鸡鸣时分,雪终于停了。李愬已经领军冲到吴元济外宅。直到这时,蔡州军才发现官军入城了。

有人气喘吁吁地跑来向吴元济报告:"官军至矣!"

吴元济高卧未起,惺忪着睡眼笑道:"哎呀,这不过是被俘的官军作乱而已,回头把他们杀光就是了。"

紧接着,又有人跑来报告:"城陷矣!"

吴元济还不相信:"这肯定是洄曲守军回来领冬装了!"

这才懒洋洋地起身,走到院子里,却听到官军在发布号令:"常侍传话。"应声而呼的将士不计其数。

吴元济如遭雷击,吓得浑身如筛糠一般:"何等常侍,能至于此!"匆忙率领亲信登上牙城,抵御官军。

李愬深知吴元济为何还要顽抗:"元济所望者,重质之救耳。"当即派人找到董重质的家人,厚加抚慰,又让董重质的儿子带着书信去劝降。事到如今,强硬如董重质也只能单人匹马跑回蔡州投降。

十七日黄昏时分,绝望的吴元济终于投降。第二天,他就被解往京城。同日,申州和光州的淮西军两万余人也分别向官军投降。吴元济以下,李愬没有杀害任何一人,"皆复其职,使之不疑"。然后,他屯兵鞠场,静候裴度的到来。

二十三日,报捷的消息抵达京城。宪宗君臣喜极而泣,终于把这个强藩给削掉了!

削藩虽难,但一定削不了吗?非也,非得有宪宗这样的帝、裴度这样的相、李愬这样的帅,上下一心,配合无间,方能成功。

两天后,裴度率军进入蔡州城。李愬亲自出迎,立于道左,向裴度行礼。裴度作势躲避,李愬把他拦住了:"蔡州人愚妄悖逆,不懂得长官与下属的名分已经有几十年了。希望您就此展示给他们,使他们知道朝廷的尊严。"裴度这才接受了李愬的拜礼。

随后,李愬率所部人马退回文城栅。他手下的将领们跑来请教:"当初您在朗山战败却不发愁,在吴房取胜却不夺取吴房,顶着那么大的暴风雪也不停止行军,孤军深入却一点儿都不害怕,最终取得了成功。我们不明白为什么,您给我们讲讲。"

李愬这才做了真心话大告白:"朗山失利,敌人就会轻视我们,因此不作防备了。夺取吴房,吴房的人马就会退守蔡州,所以将吴房留下来即可分散敌人的兵力。顶风冒雪前进是因为这时敌人的烽火不起作用了,即便有人发现我们,也无法用烽火传递信息。正因为孤军深入,没有退路,所以大家才会拼死效命、战力猛增。"

十一月,吴元济一家被杀于长安独柳树下。

宪宗论功行赏,所有参与征淮之役的将士均有封赏。位居首功的李愬被改封为山南东道节度使、同平章事，加勋上柱国，赐爵凉国公，食邑三千户，一个儿子封五品官。

但战后发生了一个小插曲。

李愬部下郑澥写了一本报告文学《凉国公平蔡录》，详述李愬讨平蔡州的经过。但宪宗看后很不高兴，因为郑澥书中只突出了顶头上司李愬的勇敢聪慧，没体现出他这个集团老总的英明神武。于是，宪宗又让韩愈写了一篇官方报道，刻在石碑上，立于蔡州城北门外。

韩碑当然淡化了李愬的作用，着重突出皇帝的英明决断和裴度的指挥有方。可这又引起李愬及其部下的强烈不满。大将石孝忠怒不可遏，"作力推去其碑，仅倾移者再三"。有司来抓他，他还把差役给打死了。

这下事情闹大了，大老板宪宗相当不爽。李愬的老婆入宫为石孝忠求情，还说碑辞与事实不符。宪宗强忍不快，下令磨掉韩愈所写碑文，让翰林学士段文昌重新撰写、刻石为碑。这就是著名的《平淮西碑》。段碑自然调和了双方的矛盾。

转年正月初一，宪宗以淮西平定，宣布大赦天下。

李愬显然还没看出宪宗已经对他有所不满了，又奏请给麾下一百五十名文武加官。宪宗黑着脸对裴度说："李愬是有奇功，但他的要求太多了。即便他是李晟、浑瑊那号人物又怎么样呢?!"这话很快就传到李愬耳中，他这才感到恐惧，一再请求辞去相位。宪宗顺势把他降为户部尚书。

不久，宪宗下诏废除淮西镇。淮西桀骜不驯三十年，天下人都认为这是一颗蒸不烂、煮不熟、捶不扁、炒不爆、响当当的铜豌豆，如今一朝覆灭，令举世震惊。

尤其各地藩镇，这回可是把朝廷和皇帝削藩的决心看得真真切切，个个瑟瑟发抖。聪明的马上就开始行动了。横海节度使程权表请举家入朝，宪宗批示：同意。宣武节度使韩弘见天儿给朝廷进奉，一再表请入朝留居。成德王承宗也反了，通过田弘正向宪宗示弱乞怜，将两个儿子和德、棣二州的地图印信送到长安，宪宗批示：赦免。卢龙的刘总虽然抠搜，啥也没干，啥也没给，但心里也是慌得七上八下，从此对朝廷、对宪宗不敢说半个"不"字。

12. 迎奉佛骨

啃下了淮西这块硬骨头，宪宗心情很愉快，想着搞个大活动，普天同庆，好好乐呵乐呵。

有人提了个馊主意："凤翔法门寺塔有佛指骨，相传三十年一开，开则岁丰人安。来年应开，请迎之。"这个建议一出，其他建议就相形见绌了，还有什么盛典能比得上迎奉佛骨？!

是年十二月，宪宗派中使和高僧代表赶往凤翔法门寺，迎接佛骨舍利入京。

元和十四年（819年）正月，佛骨舍利被迎入京城，先在宫中供养三天，然后送往京城各大名刹供僧俗礼敬。

本来呢，佛教这些年在社会上已经很流行了。经过这次迎奉佛骨仪式的刺激，全国上下迅速掀起了一股浩大且狂热的礼佛风潮。社会各阶层，上自王公贵族，下到贩夫走卒，瞻仰供奉，施舍钱财，唯恐落于人后。有变卖全部家产布施的，有在胳膊和头顶上焚香礼拜的，大家都说："连天子都这么信奉佛陀，我们这些普通人还在乎什么呢？"

宪宗看到这种场景应该感到痛心疾首。元和削藩战争打了这么多年，朝廷花钱如流水，想从百姓身上搞点儿钱吧，谁都不乐意。可佛陀就那么坐着，甚至就只是他的指骨那么摆着，百姓竟至于变卖家产布施。天下万民信佛陀，却不信他这个皇帝，他难道不觉得尴尬吗？

但宪宗很高兴，庆祝活动就应该隆重，普天同庆，万民齐欢；再说了，朝廷正在征讨淄青李师道，借机向佛陀讨个彩头。

宪宗看不到佛教过度兴盛的危害，但大唐的有识之士多的是，很多大臣上书批评崇佛，其中措辞最强硬的当数韩愈。

作为一名正统儒生，韩愈对朝廷推尊佛教不满久矣。早些年他就写了《原道》《原性》《原人》等多篇文章，指出佛、道二教特别是佛教不合文化传统，背弃纲常名教，有碍国计民生。如今看到社会各阶层如此狂热崇佛，而宪宗非但不加以制裁，还这么卖力地带头，韩愈满怀激愤写了著名的《谏迎佛骨表》。

在文章中，他一上来就说佛教是外来宗教，是夷狄之法，汉明帝时才传进来的，我们为什么要信一个外来宗教？然后就是各种举事例，说崇佛的朝代和君王几乎没一个有好下场的。梁武帝萧衍三度舍身施佛，禁荤腥、绝女色，够虔诚了吧，结果却被侯景活活饿死在台城，南梁也灭了。当然了，毕竟是批评皇帝，措辞还是要委婉一些的，所以韩愈说了，我知道陛下不迷信佛教，搞这么个活动是为了祈福，但您可是皇帝啊，愚昧的老百姓还以为您真心事佛呢！

然后，韩愈的言辞就越来越激烈了。说佛陀其实就是个普通的外国人，"夫佛本夷狄之人，与中国言语不通，衣服殊制"，而且他"口不言先王之法言，身不服先王之法服；不知君臣之义、父子之情"，和我们的伦理价值格格不入，再说他已经死了，骨头这种凶秽之物怎么能迎入宫中呢？进而，他大胆提出：把这枯骨火化，扔到河里得了，永绝后患。还有，你们不是怕佛陀降灾报复吗？老韩我可不怕，让他冲我来，"佛如有灵，能作祸祟，凡有殃咎，宜加臣身，上天鉴临，臣不怨悔"。

奏疏一上，可算是触了逆鳞了。宪宗气得一蹦三尺高，吵着嚷着要将韩愈处以极刑。宰相裴度、崔群等人说韩愈"内怀至忠"，虽然言辞不当、忤逆圣上，但罪不至死。宪宗当时是这么说的："韩愈说朕侍奉佛教太过，朕还可以容忍。但他说东汉以后侍奉佛教的皇帝都是短命鬼，这不是咒朕嘛?! 人臣悖逆如此，是可忍孰不可忍！"

经裴度、崔群等人一再恳求，宪宗最终将韩愈贬为潮州（今广东潮州）刺史。

很多人简单地认为，宪宗糊涂，把韩愈的好心当了驴肝肺。但我并不赞同。

首先，宪宗崇佛，但不等于他就信佛。古代皇帝除梁武帝等少数几个傻瓜外，其他的基本都是世俗主义者，根本就不信佛。他们之所以做出崇佛的姿态，是为了迎合民意。像宪宗身处的时代，佛教在社会上已经拥有无与伦比的地位和影响力，宪宗只能顺应迎合，这样他的统治基础才能扎实。并且，宪宗最后是死于道教的丹药，因为他追求的是道家的永生不死，而佛教的教义不讲永生不死，只讲六道轮回。你们说，宪宗他是信佛还是不信佛？

其次，宪宗的确生气，但他生气的点可不是他说的那些。据我分析，他的怒点在以下三处：第一，也是最重要的一点，韩愈说他知道宪宗不信佛教，搞迎奉佛骨是为了祈福，其实这是一句大实话。但宪宗能承认吗？如果他承认了，就相当于对天下官民说，嗯，我就是作个秀而已。第二，宪宗既然摆出信佛的姿态，那韩愈说东汉以后崇佛的皇帝没一个有好下场的，江山社稷都完蛋了！换你是宪宗，你能不能遭得住？遭不住啊！第三，韩愈要销毁佛骨。宪宗也知道那就是些骨头，但在世人眼中那可是圣物！人间君王居然捣毁西天佛祖的骨头，你这个皇帝还想不想当了？

所以，宪宗真正气的是韩愈太过鲁莽、太过片面、太过激烈，鲁莽的是把他的真实想法抖搂了出来，片面的是看问题太过简单、不能全面考虑，激烈的是居然提出销毁佛骨。宪宗如果不处理韩愈就没法下台。他说要处死韩愈，可到底也没处死韩愈啊！其实，宪宗也知道韩愈很忠诚，所以他才会说："愈言我奉佛太过，我犹为容之。"

韩愈到了潮州就上表喊冤，说他是为了江山社稷才批评皇帝的。宪宗看过后对宰相是这么说的："昨日收到韩愈的表奏，想起他谏迎佛骨之事。他爱护朕，这朕是知道的，但他身为人臣，不该说人主奉佛就位促寿短，朕是讨厌他太轻率了。"

十月，宪宗的恩诏就到了，量移韩愈为袁州（今江西宜春）刺史。算上一去一回路上的时间，韩愈也只在潮州待了八个月。可见，宪宗心里其实还是很待见韩愈的。

我的看法是：作为一个臣子，韩愈做了他该做的；作为一个君王，宪宗做了他该做的。

13. 淄青覆灭

吴元济死了，王承宗降了，剩一个李师道孤掌难鸣、惶恐万分。

刚开始，他的反应还是积极的，表请让长子入朝侍卫，还说要把沂、密、海三州交还朝廷。宪宗马上答应，派左常侍李逊出使淄青治所郓州（今山东泰安东平县西北）。

李逊到了之后，却发现李师道这厮各种虚与委蛇，嘴上甜着呢，都齁得慌，但一说到正事儿就各种理由推托。

这里面有隐情：李师道他老婆不愿意儿子入朝为质，怂恿他武力对抗，咱们有十二州十余万人马，怕狗皇帝作甚？先打，打不过再说！李师道耳朵根子软，就反悔了。

李逊回来对宪宗说："李师道顽劣愚昧，反复无常，恐怕必须用兵了。"宪宗当时还半信半疑的。可没过多久，李师道的表奏就到了，说淄青将士们不肯让他交送人质、割让土地。

宪宗大怒，玩我，削你啊！元和十三年（818年）七月，对淄青的战争正式打响。

有吴元济的前车之鉴摆着，这次各路节度使一个比一个卖力，战事推进得极为顺利。李师道慌了，征发民夫修治郓州城池，民夫不够用，又征发父老，搞得百姓怨恨非常。但如果仅仅是这等内忧外患，李师道也不至于迅速败亡，关键在于他错待了一个人。

此人名叫刘悟，是肃宗朝平卢节度使刘正臣的孙子，现任淄青兵马使，驻军聊城阳谷。刘悟治军宽厚，被将士们尊称为"刘父"。

面对魏博田弘正，刘悟屡战屡败。有人就开始搬弄是非了，煽呼李师道说："刘悟不修军法，专意收买人心，恐有异志，应早有防备。"众叛亲离的李师道现在已是草木皆兵、风声鹤唳，马上借口商议军事，召刘悟到郓州，准备弄死他。偏偏又有人进言："今官军四面围攻淄青，刘悟尚未有谋反的迹象，听信一人之言就把他杀死，诸将谁肯为您效力？这是自除爪牙！"哎，李师道又觉得这人说得有道理，又让刘悟回去了。刘悟前脚刚走，又有人劝李师道："刘悟终必谋反，不如早日除掉他。"李师道又改主意了，要弄死刘悟。

元和十四年（819年）二月初八，他派亲信二人带手令前往阳谷，命行营兵马副使张暹杀掉刘悟，代领兵马。

但李师道高估了张暹对自己的忠诚。张暹扭头就报告给了刘悟。刘悟大怒，杀掉两名使者，又杀掉了不愿跟他倒李的将佐三十余人，连夜攻入郓州城，灭了李师道一族，将其首级送到田弘正大营。

十四日，奏捷文告被送到京城。七天后，李师道的首级也被送至京城。很快，淄青十二州全部平定。

宪宗以雷霆手段改任刘悟为义成军节度使，将淄青一分为三：淄州（今山东淄博淄川区）、青州（今山东潍坊青州市）、齐州（今山东济南市）、登州（今山东烟台蓬莱区）、莱州（今山东烟台莱州市）为一道，仍号淄青节度使；郓州、曹州（今山东菏泽曹县）、濮州（今山东菏泽鄄城县）为一道，后来建号天平军节度使；兖州（今山东济宁兖州区）、海州（今江苏连云港西南）、沂州（今山东临沂）、密州（今山东潍坊诸城市）为一道，后来建号泰宁军节度使。

田弘正进入郓州城，在翻阅李师道的文书时，无意间发现了当年刺杀宰相武元衡的刺客名单，一共十六人，领头的叫王士元。然后，他就把王士元等人送往长安受审。

三法司会审，王士元等人都认罪，说武元衡就是他们几个杀的。但京兆尹崔元略多了个心眼儿，拿着武元衡的画像和衣物，一个一个地审问刺客，问他们武元衡长啥样，当时穿的什么衣服，有什么配饰？哎，刺客们的回答居然不一样。

最后一摊牌，王士元等人是这么说的，成德王承宗和淄青李师道其实都派刺客了，刺杀武元衡的确实是成德的刺客，我们不过是冒功受赏，从李师道那里讨几个赏钱花花。崔元略又问，那你们为什么承认杀了武元衡呢？刺客们说，反正都是个死，还不如承认了呢，好歹算是干了一件惊天动地的大事。

审讯结果报给宪宗。宪宗一张脸白了又红、红了又白，合着王承宗并不冤枉啊，但这事儿不能泄露了，要不然朝廷颜面何存、朕颜面何存？于是，大笔一挥把刺客们全杀了。

14. 裴度罢相

相信大家也看出来了，随着武功越来越盛大，宪宗的骄娇二气也上来了，大兴土木、骄奢淫逸、用人不明……这些为帝王者常有的毛病都来了。这不，淮西刚刚平定，他就把裴度踢走了。

裴度这个人哪儿哪儿都好，要文学有文学，要才干有才干，可就有一条：太耿直，不会处理和领导的关系。他是宪、穆、敬、文四朝元老，可历任皇帝不管英明的还是不英明的，都只拿他当救火队员使，有事儿了就召回来用一下，事情摆平了，老裴头你哪凉快哪待着去！

这是裴度第一次被外放，原因是他受到了新晋宰相皇甫镈[1]和吐突承璀的排斥。

皇甫镈是德宗贞元年间的进士，由监察御史起家，在元和年间当了户部侍郎兼判度支，掌管全国财赋。征淮之役中，他和盐铁转运使程异因为严卡前线将士粮饷用度，给朝廷省了不少钱，得到了宪宗的赏识。

所以，除宪宗满意外，其余人对他们没什么好印象，史书中也充斥着对他们的贬低。但客观地讲，这两个人在理财上还是很有一套的。尤其程异，为官清廉，管理财税十余年，死后家无余财。顺便说一句，这个程异正是当年永贞革新的"八司马"之一。

平定吴元济后，宪宗渐趋骄奢。皇甫镈不断呈献羡余供宪宗挥霍，同时积极向吐突承璀靠拢。在吐突承璀的煽呼下，宪宗于元和十三年（818年）九月任用皇甫镈和程异为相。制书下达之日，"朝野

---

[1] 镈，音搏。

骇愕，至于市道负贩者亦嗤之"。

程异能够拜相，靠的完全是理财能力。但当时的高官圈一贯鄙视经济人才，抨击他资历浅薄、不堪大任。程异心知肚明，"廉谨谦逊"，当宰相一个多月，"不敢知印秉笔"。后来，他又自请出任巡边使，以避开朝廷的纷争。诏书还未下达，他就病死了。

裴度一再劝谏宪宗不可任用皇甫镈。宪宗不听，耿直的裴度便表请自退。宪宗却认为他是在搞朋党，不予理会。

皇甫镈高价收购了宪宗内库里积压的丝帛，调拨给边军支用。这些丝帛存放经年，早过了保质期，用手轻轻一扯就裂开了。边军将士愤慨非常，将丝帛付之一炬。裴度跑到宪宗面前告状。皇甫镈却把脚一伸，指着靴子说："这双靴子是我花两千钱从内库中买来的，很结实，可以穿很长时间。裴度说的话不可信！"宪宗也在一边帮腔，把个裴度气得鼻子不是鼻子、眼睛不是眼睛的。

其实这就是裴度幼稚了。宪宗还不知道他库里的丝帛老化不堪用吗？他不过是想趁机盘活坏账而已，这可是他的钱。皇甫镈不仅帮他止了损，还盈利了，他当然要偏袒皇甫镈。

紧接着，裴度又狠狠地得罪了宦官。

五坊使杨朝汶替宪宗敛财，制造了不少冤狱。裴度要求严惩杨朝汶。宪宗却说："朕且与你们谈论用兵的大事，这点小事由朕自己处理。"摆明了是在回护杨朝汶。裴度不依不饶："用兵的事情才是小事，而五坊使强暴蛮横，恐怕会扰乱京城。"宪宗被怼得灰头土脸的，下来后把杨朝汶提溜过来一顿训："由于你的缘故，让我不好意思见宰相！"杨朝汶随即被赐死。

看似裴度赢了，其实他不仅得罪了宦官，也得罪了宪宗。终于，元和十四年（819年）四月，宪宗改任裴度为河东节度使。你快走吧，朕看你不爽很久了！

裴度一走，皇甫镈马上将与自己同年中举的河阳节度使令狐楚推上了宰相宝座。令狐楚因为追随李逢吉反对用兵淮西，被解除了翰林学士职务。裴度任相期间，迫使宪宗将他外放为华州刺史。但人家有好友皇甫镈相助，不久就任了河阳节度使，现在更是回朝任相了。

令狐楚拜相当月，原属淄青的沂州爆发了军乱。

宪宗将淄青一分为三，兖、海、沂、密四州单独为一道，设一个观察使。时任观察使王遂以重典治镇，经常杖责淄青军将士，还张嘴闭嘴称呼他们为"反虏"，激起了淄青军的愤恨。七月十六日，士兵王弁等五人杀害王遂，王弁自立为留后。

这事儿就比较棘手了，宪宗担心原属淄青的其余两镇也会响应，想了一个办法：派宦官出使沂州，说要册封王弁为开州（今重庆开州区）刺史。王弁只是一个士兵，其实并没有多大的野心，一看居然能当一州刺史，高兴坏了，马上带着一百多名随从兴冲冲地赶往开州上任。岂料宪宗完全是在套路他，王弁一行途经徐州就被武宁军缴了械，他本人被执送长安弃市。

本来事情到这里就可以了了，但宪宗却密令新任观察使曹华率领棣州的军队奔赴沂州，将沂州的淮西军全部诛杀。

曹华到任后，举行盛大的宴会犒赏全军。酒至半酣，他忽然说道："从淄青调过来的将士站在左边，沂州本地的将士站到右边。"将士分别站定后，曹华让沂州的将士出去，随即下令关闭大门，对留在里面的淄青将士说："王遂奉皇上的命令到这里做观察使，你们都是他的部下，怎敢犯上作乱，肆意把他杀害?!"话音刚落，伏兵一齐冲出，乱刀砍杀手无寸铁的淄青将士。片刻过后，在场一千二百名淄青军全部被杀，无一人逃脱。地上的流血蒸发成红色的雾气，在大门和墙壁间萦绕飘浮，达一丈多高，过了很久才消散。

宪宗这事儿就处理得太过了，沂州军乱其实是王弁等五人的阴谋，其余的淄青将士都是被裹挟的，罪不至死。可狠辣的宪宗却以诡计将他们全部处死。司马光在写到这一段时批评道："诸侯国之间相互诱杀尚且不仁，何况天子诱杀自己的将士呢?!"

15. 宪宗暴毙

可能就是因为这次滥杀，宪宗受到了天谴。

唐朝的皇帝很有意思，不是信佛就是信道，反正总要信一个；而且往往是循环出现，几个崇佛的皇帝之后，冒出一个信道教的，然后又来一个信佛的。肃、代、德三帝都是佛教的拥趸，宪宗却是道教的铁粉。

宪宗打小就痴迷神仙。元和五年（810年），宦官张惟则出使新罗，回来后说他在海里的一座孤岛上偶遇了一位神仙，这位神仙告诉他："唐朝皇帝乃吾友也，烦请传语。"宪宗听后深信不疑："难道朕前世是个仙人？"大臣李藩撅他："秦始皇、汉武帝学仙之效，具载前史，太宗服天竺僧长年药致疾，此古今之明戒也。陛下春秋鼎盛，方励志太平，宜拒绝方士之说。苟道盛德充，人安国理，何忧无尧、舜之寿乎！"陛下，别忘了太宗是怎么死的！

太宗都是老皇历了，宪宗才不在乎呢，并且他要的可不是向天再借五百年，而是成为永生不死的神仙。要永生不死，就得服用仙丹，这就要用到方士们了。况且，元和晚期他已经病了，十分痛苦。所以，元和十三年（818年），宪宗下诏求取方士。

不怕领导讲原则，就怕领导没爱好。诏书一下，逢迎的小人们马上就来了。

宗正卿李道古是李唐宗室，太宗第十四子曹王李明的后代，正愁搭不上皇帝这根天线呢，一看宪宗要求仙问药，便通过皇甫镈推荐道士柳泌给宪宗，说此人能炼长生药。宪宗大喜，诏命柳泌在长安兴唐观炼药。

柳泌炼了一段时间，一无所获，怕不好交差，就忽悠宪宗说："台州天台山是一座仙山，山里有很多奇花异草。如果陛下让我去那里任职，我一定能为陛下求得仙药。"宪宗求药心切，马上任命柳泌为代理台州刺史。

任命一出，朝臣们都炸了锅了，纷纷上奏："陛下，本朝从来没有让方士出任刺史的先例！"

他们炸，宪宗比他们还炸："烦一州之力而能为人主致长生，臣子亦何爱焉！"哼，你们这些人有失为臣之道，一点也不关心朕的龙体。这帽子扣得太大，群臣谁还敢说话?!

柳泌在台州折腾了一年，还是一药无成，当然也不可能成，害怕了，弃官逃入深山。浙东观察使急忙派兵把他抓了回来，解往长安。戏都穿帮成这样了，皇甫镈和李道古居然还敢接着演，出面为柳泌说情。病入膏肓的宪宗不堪病痛折磨，认准柳泌是救命稻草，"宽大为怀"，不仅没有治柳泌的罪，还任命他为翰林待诏，继续炼丹。

柳泌为了应付宪宗，就按照传统的重金属化合物配方，胡乱搞了一些所谓的仙丹给宪宗吃。

有人建议让柳泌先试药一年，确保没问题后，皇帝再服用。但宪宗已经等不及了，迫不及待地服用仙丹。

这些仙丹都是重金属，宪宗吃多了，神经系统扛不住了，性情变得极为暴躁，往往因为一点小事儿就把宦官宫女推出去斩首。宫里人人自危，遇见他都绕着走。但宦官们没办法，他们是皇帝的奴仆，躲也躲不掉。这样下去也不是个办法啊，宦官们想了想，把他弄死得了！

这伙宦官当然不是吐突承璀一系，他虽然是宦官一哥，但并不等于在集团内部没有敌人。右神策军中尉梁守谦一贯与他针锋相对。

腊尽春回，转眼便是元和十五年（820年），病入膏肓的宪宗已无法行动。吐突承璀就动心思了，建议宪宗废掉现太子李恒，改立次子澧王李恽。宪宗同意了。

其实这已经不是吐突承璀第一次干涉立储了。宪宗的第一个太子不是李恒，而是老大李宁，元和四年（809年）立的太子。但李宁身体不好，两年后就去世了。吐突承璀当时就建议宪宗立次子澧王李恽，宪宗考虑到李恽之母出身低贱，没有同意，于元和七年（812年）册拜第三子李恒为太子。

为啥立李恒呢？因为李恒的背景太强大了，他的母亲正是宪宗发妻、郭子仪的孙女郭贵妃。

但宪宗很快发现，李恒太贪玩，不是当皇帝的料。并且，他日渐忌惮郭氏家族，生怕将来出现外戚干政的情况。也正是出于这个考虑，宪宗才不顾群臣反对，明确表示在位期间不册立皇后，因为只要册立皇后，那一定非郭氏莫属。所以，宪宗一朝一直没有皇后，郭氏始终都只是贵妃。宪宗的这个办法为他的子孙们所继承，穆宗、敬宗、文宗、武宗、宣宗、懿宗、僖宗相继效法，也都没立皇后。直到昭宗时才册拜了何皇后，但那已经是唐朝最后的皇后了。

现在，宪宗自知时日无多，想拨乱反正，废掉李恒，改立李恽，便授意吐突承璀去办这件事。

但宪宗万万想不到，郭氏家族盯得很紧，已经知道了。李恒很着急，向时任司农卿的舅舅郭钊问计。郭钊很淡定："大外甥你照常生活就可以了，剩下的不用你管。"

二十七日夜，梁守谦指使亲信宦官陈弘志、马进潭、刘承偕、韦元素、王守澄等人将宪宗勒死在病床上，对外宣称圣人因服用丹药而殡天。

二月初三，李恒即皇帝位，是为唐穆宗，当天即授意梁守谦等人干掉了吐突承璀和澧王，永绝后患。

宪宗是中唐最让人感到提气的一位君主。他以雷霆之势强力削藩，取得了"元和中兴"的成果。元和削藩战争的成果远大于建中削藩战争，极大地遏制了安史之乱以来藩镇割据悖逆的势头。这位英主生前看不上宦官："此家奴耳，向以其驱使之久，故假以恩私；若有违犯，朕去之轻如一毛耳！"历史偏要和他开玩笑，让他死在宦官手上。

宪宗十五年的成就虽然辉煌，但注定还是要白费的。伴随着他的离去，一个四祸交织、更加内卷的时代已经站到了地平线上……

附录

附录一　唐朝十四世二十一帝（含武则天）概况

庙号	姓名	生卒	登基年龄	在位	主要宰相	死因	年号	陵寝
高祖	李渊	566—635	53岁	618—626	裴寂、刘文静、萧瑀	寿终	武德	献陵
太宗	李世民	599—649	28岁	626—649	萧瑀、陈叔达、李靖、封德彝、长孙无忌、杜如晦、房玄龄、岑文本、魏征、刘洎、马周、褚遂良、王珪、李勣	丹药中毒	贞观	昭陵
高宗	李治	628—683	22岁	649—683	长孙无忌、褚遂良、李勣、柳奭、韩瑗、来济、李义府、许敬宗、上官仪、刘仁轨、李敬玄、裴炎	病死	14个：永徽、显庆、龙朔、麟德、乾封、总章、咸亨、上元、仪凤、调露、永隆、开耀、永淳、弘道	乾陵

续表

庙号	姓名	生卒	登基年龄	在位	主要宰相	死因	年号	陵寝
	武曌	624—705	67岁	690—704	刘仁轨、姚崇、裴炎、武承嗣、傅游艺、狄仁杰、李昭德、娄师德、王孝杰、杨再思、宗楚客、武三思、吉顼、张柬之、魏元忠、刘祎之	寿终	14个：天授、如意、长寿、延载、证圣、天册万岁、万岁登封、万岁通天、神功、圣历、久视、大足、长安、神龙	乾陵
中宗	李显	656—710	29岁	684年1—2月 705—710	武三思、崔玄暐、杨再思、张柬之、桓彦范、敬晖、魏元忠、韦巨源、宗楚客、纪处讷、韦嗣立、崔湜、郑愔	被弑	3个：嗣圣、神龙、景龙	定陵
睿宗	李旦	662—716	23岁	684—690 710—712	张仁愿、韦嗣立、韦安石、唐休璟、崔湜、刘幽求、姚崇、宋璟、郭元振、张说、窦怀贞	病死	8个：文明、光宅、垂拱、永昌、载初、景云、太极、延和	桥陵

续表

庙号	姓名	生卒	登基年龄	在位	主要宰相	死因	年号	陵寝
玄宗	李隆基	685—762	28岁	712—756	刘幽求、韦安石、崔湜、窦怀贞、张说、姚崇、卢怀慎、源乾曜、宋璟、苏颋、张嘉贞、张九龄、李林甫、李适之、杨国忠	绝食而死	3个：先天、开元、天宝	泰陵
肃宗	李 亨	711—762	46岁	756—762	韦见素、张镐、第五琦、元载、房琯	病死	3个：至德、乾元、上元	建陵
代宗	李 豫	726—779	37岁	762—779	元载、李辅国、刘晏、王缙、杜鸿渐	病死	4个：宝应、广德、永泰、大历	元陵
德宗	李 适	742—805	38岁	779—805	杨炎、卢杞、马燧、李晟、张延赏、李泌、陆贽、张镒、浑瑊	病死	3个：建中、兴元、贞元	崇陵
顺宗	李 诵	761—806	45岁	805	杜佑、韦执谊、杜黄裳	病死	永贞	丰陵
宪宗	李 纯	778—820	28岁	805—820	韦执谊、杜佑、杜黄裳、武元衡、李吉甫、李绛、皇甫镈、令狐楚、李逢吉、裴度	被弑	元和	景陵
穆宗	李 恒	795—824	26岁	820—824	裴度、令狐楚、段文昌、崔植、元稹、杜元颖、王播、李逢吉、牛僧孺、皇甫镈	丹药中毒	长庆	光陵
敬宗	李 湛	809—827	16岁	824—827	李逢吉、牛僧孺、裴度	被弑	宝历	庄陵

续表

庙号	姓名	生卒	登基年龄	在位	主要宰相	死因	年号	陵寝
文宗	李昂	809—840	18岁	826—840	韦处厚、杨嗣复、李珏、李宗闵、段文昌、宋申锡、李德裕、李固言、郑覃、王涯、李训、贾𫗧、舒元舆、李石、陈夷行、李逢吉、王播、牛僧孺	病死	2个：太和、开成	章陵
武宗	李炎	814—846	27岁	840—846	李固言、李石、杨嗣复、牛僧孺、李德裕、陈夷行、李绅、李让夷、杜悰、李回、郑肃、李珏	丹药中毒	会昌	端陵
宣宗	李忱	810—859	37岁	846—859	白敏中、韦琮、马植、魏谟、崔慎由、夏侯孜、令狐绹	丹药中毒	大中	贞陵
懿宗	李漼	833—873	27岁	859—873	白敏中、夏侯孜、杜悰、徐商、路岩、于琮、韦保衡	病死	咸通	简陵
僖宗	李儇	862—888	12岁	873—888	郑畋、卢携、王铎、韦昭度、杜让能	病死	5个：乾符、广明、中和、光启、文德	靖陵
昭宗	李晔	867—904	22岁	888—904	韦昭度、孔纬、杜让能、张濬、崔昭纬、崔胤、李磎	被弑	7个：龙纪、大顺、景福、乾宁、光化、天复、天祐	和陵
哀帝	李柷	892—908	13岁	904—907	柳璨	被弑	沿用天祐	温陵

1. 寿命前三甲：武则天 82 岁，玄宗 78 岁，高祖 70 岁。寿命后三名：哀帝 17 岁，敬宗 19 岁，僖宗 27 岁。

2. 登基年龄前三甲：武则天 67 岁，高祖 53 岁，肃宗 46 岁。后三名：僖宗 12 岁，哀帝 13 岁，敬宗 16 岁。

3. 死因分布：寿终 2 人（高祖李渊、武则天），丹药中毒 4 人（太宗、穆宗、武宗、宣宗），病死 9 人（高宗、睿宗、肃宗、代宗、德宗、顺宗、文宗、懿宗、僖宗），被弑 5 人（中宗、宪宗、敬宗、昭宗、哀帝），绝食而死 1 人（玄宗）。

4. 年号数量前五名：高宗 14 个，武则天 14 个，睿宗 8 个，昭宗 7 个，僖宗 5 个。"上元"是唯一使用两次的年号，高宗和肃宗都用过。武则天使用了 3 个四字年号：天册万岁、万岁登封和万岁通天。

5. 几个唯一：睿宗、玄宗、肃宗、顺宗、懿宗、僖宗 6 个庙号是中国历史的唯一。唐高宗是中国历史上唯一的天皇。武则天是中国唯一的天后、唯一的女皇。德宗是唐朝唯一图形凌烟阁的皇帝。穆宗是中国唯一有 3 个皇后、3 个儿皇帝的皇帝。

附录二　唐朝世系表

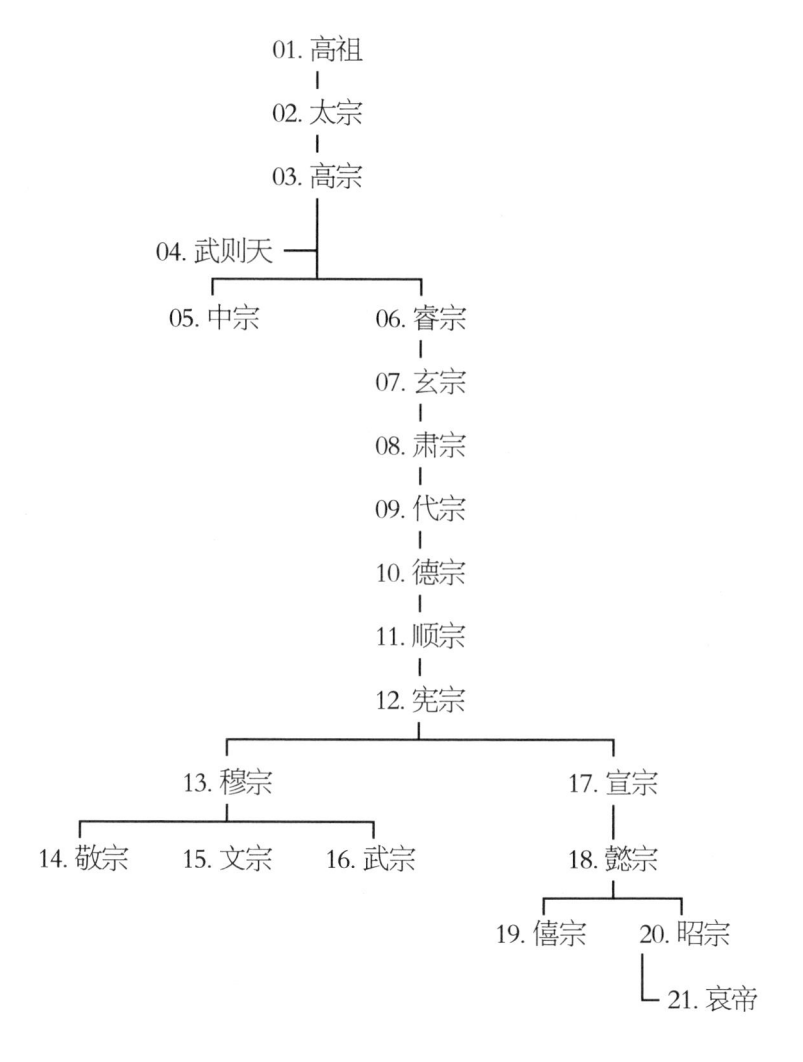

```
              01. 高祖
                │
              02. 太宗
                │
              03. 高宗
                │
     04. 武则天──┤
           ┌────┴────┐
      05. 中宗    06. 睿宗
                    │
                07. 玄宗
                    │
                08. 肃宗
                    │
                09. 代宗
                    │
                10. 德宗
                    │
                11. 顺宗
                    │
                12. 宪宗
           ┌────────┴────────┐
       13. 穆宗            17. 宣宗
     ┌─────┼─────┐            │
 14.敬宗 15.文宗 16.武宗      18. 懿宗
                          ┌────┴────┐
                      19. 僖宗   20. 昭宗
                                    │
                                21. 哀帝
```

附录三　六大强敌世系表

1. 东突厥（唐时期）世系表

序号	主政者	在位	同期唐帝	姓氏
01	始毕可汗	609—619	高祖	阿史那氏
02	处罗可汗	619—620	高祖	
03	颉利可汗	620—630	高祖、太宗	

2. 西突厥（唐时期）世系表

序号	主政者	在位	同期唐帝	姓氏
01	统叶护可汗	617—630	高祖、太宗	阿史那氏
02	莫贺咄可汗	630	太宗	
03	肆叶护可汗	630—632	太宗	
04	咥利邲咄陆可汗	632—634	太宗	
05	沙钵罗咥利失可汗	634—639	太宗	
06	乙毗沙钵罗叶护可汗	639—641	太宗	
07	乙毗咄陆可汗	638—653	太宗、高宗	
08	乙毗射匮可汗	642—653	太宗、高宗	
09	沙钵罗可汗	650—658	高宗	

3. 后突厥世系表

序号	主政者	在位	同期唐帝	姓氏
01	骨咄禄可汗	682—691	高宗、中宗、睿宗、则天	阿史那氏
02	默啜可汗	691—716	则天、中宗、睿宗、玄宗	
03	拓西可汗	716	玄宗	
04	毗伽可汗	716—734	玄宗	
05	伊然可汗	734	玄宗	
06	登利可汗	734—741	玄宗	
07	骨咄叶护可汗	741—742	玄宗	
08	乌苏米施可汗	742—744	玄宗	
09	白眉可汗	744—745	玄宗	

4. 吐蕃世系表

序号	主政者	在位	同期唐帝	姓氏
01	松赞干布	629—650	太宗、高宗	悉勃野氏
02	芒松芒赞	650—676	高宗	
03	赤都松赞	676—704	高宗、中宗、睿宗、则天	
04	赤德祖赞	704—755	则天、中宗、睿宗、玄宗	
05	赤松德赞	755—797	肃宗、代宗、德宗	
06	牟尼赞普	797—798	德宗	
07	牟如赞普	798（约20天）	德宗	
08	赤德松赞	798—815	德宗、顺宗、宪宗	
09	彝泰赞普	815—838	宪宗、穆宗、敬宗、文宗	
10	达玛	838—842	文宗、武宗	

5. 回纥（回鹘）世系表

序号	主政者	姓名	在位	同期唐帝	姓氏
01	怀仁可汗	骨力裴罗	744—747	玄宗	药罗葛氏
02	英武可汗	磨延啜	747—759	玄宗、肃宗	药罗葛氏
03	牟羽可汗	移地健	759—780	肃宗、代宗、德宗	药罗葛氏
04	武义可汗	顿莫贺达干	780—789	德宗	药罗葛氏
05	忠贞可汗	多逻斯	789—790	德宗	药罗葛氏
06	奉诚可汗	阿啜	790—795	德宗	药罗葛氏
07	怀信可汗	骨咄禄	795—805	德宗、顺宗	跌氏
08	滕里可汗		805—808	顺宗、宪宗	跌氏
09	保义可汗		808—821	宪宗、穆宗	跌氏
10	崇德可汗		821—824	穆宗	跌氏
11	昭礼可汗	曷萨特勤	824—832	敬宗、文宗	跌氏
12	彰信可汗		832—839	文宗	跌氏
13		阖馺特勤	839—840	武宗	跌氏
14	乌介可汗	阖馺之弟	841—846	武宗	跌氏
15	遏捻可汗		846—848	武宗、宣宗	跌氏
16	怀建可汗	庞特勤	848—？	宣宗	跌氏

6. 南诏世系表

序号	主政者	在位	同期唐帝	姓氏
01	皮罗阁	728—748	玄宗	蒙氏
02	阁罗凤	748—778	玄宗、肃宗、代宗	
03	异牟寻	778—808	代宗、德宗、顺宗、宪宗	
04	寻阁劝	808—809	宪宗	
05	劝龙晟	809—816	宪宗	
06	劝利晟	816—824	宪宗、穆宗	
07	劝丰祐	824—859	穆宗、敬宗、文宗、武宗、宣宗	
08	世隆	859—877	宣宗、懿宗、僖宗	
09	隆舜	877—897	僖宗、昭宗	
10	舜化贞	897—902	昭宗	

参考文献

1. （唐）魏徵 . 隋书 [M]. 中华书局 ,1973.
2. （唐）张鷟 . 朝野佥载 [M]. 上海古籍出版社 ,2012.
3. （唐）段成式 . 酉阳杂俎 [M]. 上海古籍出版社 ,2012.
4. （唐）郑处诲 . 明皇杂录 [M]. 中华书局 ,1994.
5. （唐）温大雅 . 大唐创业起居注笺证 [M]. 中华书局 ,2022.
6. （唐）李林甫等 . 唐六典 [M]. 中华书局 ,2014.
7. （唐）刘肃 . 大唐新语 [M]. 中华书局 ,1984.
8. （唐）吴兢 . 贞观政要译注 [M]. 上海古籍出版社 ,2016.
9. （唐）玄奘 . 大唐西域记译注 [M]. 中华书局 ,2019.
10. （唐）杜佑 . 通典 [M]. 中华书局 ,2016.
11. （唐）杜环 . 经行记笺注 [M]. 中华书局 ,2000.
12. （唐）李肇 . 唐国史补校注 [M]. 中华书局 ,2021.
13. （唐）刘知几 . 史通 [M]. 上海古籍出版社 ,2015.
14. （唐）苏鹗 . 杜阳杂编 [M]. 商务印书馆 ,1979.
15. （唐）樊绰 . 蛮书校注 [M]. 中华书局 ,2018.
16. （五代）刘昫等 . 旧唐书 [M]. 中华书局 ,1975.
17. （五代）孙光宪 . 北梦琐言 [M]. 中华书局 ,2002.
18. （五代）王仁裕 . 开元天宝遗事十种 [M]. 上海古籍出版社 ,2012.
19. （宋）欧阳修 , 宋祁等 . 新唐书 [M]. 中华书局 ,1975.
20. （宋）司马光等 . 资治通鉴 [M]. 中华书局 ,1956.

21.（宋）司马光. 资治通鉴考异 [M]. 上海人民出版社, 2022.

22.（宋）李昉. 太平广记 [M]. 中华书局, 2013.

23.（宋）王溥. 唐会要 [M]. 中华书局, 2017.

24.（宋）王谠. 唐语林校证 [M]. 中华书局, 2018.

25.（宋）王钦若等. 册府元龟 [M]. 中华书局, 2020.

26.（宋）宋敏求. 唐大诏令集 [M]. 中华书局, 2008.

27.（宋）计有功. 唐诗纪事 [M]. 上海古籍出版社, 2013.

28.（宋）乐史. 太平寰宇记 [M]. 中华书局, 2007.

29.（元）辛文房. 唐才子传 [M]. 中州古籍出版社, 2021.

30.（明）熊大木. 唐书志传通俗演义 [M]. 中国文史出版社, 2003.

31.（清）王夫之. 读通鉴论 [M]. 中华书局, 2013.

32.（清）董诰, 阮元, 徐松等. 全唐文 [M]. 中华书局, 1983.

33.（清）彭定求. 全唐诗 [M]. 中华书局, 2018.

34.（清）王鸣盛. 十七史商榷 [M]. 上海古籍出版社, 2016.

35.（清）赵翼. 廿二史劄记校证 [M]. 中华书局, 2016.

36.（清）吴廷燮. 唐方镇年表 [M]. 中华书局, 2003.

37.（清）顾祖禹. 读史方舆纪要 [M]. 中华书局, 2020.

38.（清）徐松. 唐两京城坊考 [M]. 中华书局, 2019.

39. 蔡东藩. 唐史演义 [M]. 中央编译出版社, 2008.

40. 陈寅恪. 唐代政治史述论稿 [M]. 上海古籍出版社, 2020.

41. 范文澜. 中国通史简编 [M]. 商务印书馆, 2010.

42. 岑仲勉. 隋唐史 [M]. 上海古籍出版社, 2020.

43. 吕思勉. 隋唐五代史 [M]. 中华书局, 2020.

44. 钱穆. 中国历代政治得失 [M]. 生活·读书·新知三联书店, 2020.

45. 张国刚. 唐代藩镇研究 [M]. 中国人民大学出版社, 2010.

46. 王尧. 敦煌本吐蕃历史文书 [M]. 中国藏学出版社, 2012.

47. 王仲荦. 隋唐五代史 [M]. 上海人民出版社, 2021.

48. 李锦绣. 唐代财政史稿 [M]. 北京大学出版社, 2001.

49. 索南坚赞. 西藏王统记 [M]. 西藏人民出版社, 1985.

50. [英] 崔瑞德. 剑桥中国隋唐史 [M]. 中国社会科学出版社, 1990.

51. [美] 斯塔夫里阿诺斯. 全球通史：从史前史到 21 世纪 [M]. 北京大学出版社, 2006.

52. [日] 筑山治三郎. 唐代政治制度研究 [M]. 创元社, 1967.

53. [日] 圆仁. 入唐求法巡礼行记校注 [M]. 中华书局, 2019.

图书在版编目（CIP）数据

显微镜下的全唐史 . 第六部 , 藩镇铁幕 / 北溟玉著 . 北京 : 中国文史出版社 , 2025. 1. -- ISBN 978-7-5205-4919-6

Ⅰ . K242.09

中国国家版本馆 CIP 数据核字第 2024WC8045 号

责任编辑：梁玉梅

出版发行	：中国文史出版社
社　　址	：北京市海淀区西八里庄路 69 号院　邮编：100142
电　　话	：010-81136606　81136602　81136603（发行部）
传　　真	：010-81136655
印　　装	：北京科信印刷有限公司
经　　销	：全国新华书店
开　　本	：700mm×980mm　1/16
印　　张	：19.75
字　　数	：246 千字
版　　次	：2025 年 3 月北京第 1 版
印　　次	：2025 年 3 月第 1 次印刷
定　　价	：56.00 元

文史版图书，版权所有，侵权必究。

文史版图书，印装错误可与发行部联系退换。